明清野史丛书 第一辑
李鹏飞 编

东南纪事

（外十二种）

[清]邵廷寀 等 著

北京出版集团
文津出版社

图书在版编目（CIP）数据

东南纪事：外十二种 /（清）邵廷寀等著；李鹏飞编．— 北京：文津出版社，2020.2
（明清野史丛书．第一辑）
ISBN 978-7-80554-709-1

Ⅰ．①东… Ⅱ．①邵… ②李… Ⅲ．①中国历史—野史—明代 Ⅳ．① K248.045

中国版本图书馆 CIP 数据核字（2019）第 215930 号

出版策划：安 东 高立志
责任编辑：乔天一 熊立章
责任营销：猫 娘
责任印制：陈冬梅
封面设计：吉 辰
书名题字：老 莲

明清野史丛书 第一辑
东南纪事（外十二种）
DONGNAN JISHI
[清]邵廷寀 等 著
　　李鹏飞 编

出　　版：	北京出版集团
	文津出版社
地　　址：	北京北三环中路 6 号
邮　　编：	100120
网　　址：	www.bph.com.cn
发　　行：	北京出版集团
印　　刷：	河北赛文印刷有限公司
经　　销：	新华书店
开　　本：	889 毫米 ×1194 毫米　1/32
印　　张：	11.625
字　　数：	205 千字
版　　次：	2020 年 2 月第 1 版
印　　次：	2023 年 5 月第 3 次印刷
书　　号：	ISBN 978-7-80554-709-1
定　　价：	58.00 元

质量监督电话：010-58572393
如有印装质量问题，由本社负责调换

出版前言

1925年12月10日、12日、25日，鲁迅在北京的《国民新报副刊》上分三次发表了《这个与那个》（后收入《华盖集》），在第一节《读经与读史》中，鲁迅说：

> 我以为伏案还未功深的朋友，现在正不必埋头来哼线装书。倘其咿唔日久，对于旧书有些上瘾了，那么，倒不如去读史，尤其是宋朝明朝史，而且尤须是野史；或者看杂说。
> ……
> 野史和杂说自然也免不了有讹传，挟恩怨，但看往事却可以较分明，因为它究竟不像正史那样地装腔作势。

1935年2月，鲁迅在《文学》月刊第四卷第二号上又发表了《病后杂谈》（发表时被删去第二、三、四节，后全文收入《且介亭杂文》），文末也提到野史：

> ……我想在这里趁便拜托我的相识的朋友，

将来我死掉之后,即使在中国还有追悼的可能,也千万不要给我开追悼会或者出什么记念册。……

现在的意见,我以为倘有购买那些纸墨白布的闲钱,还不如选几部明人、清人或今人的野史或笔记来印印,倒是于大家很有益处的。

鲁迅一向看重野史、笔记之类非"官书"的史籍,盖因官修正史常是"里面也不敢说什么"的,而通过野史的记载,却往往能提供官书有意无意漏略不言的细节,也就是前引文中所说的"看往事却可以较分明"。而明清两代的野史记述了大量官书所不载的人物和事迹,其中还有不少是时人亲见、亲闻,乃至亲历的,其重要性不言可知。这些史料早已为学界所利用,但对大众读者来说,往往还是陌生的。编纂出版《明清野史丛书》,想来还是"于大家很有益处的"。

当然,作为史料,野史杂说也有其不足之处。鲁迅说它"免不了有讹传,挟恩怨",这在明末清初的一些史料中尤其明显。例如,《蜀碧》等书将明末清初四川人民遭遇的兵燹之灾一概归罪于张献忠,《汴围湿襟录》将决河淹没开封的责任推在李自成头上,《三湘从事录》作者蒙正发粉饰自己和恩主章旷、李元胤的所作所为,敌视由大顺军余部改编而成的"忠贞营"等,经过现当代学者的研究,都证明是不可靠的。由于本系列

出版前言

主要面向大众读者，我们不可能对书中记载一一进行核实和考辩，只能提请读者注意：尽信书，则不如无书。

另外需要说明的是，明清时期的野史，成书之后多通过抄录流传，不但鲁鱼亥豕在所难免，即残损佚亡，也不在少数。我们在编辑本丛书的过程中，尽量依据不同版本进行校勘，纠正了书中一些错字，特别是错误的人名、地名。但是，有一些人物在不同历史记载中的名字、行迹甚至最终下落都有不同，无法强求一致。如南明武将陈邦傅，一些史料写作"陈邦传"，由于没有第一手史料可供确认，在编辑本系列所收野史时，也只能各从其原书写法。至于明显由于避讳改写的字，如改"丘"为"邱"、易"胤"为"允"、书"弘"为"宏"，则径自回改，以存历史原貌。

总目录

保定城守纪略 …………………… [清]戴名世（001）

榆林城守纪略 …………………… [清]戴名世（011）

乙酉扬州城守纪略 ……………… [清]戴名世（023）

江阴城守纪 ……………………… [清]韩　菼（037）

江阴城守后纪 …………………… [清]许重熙（091）

江上遗闻 ………………………… [清]沈　涛（099）

江变纪略 ………………………… [清]徐世溥（113）

扬州变略 ………………………… [清]佚　名（139）

淮城纪事 ………………………… [清]佚　名（145）

东南纪事 ………………………… [清]邵廷寀（159）

江南闻见录 ……………………… [清]佚　名（333）

东江始末 ………………………… [清]柏起宗（347）

赐姓始末 ………………………… [明]黄宗羲（357）

保定城守纪略

[清]戴名世

保定城守纪略

崇祯十六年，因贼祸孔棘，建牙之吏，遍于畿辅，人地互乖，权位牵制，乃撤去总督二、总督治巡抚九、总兵二。而保定旧设一总督、一巡抚，至是撤去总督，而以兵部右侍郎徐标为巡抚。标别募兵七千，肄习战车、火器成一军。京师凡千里，凡设总督二、巡抚九，皆治兵以拥护京师。自山海、永平达于通州、天津，而昌平，而怀柔，而阳和，而宣府，而大通，而宁武，至山东、河南，凡十三节镇，居京师咽喉皆指之处。即有缓急，可呼吸惟命。然法令久弛，兵与将多不习战，贼至辄望风溃。惟保定坚不下，死义甚烈焉。

初，贼之渐逼畿辅，上倚督师李建泰、保定巡抚徐标以为重。建泰之出也，迁延观望，托言有疾不能军，其左右已阴通贼。而徐标行部至真定，为副将谢嘉福所杀，遣人出固关迎贼。是时新任保定知府何复未至，同知邵宗元署府事。而郡人张罗彦，以光禄寺少卿家居。罗彦兄弟五人，其兄进士张罗俊，弟诸生张罗善，武进士张罗辅，皆守死。而张罗喆出亡，幸以免。

初，上之命建泰督师也，甫出京，而宣、云已报陷。保定总兵马岱介夜见张罗彦曰："贼分两路来，任珍自固关，刘芳亮自河间。吾当出镇蠡县，居冲要以待敌。请杀妻子以决死战。城守之事，一惟公等任之。"罗彦曰："诺。"旦日，岱果焚其妻孥十一人，率师去。罗彦兄弟与宗元及后卫指挥刘忠嗣主城守事，收召乡兵得二千人，与郡人故邠州知州韩东明、故平凉通判张维纲、诸生韩枫等刑牲盟北城上，而适闻真定之变。谢嘉福以反书至，罗彦裂之，而分汛设守，部署稍稍定。

监视太监方正化者，旧守保定有功，素善罗彦，因罗彦以识宗元，与知府何复先后至。复之来为保定也，誓必死而后入。既入，宗元欲以印授复。复曰："城中事先定自公，不可临敌易主，以摇视听。吾当同生死耳。"大会诸生，讲《见危授命》章，闻者为之益奋。

李建泰军道溃，所赍帑银以数万，卫者仅亲军五百人，退师抵保定。守者不纳。贼将刘芳亮且至。建泰使其中军郭中杰、李勇因金毓峒以求入。金毓峒者，为监察御史，有声。十七年春正月召见，便殿赐宴，命监宣大军。宣大，俱奉建泰节制者也。及宣大失，复命留守保定。是时保定之属，贼骑已充斥。毓峒入城，谓守者曰："勉之，勠力固守，以为京师捍卫，此睢阳之烈也。"散家赀犒士，士皆为之感泣。至是毓峒谓罗彦、宗元曰："吾等不可使督师陷贼。"乃开城纳之。

明日，芳亮兵抵城下，呼曰："城上人何以不降！"罗彦顾其下，厉声曰："苟欲降者，取我首去！"刘忠嗣抚剑曰："有不从张氏兄弟者砍之！"怒目发上指。众诺声如雷。贼惊顾，退五里而舍。是为三月二十日也。

明日，贼大至环攻。会闻京师已陷，罗彦兄弟、宗元等哭曰："曩者只城守，今则复君父仇矣。"各饮泣北向拜，又罗拜重订盟。毓峒大出银牌悬堞上，购贼头。罗彦复出钱佐赏。贼乃穿城壕涸其流，伐木治攻具。

二十二日，贼大攻西北陬，守者奋杀贼无算。贼绕城诟，守者更切齿。张光禄随射书入城，说以国亡谁与守。建泰得之，以示何复、方正化曰："宜为阖郡生灵计，得一用印降书，足以免。"正化泣不应。复曰："复固未尝受印也。即有印，复必不为此！"乃召宗元。宗元至而自顾其肘曰："前日何公让印，而宗元不辞，为城守先在宗元耳。今事急且抱印死，即何公争亦不与。肯以送阁下降书乎！宗元江南一老贡生，下吏薄禄，尚不肯北面事贼，阁下以宰相专征，不图报万一，乃为趣降，独不念皇帝亲祖正阳门君臣相别时乎？"建泰不能答。其从卒欲兵之，思夺其印。宗元掷印于地，拔佩刀欲自刎，左右力持之。俄而罗彦、毓峒驰至，取印纳宗元怀中曰："亟上城御贼！"

二十四日，贼火箭烧城西北楼，何复焚死。李建泰亲军反，杀方正化于城上。城遂陷。

张罗彦归至家。先是书壁曰："光禄寺少卿张罗彦义不受辱，誓死井亭。"及是视其妻妾及子妇入井，而后自经。有三犬守之不去，一贼跣足过，犬啮之绝其拇。群贼骇，乃藉橐埋之。

罗俊击贼刃脱，两手抱一贼，啮其耳，血淋漓口吻间，大呼曰："我进士张罗俊，不降者我也！"群贼刺杀之。初，罗辅欲卫其伯兄罗俊溃围出，罗俊不从。至是射杀数贼，矢尽，驰马横刀砍贼，贼围之裂尸死。罗善投井死。而罗彦之子晋，罗俊之子坤，皆不屈死。

宗元挈印投城下，贼获之，欲夺其印，不肯，骂贼死，手犹持印不解。贼断其两指取印去。毓峒守西城，城陷。一绿衣贼追毓峒入三皇庙。毓峒拳击贼仆地，携监军御史印，投庙前古井死。武举金振孙者，毓峒从子也，素负气，城守多杀贼。至是同事者多解甲匿，振孙衣其银铠，戴胄佩剑大呼曰："我金振孙，金御史侄，城头杀贼者我也。"贼支解之。

刘忠嗣先城未破一日，手授其妇女弓弦自尽，身仍登陴，城破被执，犹夺贼刀杀两人，剜目劓鼻以死。

左卫巡捕文运昌同妻宋氏死。韩东明投井死，子仲淹射贼坠城死。张维纲骂贼死。举人高泾死于水。孙纵范被杀。张尔翚同妻唐氏死。贡生郭鸣世手击贼死之。

诸生贺诚同妻女死。何一中同妻赵氏死。王之诞同妻齐氏及三子二女俱死。韩枫同妻王氏死。

其余殉城者，世袭指挥则有刘洪恩、戴世爵、刘元清、吕九章、李照、李一广；千户则有李尚忠、杨仁政、纪勋、赵世贵、刘本源、侯继先、张守道；百户则有刘朝卿、刘悦、田守正、王好善、强忠武、王尔祉等。职官散官则有守备张大同、同子张之垣（战死），副总兵吕应蛟（缢死），武进士陈国政（投井死），忠顺营中军梁儒孝，把总申锡、郝国忠，中卫镇抚管民治，主簿沙润明，材官王遵义，医官吕国宾、王之璜、王之琯等。诸生则有杜日芳、王弦、冯泽、王胤嘉、吴拭、韩廷珍、杨善举、何光岳、韩绍淹、颉学曾、王敬嗣、王继桂、赵君晋、王昌祚、孙诚、赵世珩、杨拱辰、王建极、阮积学、王世珩、王致中、周之翰等。义民则有田仰名、田自重（互杀其妻，乃自缢）、刘宗向、杨强子、张嘉善、郑国宁、李茂伦、王捷、张智、刘养心、朱永宁、胡来献、胡得迎等。儒士则有刘士琏、王景曜、黄栋等（或骂贼被杀，或自缢死）。

而妇女之殉节者则有陈禧母张氏、母杨氏、妻常氏、妹诸生金缨妻陈氏并侍婢四人，进士王廷绚妻张氏等，凡六十人，俱投井死。诸生高植妻王氏、举人高柱妻刘氏、锦衣卫千户贺喆妻霍氏等十一人，俱自缢死。而张氏一门，自罗彦下死者二十有二人。罗彦伯母李氏骂贼死。罗善妻高氏携其三女，罗辅妻携其幼子二女，张晋妻师氏，罗士妻高氏，罗喆妻王氏，张震妻徐氏，张巽妻师氏，罗彦妾宋氏、钱氏、田氏，皆投井死。

而罗彦妻赵氏，当城破之时语罗彦曰："余忝受朝廷诰命，愿与君同缢。"乃结双环于井亭，先引环，环绝堕地，伤股落二齿，及少苏，匍匐入井，是时子妇及妾已死于井矣。自投而下。逾一日夜不沉，家人闻井中有声，出之，复索刀欲自裁，家人防之不得，倒投于井中。旋浮水上，又不死。阅两日夜，有邻人挽之出曰："夫人环不能死，井不能死，此天欲以孤付夫人也。"是时晋幼子华宗尚存。乃匿空室中，已而潜出城以免。

初，自成闻保定坚守，议出师，及既陷，犹欲屠之。或有止之曰："保定守于京师已亡，此忠义也。何可尽杀！"乃止。然城中街巷，死尸狼藉，沟渠皆满，伪官使其军士舁之三日不能尽。而郡人故工科给事中尹铣、举人刘会昌、贡生王联芳、诸生王世琦，皆与韩东明、张维纲，佐罗彦、宗元守城者也，刘芳亮仍执而杀之。且悬赏购张氏、金氏子弟之存者。郡人莫应。已得毓峒侄肖孙，问毓峒子所在，备极炮烙，终不言。贼释之，遂以免。

而李建泰竟降贼，贼率之入京师，而以伪将张洪守保定，张洪分收诸下邑。

而马岱居蠡县，势弗支，自刎弗殁。张洪缚而致之自成。自成以其将毙，释之。寻为僧道遁去，不知所终。

榆林城守纪略

[清]戴名世

榆林城守纪略

明时天下之势在九边，而陕西有三：曰延绥，曰宁夏，曰甘肃。延绥之属有四卫：曰庆阳，曰延安，曰绥德，曰榆林。榆林与河套接壤。河套东接山西偏头关，西至宁夏，相距二千里而遥，北滨黄河，南以边墙限之，自古郡县绣错其中。明初，即唐受降城故地营东胜，跨河北，以卫套中。已而弃东胜不守，则河套遂失，而镇将驻绥德，苦遥制非便。成化中，都御史余子俊巡抚延绥，相度形势，增置营堡，而移绥德重兵镇榆林。清厘陕人有伍籍诡落及罪谪者徙实之，兴屯田，立学校，事皆创始，而经划周密，自是榆林遂为大镇。

其地多沙碛，民不事生产，大抵荷戈从军，俗尚雄武，而多将才，有气节，视他镇为最。

崇祯初，府谷人王嘉胤反，自是盗大起。名贼巨猾皆在延安府属，官军不能制。崇祯十六年，米脂贼李自成陷西安，遣其伪亳侯李过、伪磁侯刘芳亮引兵北略地至榆林。

绥德王氏世将家，世国、世臣者，兄弟也；府谷尤世禄、世威，阀阅亚王，而威重过之。此两家官榆林久，遂家焉。李昌龄者，镇蕃卫人，起家勋胄，以故总兵侨居榆林，会延绥巡抚崔源之，总兵王定先后望风走，于是兵备副使祥符都任督饷，户部郎中黄冈王家禄，副将惠显、潘立勋，与诸将及士民集议。参将刘廷杰曰："贼虽破西安，三边尚为国守。吾榆林为天下劲兵处，一战必夺其气，然后约宁夏、固原为三师以递进，贼可破也。"众曰："将军议是。"故总兵尤世威曰："受国厚恩，敢不执櫜鞬援枹鼓以效死！"王世钦，故山海关总兵也，前曰："今日之事，死战而后可以死守。苟不然者，非丈夫也！"皆愤激瞋目，擐甲登陴。适延安人舒君睿与贼将黄色俊先后以自成手书来说降，且赉五万金来犒师。众从城上遥语之曰："吾榆林之人，男不知耕，女不知织，县官转饷以食我，垂三百年矣。忠义节侠，著于九边，肯为贼屈乎！"贼稍稍退。于是众共推昌龄署总兵事，街巷各联结大社习兵。

先是，贼将至，或告昌龄曰："公罢官久，无军旅之任，且此土非公之乡也。盍去诸！"昌龄曰："'普天之下，莫非王土。'榆林王土也，吾为国大臣，奈何舍之而去！果此城不守，吾当与之俱亡耳！"

至是，昌龄沥血誓师，分汛以守。而南城楼则为都任、王家禄、惠显、刘廷杰、尤世威，定边副将尤翟文，左营游击刘李英，而故保德州知州钟乾健佐之。城之东南隅，则为右营游击刘芳馨、姬维新，而安边参将马鸣廉佐之。城之东观远楼，为潘立勋，故山海关副将杨明，兵备中军柳永年，火器营都司郭遇春。东城信地楼，则为故永平饷督户部郎中张云鹗，而故西安参将李应孝佐之。前东门空心楼，则为王世钦，右营游击尤养鲲，而奇兵营中军杨正鞲等佐之。后东门楼，则为李昌龄，而故天津总兵王学书，故孤山副将王永祚佐之。北城敌楼，则为故真州知州彭卿。后西门楼及水西门楼，则为故柳沟总兵王世国，故山海铁骑营参将尤岱，而故隰州知州柳芳佐之。新添门楼，则为故辽东总兵尤世禄，故山海关总兵侯拱极，而左营游击陈二典，故湖广监纪赵彬佐之。督巡街巷，则为定边副将张发，旗鼓都司文经国。昼夜巡视，部署甚整，而时时出兵大战，颇多斩获。

先是，贼自谓榆林中父老皆其乡人，度不烦兵而下。至是贼怒，悉众薄城。城三面傍山，一面临河，城北有护城五墩栅与犄角，贼不敢近。而东南山阜参差，祠庙林木隐蔽，贼依之而军。而海潮寺尤逼城下，贼入其中，潜为地道穿城，为故总兵侯世禄与其子拱极所觉，亦穿地截之。贼乃于沙上起飞楼，与城楼相对，矢石交至。尤世威与尤翟文自南门出，战于榆杨桥，贼乃却。翟文战死（翟文者，世威之从弟也）。东门亦悬壮士出击贼，贼披靡，将退守绥德，请益师，而城中有奸民举火应之，贼复环攻。越日南城将穿，都任撤屋材为重城以备缺。又越日城陷。士女皆登屋巷战，刀盾之声不绝。是为崇祯十六年十二月二十七日也。

都任被执见贼帅，贼帅曰："若固壮男子，苟降，无忧不富贵。"任怒骂不绝口，遂遇害。王家禄拔佩刀自刎死。刘廷杰被执，贼语之曰："若能降，仍以若为大将。"廷杰大骂贼，贼怒，支解之。廷杰，绥德人，有从弟曰廷夔，为诸生，以任侠闻，当廷杰之死也，来榆林，收其尸而瘗之，且哭曰："伯兄死，吾何独生为哉！"遂投云岩阁死。廷夔妻高氏，抚遗孤稍长，一日泣告其子曰："我所以偷生者，怜汝耳。今汝已有知识，吾将去矣。"遂不食而死。

惠显，清涧世家子，其伯兄曰世扬。世扬者，官至九卿，初与杨忠烈、左忠毅齐名，白首名德，负海内重望。贼之破西安也，世扬为贼胁，匍匐受伪官。显少为诸生，非其好也。已而弃去，以白衣从军，积功至延绥副将。城破之日，被擒，贼语之曰："若故世家子，而有武略，且为世扬弟，能相从，则权将军可得也（权将军者，贼中领兵之最尊者也）。"显大骂不屈，贼怒，亦支解之。其从子渐，时为抚边守备，亦骂贼死（渐，世扬子也）。

而李昌龄、尤世威、王世钦、王世国四人，俱以槛车送至西安四十里曰回军店。四人沐浴更衣曰："将以下见祖宗也。"既入贼庭，挺立仰视天。贼欲跪之，不屈。自成曰："吾虚上将以屈四将军，奈何固执不相与共富贵！"昌龄等骂曰："驿卒敢大言！吾辈朝廷大将，汝草窃，不久且灭！"自成本迎川驿马夫，故呼之曰驿卒，欲以激怒自成速杀之。自成笑前解四人缚。世威叱曰："勿前污将军衣！"自成怒，命斩之。四人临死叹曰："吾辈不早灭此贼，致有今日，死有余恨！"

先是，王世国倾其家资，招套人为援，而抚边中军马应举，亦以孤城不可独守，乃往河套乞师曰："河套本吾中国地，本朝宏覆载之量，使尔得居之，尔且时时阑入为边患，在本朝无负尔也。今逆贼李自成，以国家赤子，称兵作乱，横行天下，今且攻围榆林。榆林坚守不下，尔套中诚能发精骑，随吾往救，而榆林将士，复自城出击之，贼腹背受敌，可不战而走，此千秋之义也。且贼中辎重子女甚盛，不可失。"套人感动，以数千骑至榆林西门，见贼势甚盛，不敢敌，遂引而去。至是贼入杀应举，悬首于凯歌楼。

王学书、杨明、尤岱、侯世禄、侯拱极、潘立勋、中军刘光裕，皆骂不绝口，遂遇害（潘立勋，汉中人，以武状元起家）。余文武诸将吏皆死，无一人降者。

尤世禄、郭遇春与榆林旧守官高显忠等二十四人，以明年春，自成征赴西京（西京者，自成所更名也），行至鱼河，皆杀之。

榆林卫指挥黄廷政、千户黄廷弼皆黄演孙（演在嘉靖中以副将战死芹河者也）。廷政中炮死。廷用、廷弼手杀贼甚众，及城破，两人曰："吾其从我祖于地下矣！"遂偕死。

绥德卫管屯指挥钟茂先，知力不支，先置二匕首于左右蔽膝中。贼入茂先家，茂先佯劳以酒，乃左手捧觞，右手拔匕首剚贼，贼负伤走。茂先入杀其妻子而自刎。

指挥崔重观，初散家财，聚众于汉寿亭侯祠，喋血质神，期以死守。城破，重观至家，焚其余积，曰："毋为贼资也。"贼怒杀之。

右营材官张天叙，指其囷粟曰："吾不能杀贼，亦不可饷贼也。"焚之。而自缢于庭树。

李耀宇、李光裕者，皆材官也。耀宇抽矢数十，巷战每发，辄应弦而倒。贼不敢近。矢尽，乃自杀。光裕趣家人俱自杀而后死。

千户贺世魁，陈衣冠于庭，取家世承袭牒文置案上，焚香东向拜曰："臣力竭矣！"更深衣，与其妻柳氏从容自缢。

故西安参将李应孝、李淮，皆使其妻各率子女，挟弓刃搏战，杀数十人而后死。

百户马鸣节，举火焚其妻孥，出持刀巷战，杀十余人，力竭，顾视其家火正烈，亦赴火死。

威武守备苗青与妻凡氏，榆林卫指挥傅佑与妻杜氏，皆自缢。

他如游击傅德、潘国臣、李国奇、晏维新、文侯国，守备尤勉、贺大雷、杨以炜，指挥李文焜、李文灿等，皆遇害。而常怀德、李登龙、孙贵、白恒卫、李宗叙，皆以废将守城死之。尤养鲲等姓名已前见者，其死多不书。凡榆林人皆不书其地者，不胜书也。

而诸生之骂贼死者，曰陈义昌，曰沈浚，曰沈演，曰白拱极，曰含章。而张连元、张连捷，缢于汉寿亭祠。李可桂缢于余肃敏公祠。胡一魁、李胤祥皆缢于家。商人张礼亦骂贼死。而延安卫人曰台元者，当贼入城时，两手握大石，欲狙击贼。邻人恐祸及，缚之回至家，不食五日死。

其中妇女之就义甚烈，有姓氏可纪者，曰榆林卫右所掌印百户杨坤妻柳氏，曰教授徐可徵妻潘氏，曰兵备副使巡捕官乔国云妻刘氏，曰赵之珍妻马氏，曰吴伯裕妻王氏（以石自碎其首，不死，乃缢），曰诸生刘伯新妻张氏（携二女投井死），曰管登魁妻傅氏（携幼子投井死），曰中军刘永昌妻高氏（先永昌死），曰崔国安妻米氏，曰王世钦妻高氏，曰榆林卫百户王坤妻高氏（高氏谓长妇曰："吾寡居，不见姻亲中一男子十余年矣。今肯见贼乎？"携长幼投井死。贼退，殡之。阅三月，合葬于夫之圹。启棺视之，香闻数里），曰吴守中妻杨氏（杨氏家饶于赀，杨以寡妇，督子及孙年十五以上，皆操戈登陴，躬著布韝，日夜备糗粮以饷守卒。城破，投井死，年八十余矣）。

贼既破榆林，使其伪权将军王良智、伪节度使周士奇、伪防御使张宏祚镇榆林，伪权将军高一功守绥德，贼遂以兵临宁夏。宁夏总兵官抚民迎降。攻庆阳三日，城陷，屠之。已又屠甘肃，三边皆入于贼。贼无所顾忌，遂长驱过河入山西矣。

明年夏四月，高一功来巡城，徙榆林壮丁二千于郧阳，又徙千余丁于保宁。寻伪加良智确山伯，一功临朐男，而自成已破京师称帝矣。五月，自成又令迁榆林大族于西京，会大兵入关而止。是为顺治元年也。

顺治元年六月高一功、李过杀王良智于演武场。一功代之，李过引东兵守河津。冬十月，大兵临河，李过溃走。一功尽毁厅舍，造悬楼，置大炮，日坐谯楼批简牒，杀人无算。十二月，英王自保德州过河，孤山黄甫川诸堡皆降。王以大兵自镇川沟，南取西安，分别破唐通、姜瓖，又追破一功于波罗。一功遁走（姜瓖者，亦榆林人）。

顺治六年春，以大同举兵，山西、陕西皆震。延绥巡抚王志正檄召延安参将王永疆协防清水营黄甫川诸堡。会神木高家堡诸贼田秉贞、张拥，废将高有才、郭毓奇作乱。永疆与贼通，引兵袭杀延绥总兵沈朝笔。王志正自缢死。永疆遂自立为大元帅，而召鱼河故将平德为山西总兵，又以裨将谢汝德为延绥总兵。高有才等亦各自署官爵，不相统摄。永疆勒兵至延安，而有才亦出兵于富平。

顷之大兵破永疆于美原，永疆奔石浦川自缢。有才闻之宵遁，入府谷。平德至汾州，闻美原之败，退军紫陌，与大兵战而大败，走葭州。榆林复平。大兵遂围葭州。葭州破，德复东渡河。大兵追擒德斩之。遂围府谷，明年冬，始克。有才、毓奇皆投河死，延绥诸贼悉平。

乙酉扬州城守纪略

[清]戴名世

乙酉扬州城守纪略

弘光元年四月二十五日，大兵破扬州，督师太傅太子太师建极殿大学士兼兵部尚书史可法死之。史公，字道邻，顺天大兴人，始为西安府推官，有声，历迁安庐兵备副使，升巡抚，丁母忧，服阕起，总督漕运，巡抚淮阳，久之拜南京兵部尚书。当是时，贼起延绥，蔓延遍天下。江北为贼冲，公与贼大小数十百战，保障江淮。江南江北，安危皆视乎公。公死而南京亡。

先是，崇祯十七年四月，南中诸大臣闻京师之变，议立君，未有所属。总督凤阳马士英遗书南中，言福王神宗之孙，序当立。士英握兵于外，与诸将黄得功、刘泽清等深相结，诸将连兵驻江北，势甚张。诸大臣畏之，不敢违。五月壬寅，王即皇帝位于南京，改明年为弘光元年。史可法、马士英俱入阁办事。而得功等方抱拥兵，争江北诸郡；高杰围扬州，纵兵大掠，且欲渡江而南。公奏设督师于扬州，节制诸将士。士英既居政府弄权，不肯出镇，言于朝曰："吾在军中久，年且老，筋力惫矣，无能为也。史公任岩疆，屡建奇绩。高杰兵非史公莫能控制者。淮南士民仰史公盛德，不啻如神明慈父,今日督师之任,舍史公其谁?"史公曰:"东西南北,惟公所使。吾敢惜顶踵,私尺寸,堕军实而长寇雠?愿受命!"吴县诸生卢谓率太学诸生上书,言可法不可出,且曰:"秦桧在内,而李纲在外,宋终北辕。"一时朝野争相传诵,称为敢言。

东阁大学士兼礼部尚书高弘图、姜曰广及士英建议,请分江北为四镇,以黄得功、刘泽清、刘良佐、高杰分统之:杰驻徐州,良佐驻寿州,泽清驻淮安,得功驻庐州。寻进封黄得功为靖南侯,又进封左良玉为宁南侯,封刘泽清为东平侯,刘良佐为广昌伯,高杰为兴平伯。

高杰昔本流贼,其妻邢夫人,李自成妻也,杰窃之,率兵来降。当王师之败于郏县也,杰奔走延安。自成既陷西安,全陕皆不守,杰率兵南走,沿途恣杀掠无忌。马士英以其众可用,使聘以金币,上手诏:"将军以身许国,当带砺共之。"于是杰渡淮至于扬州。其兵不戢,扬州人恨之,登陴固守。而四野共遭屠杀无算。江都进士郑元勋,负气自豪,出面调停,入往杰营,饮酒谈论甚欢,杰酬以珠币。元勋还入城,气益扬,言于众曰:"高将军之来,敕书召之也。即入南京,尚其听之,况扬州乎?"众大哄,谓元勋且卖扬州以示德,共杀之,食其肉立尽。杰闻元勋死,大恨怒,欲为元勋报仇,将合围,而公适至。

乙酉扬州城守纪略

初,杰兵杀人满野,闻公将至,分命兵士中夜掘坎埋骴骸。及公至,升座召见杰。杰拜于帐下,辞色俱变,惴惴惧不免。而公坦怀平易,虽偏裨皆慰问殷勤。杰骄蹇如故。浃旬公上书,请以瓜步屯其众,扬州人乃安。

已而公巡淮安,奏以泽清驻淮安,高杰驻瓜州,黄得功驻仪真,刘良佐驻寿州,各有分界。而督师与诸将,各分汛以守:大江而上为左良玉;天灵州而下至仪真三汊河为黄得功;三汊河而北至高邮为高杰;自淮安而北至清江浦为刘泽清;自王家营而北至宿迁,为危险重地,公自当之;自宿迁至骆马湖,为总督河道王永吉。而高杰必欲驻扬州,要公而请于朝。扬州人又大哄,且以无序第为辞。公遂迁于东偏公署,而以督府居杰。既入城,号令严肃,颇安堵无患。其间小有攘夺,官亦不能禁也。

当是时,登莱总兵黄蜚奉诏移镇京口,取道淮阳,虑为刘、高二营所掠。蜚故与黄得功善,使人谓得功以兵逆之,得功果以兵往。而高营三汊河守备遽告杰曰:"黄得功军袭扬州矣。"乃密布精骑于土桥左右。而得功不之知,行至土桥,角巾缓带,蓐食且饮马,而伏兵皆起。得功不及备,战马值千金毙于矢。得功夺他马以驰,随行三百骑皆没。而杰别遣兵二千人袭仪真,为得功部将所歼,无一存者。黄、高交恶,各治兵欲相攻，万元吉奉朝命往解，史公亲为调释，俯而后定（诸将惟高杰兵最强，可以御敌）。杰至是始归命史公，奉约束惟谨。

公决意经略河南，奏李成栋为徐州总兵，贺大成为扬州总兵，王之纲为开封总兵，李本身、胡茂贞为兴平前锋总兵，诸将皆杰部将也。杰遂于十月十四日引兵而北。将行，风吹大纛忽折，炮无故自裂，人多疑之。杰曰："偶然耳。"不顾而行。

是时大兵已攻山东，浸寻及于邳宿。而史公部将张天禄驻瓜州，许大成驻高资港，李栖凤驻睢宁，刘肇基驻高家集，张士仪驻王家楼，沈通明驻白羊河。十一月宿迁不守，公自抵白羊河，使监纪推官应廷吉监刘肇基军，监军副使高岐凤监李栖凤军，进取宿迁。大兵引去。越数日，复围邳州，军于城北，刘肇基、李栖凤军于城南，相持逾旬。大兵复引去。

是时马士英方弄权纳贿，阮大铖、张孙振用事，日相与排斥善类，报私仇，漫不以国事为意。史公奏请皆多所牵掣，兵饷亦不以时发。南北东西，不遑奔命。国事已不可为矣。

公经营军务，每至夜分，寒暑不辍，往往独处舟中，左右侍从皆散去。僚佐有言，宜加警备，公曰："有命在天，人为何益！"后以军事益繁，谓行军职方司郎中黄日芳曰："君老成练达，当与吾共处，一切机宜，可以面决。"对曰："日芳老矣，不能日侍。相国亦当节劳珍重，毋以食少事繁，蹈前人故辙。且发书立檄，僚幕济济，俱优为之；征兵问饷，则有司事耳。相国第董其成，绰有余裕，何必躬亲以博劳瘁，损精神为耶？"公曰："固知君辈皆喜安逸，不堪辛苦。"日芳曰："兵者，杀机也，当以乐意行之；将者，死官也，当以生气出之。郭汾阳声色满前，穷奢极欲，何尝废事乎？"公笑而不答。

是冬紫微垣诸星皆暗，公屏人，夜召应廷吉仰视曰："垣星失耀，奈何！"廷吉曰："上相独明。"公曰："辅弼皆暗，上相其独生乎？"怆然不乐，归于帐中。

明年正月饷缺，诸军皆饥。史公荤酒久不御，日惟蔬食啜茗而已。公所乘舟桅辄夜作声，自上而下，复自下而上。祭之不止。有顷，高杰凶问至。公流涕顿足叹曰："中原不可为矣！建武、绍兴之事，其何望乎！"遂如徐州。

初，高杰与睢州人许定国有隙。定国少从军，积功至总兵。崇祯末，有罪下狱，寻赦之，仍以为总兵。崇祯十七年冬十一月，挂镇北将军印，镇守开封。至是闻杰之至也，惧不免，佯执礼甚恭，且宴杰。杰信之，伏兵杀杰，及其从行三百人。定国渡河北降，且导大兵。而高杰部将李本身等引兵还徐州。

杰既死，诸将互争雄长。几至大乱，公与诸将盟，奏以李本身为扬州提督（本身，杰甥也），以胡茂贞为督师中军，李成栋为徐州总兵，其余将佐各有分地，立其子高元爵为世子，于是众志乃定。

而高营兵既引还徐州，于是大梁以南皆不守。大兵自归德一趋亳州，一趋砀山徐州。李成栋奔扬州。

当土桥之变也，黄得功怨忿不能忘，及闻杰死，欲引兵袭扬州，代领其众。扬州城守戒严。公自徐至扬，使同知曲从直、中军马应魁入得功营和解之。亦会朝命太监高起潜、卢九德持节谕解，得功奉诏。

邢夫人虑稚子之孤弱也，知史公无子，欲以元爵为公子，公不可。客有说公者曰："元爵系高氏，今高起潜在此，公盍为主盟，令子元爵而抚之，庶有以塞夫人之意而固其心？"公曰："诺。"明日，邢夫人设宴，将吏毕集。公以语起潜，起潜曰："诺。"受其子拜。邢夫人亦拜，并拜公。公不受，环柱而走，起潜止焉。明日，起潜亦设宴，宴公并高氏子。公甫就坐，起潜使小黄门数辈挟公坐，不得起，令世子拜，称公为父，邢夫人亦拜。公怏怏弥日。自是高营将士，愈皆归诚于公。

马士英、阮大铖忌公威名，谋欲夺公兵权，乃以故左春坊中允卫胤文监兴平军。军中皆愤不受命，寻加胤文兵部右侍郎，总督兴平军，驻扬州。扬州又设督府。

幕僚集议曰："公，督师也。督师之体，居中调度，与藩镇异。今与彼互分汛地，是督师与藩镇等也。为今之计，公盍移驻泗州，防护祖陵，以成居重驭轻之势，然后上书请命，以淮扬之事付之总督卫子安，总河王铁山乎（子安，胤文字；铁山，永吉字也）？"公曰："曩之分汛，虞师之不武，臣之不力也。吾故以身先之。移镇泗州，亦今日之急务。"遂使应廷吉督参将刘恒禄，游击孙恒，都司钱鼎新、于光等兵，会防河郎中黄日芳于清江浦，渡洪泽湖，向泗州而发。

先是，公所至，凡有技能献书言事者，辄收之，月有廪饩。以应廷吉董其事，名曰礼贤馆。于时四方幸进之徒，接踵而至。廷吉言于公，请散遣之。公曰："吾将以礼为罗，冀拔一二于千百，以济缓急耳。"廪之如故。然皆望公破格擢用，久之不得，则稍稍引去。城破之日，从公而及于难者，尚十有九人。至是移镇之议既定，公命廷吉定其才识，量能授官，凡二十余人。明日，诸生进谢。公留廷吉从容问曰："君精三式之学，尝言夏至前后，南都多事，此何说也？"廷吉对曰："今岁太乙阳局，镇坤二宫，始击关提，主大将囚；且文昌与太阴并，凶祸有不可言者。夏至之后，更换阴局，大事去矣。"公欷歔出袖中手诏，示廷吉曰："左兵叛而东下矣。吾将赴难如君言，奈天意何！"因令廷吉等诸军赴泗，便宜行事。会泗州已失，而廷吉等

031

屯高邮邵伯间。公至燕子矶，而黄得功已破左兵于江上。公请入朝，不许，诏曰："北兵南向，卿速赴泗州应敌。"

当是时，马、阮浊乱朝政，天下寒心，避祸者多奔左良玉营。而良玉自先帝时已拥兵跋扈，不奉朝命。其众且百万，皆降贼，素慕南都富丽，日夜为反谋。良玉被病，其子平贼将军梦庚欲举兵反。适有假太子之事，一时失职被收诸臣，又为《春秋》与赵鞅之说以赞成之。遂以太子密旨诛奸臣马士英为名，空国行，竖二旗于鹢首，左曰清君侧，右曰定储位。遂破九江、安庆，屠之。江南大震。马、阮惧，相与议曰："左兵来，宁北兵来。与死于左，不如死于北。"故缓北而急左，边备空虚，大兵直入无留行矣。

史公遂至天长，而盱眙、泗州已失，泗州守将方岩败殁，总兵李遇春降。史公率副将史得威数骑回扬州，登陴设守。而扬州人讹言许定国引大兵至，欲尽歼高氏。高营兵斩关而出，奔泰州。北警日急，黄日芳率兵营茱萸湾，应廷吉率诸军来会，营瓦窑铺以犄角。史公檄各镇兵来援，皆观望不赴，刘肇基、何刚率所部入城共守。城陷之日，何刚以弓弦自缢死。刚，上海举人，崇祯十七年春正月上书烈皇帝，请缨自效者也。肇基以北兵未集，请乘其不备，背城一战。公曰："锐气未可轻试，姑养全力以待之。"及大兵自泗州取红衣炮至，一鼓而下。肇基率所部四百人，奋勇巷战，力尽皆死。

先是，有使自北来，自称燕山卫王百户，持书一函，署云："豫王致书史老先生阁下。"史公上其书于朝，而厚待使者，遣之去。至是大兵既集，降将李遇春等以豫王书来说降。又父老二人，奉豫王令至城下约降。因缒健卒下，投其书并父老于河，李遇春走。豫王复以书来者凡五六，皆不启，投之火中。部将押住者，本降夷也，匹马劫大兵营，夺一马，斩一首而还。公赏以白金百两。是时李成栋驻高邮，刘泽清与淮阳巡抚田仰驻淮安，皆拥兵不救。大兵攻围甚急，外援且绝，饷亦不继，而高岐凤、李栖凤将欲劫史公以应大兵。公曰："扬州吾死所，君等欲富贵，各从其志，不相强也。"李、高中夜拔营而去。诸将多从之。公恐生内变，皆听其去，不之禁。自此备御益单弱矣。

四月十九日，公知事不支，召史得威入，相持哭。得威曰："相国为国杀身，得威义当同死。"公曰："吾为国亡，汝为我家存。吾母老矣，而吾无子女，为吾嗣以事吾母。我不负国，汝无负我！"得威辞曰："得威不敢负相国，然得威江南世族，不与相国同宗，且无父母命，安敢为相国后？"时刘肇基在旁泣曰："相国不能顾其亲，而君不从相国言，是重负相国也。"得威拜受命。公遂书遗表，上弘光皇帝，又为书一遗豫王，一遗太夫人，一遗夫人，一遗伯叔父及兄若弟。函封毕，俱付得威曰："吾死，汝当葬我于太祖高皇帝之侧，其或不能，则梅花岭可也。"复操笔书曰："可法受先帝恩，不能雪仇耻；受今上恩，不能保疆土；受慈母恩，不能备孝养。遭时不造，有志未伸，一死以报国家，固其分也。独恨不从先帝于地下耳。"书毕，亦付得威。

二十五日，大兵攻愈急。公登陴拜天，以大炮击之。大兵死者数千人。俄而城西北崩，大兵入。公持刀自刭，参将许谨救之，血溅谨衣。未绝，令得威刃之，得威不忍。谨与得威等数人，拥公下城至小东门。谨等皆身被数十矢死，惟得威独存。时大兵不知为史公，公大呼曰："吾史可法也！"大兵惊喜，执赴新城楼见豫王。王曰："前书再三拜请，不蒙报答，今忠义既成，先生为我收拾江南，当不惜重任也。"公曰："吾天朝重臣，岂可苟且偷生，得罪万世！愿速死，从先帝于地下。"王反复说之，不可。乃曰："既为忠臣，当杀之以全其名。"公曰："城亡与亡，吾死岂有恨？但扬州既为尔有，当待以宽大。而死守者，我也。请无杀扬州人。"王不答，使左右兵之，尸裂而死。阖城文武官皆殉难死。

初，高杰兵之至扬州也，士民皆迁湖潴避之，多为贼所害，有举室沦丧者。及北警戒严，郊外人皆相扶携入城，不得入者稽首长号，哀声震地。公辄令开城纳之。至是城破，豫王下令屠之，凡七日乃止。

公既死，得威被执，将杀，大呼曰："吾史可法子也！"王令许定国鞫之。逾旬，乃得免。既免，亟收公遗骸。而天暑，众尸皆蒸变不能辨识。得威哭而去。先是，得威以公遗书藏于商人段氏家，至是往段氏，则段氏皆死。得威徬徨良久，忽于破壁废纸中得之，持往南京，献于太夫人。其辞曰："儿仕宦凡有二十八年，诸苦备尝，不能有益于朝廷，徒致旷违定省，不忠不孝，何以立天地之间！今日殉城，死不足赎罪。望母委之天数，勿复过悲。副将史得威，完儿后事，母以亲孙抚之。"其遗夫人书曰："可法死矣！前与夫人约，当于泉下相俟也！"其遗伯叔父若弟书曰："扬州旦夕不守，一死以报朝廷，亦复何憾！独先帝之仇未报，是为大恨耳。"遗豫王书不得达，其辞曰："败军之将，不可言勇；负国之臣，不可言忠。身死封疆，实有余恨。得以骸骨归葬钟山之侧，求太祖高皇帝鉴此心，于愿足矣。弘光元年四月十九日，大明罪臣史可法书。"

当扬州围时，总兵黄斌卿、郑彩守京口常镇，巡抚杨文骢驻金山。五月初十日夜，大雾横江，大兵数十人以小舟飞渡南岸，兵皆溃。镇海将军郑鸿逵以水师奔福建。黄斌卿、郑彩、杨文骢皆相继走。镇江遂失。而忻城伯赵之龙，已先于初五日夜使人赍降书往迎大兵矣。马士英奉皇太后如杭州。上幸太平，入黄得功营。十八日，豫王入南京。刘良佐来降。二十二日夜，良佐率其兵犯驾，左柱国太师靖国公黄得功死之。其将田雄、张杰等奉上如大兵营。

明年春三月，史得威举公衣冠及笏，葬于扬州郭外梅花岭，封坎建碑，遵遗命也。已而敕赐旱西门屋一区，以处其母妻，有司给粟帛以养之。

岁戊子，盐城人某，伪称史公，号召愚民，掠庙湾，入淮浦，有司乃拘系公母妻江宁。有镇将曰："曩者淮扬之下，吾为前锋，史公实死吾手。贼固假托名字者，行当自败，何必疑其母妻哉？"乃释之。

江阴城守纪

[清]韩菼

序

江头片壤，沾国家深仁厚泽，百有余年矣。茅檐耆老，每谈乙酉撄城事，无不痛当时殉义之烈而议当时梗化之非也。胜国天下，亡于逆闯。本朝入关讨贼，率土归仁。乃弹丸下邑，虮虱编氓，偏欲从新朝革命之余，为故国回天之举，识时命者，万万不出此。顾明季纲常节义诚所难言，而此区区者，独能顾纲常，思节义，甘以十万人之肝脑，同膏八十日之斧铖。使当流寇横行之日，燕京如此，必将众志成城；列郡如此，何至势如破竹？由此而论，则虽昧天命，抗王师，亦有足多者。故谓之愚，则诚愚；谓之忠，则未始非忠也。

荧少游戚氏殉节地，长谒阎、陈二公祠，耳其事，间访其书。乡人以事关兵燹，多所畏忌。嗟乎！乙酉之事，不忍传，实不忍不传！所当讳，实不当尽讳者也！

圣朝宽大，国史褒忠，近复微臣锡以通谥，士民许以祠祭，匪曰仇之，直甚予之。若《遗闻纪略》等书，上诸辖轩，必收戚阁。亦何嫌何疑，而令当时轶事湮没不传耶？

因不自揣，搜罗散逸，删烦去复，汇为一编，发烈士之孤忠，彰圣朝之盛德。周顽殷义，一视同仁。阅是编者，可以风矣！

时康熙乙未孟冬月
长洲慕庐氏韩菼谨识

上

江阴，古延陵地。春秋属吴公子札，战国时楚封春申君黄歇。自汉迄元，为乡、为县、为国、为望、为军、为州、为郡、为路，沿革不常。明隶南直之常州府，其地北滨大江，东连常熟，西界武进，南界无锡阳湖，南北相去七十里，东西相去百四十里，中峙三十三山，为田一百十三万亩，输粮六万余石，出赋十余万两，盖江以南一剧邑也。东关外旧设朝阳驿，苏松浙闽赴京之冲途。黄山港通大洋，顺风一日夜即至洋。船俱泊于港，故屡被倭寇，亦江防之要区矣。南干龙入中国，一支尽于江阴，巨区之水溢于芙蓉湖，由申、夏二港注之江，则邑乃山水交会之地。洪武初，驻跸瞰江山，尝有建都之议。鹅鼻截江，水脉直射金山，采石以下第一重门户。元设万户府，明令吴桢、吴良等统重兵镇守。规其形势，诚南都之藩卫也。风俗淳厚，敦礼让，崇气节，不屑屑以富贵利达为事。故名公巨卿外，代产仙佛及畸人。即有明一代事论：洪武初，焦故人只鸡斗酒，与帝班坐，不肯受官；徐麒诏征谕蜀，复命辞职，帝命举朝饯行；正德朝，黄御史安甫、史御史良佐、黄主事昭，称殿前三虎；天启朝，诏狱者十三贤，江邑缪文贞、李忠毅居其二；鼎革时，陈震亨殉节泗陵，朱养时殉节舟山，胡熙云殉节海虞。其他孝悌节义之事，志不绝书，如周兰等之御海寇，吴兊等之御倭寇，编氓贱隶，皆知取义成仁，捐躯报国。岂钟毓之气使然耶？亦渐染有素也云尔。

江阴灾荒

万历五年，大水。六年，虫荒。八年，大水灾。九年，海溢。十一年，大水。十四年，大水。十五年，水灾，民食草木。十六年，旱灾。十七年，大旱。廿一年，雹灾。廿三年，水灾。廿四年，水灾。廿六年夏、秋，雨灾。廿七年，久雨无麦。廿九年，无麦。

天启四年，久雨，江涨，麦尽漂末。五年，无麦。六年，旱蝗。七年，虫食麦禾。

崇祯二年秋、冬，不雨。三年，二麦萎末，菜尽伤。五年夏，旱。六年，潮冲圩岸，伤人。九月，风变，田禾若扫。七年，夏旱，麦陨，秋大雨，损稻。□年，二麦尽，青虫食禾。十一年，大风损麦，秋旱蝗起，原野成空，复食麦苗。十二年，旱蝗。十四年，大旱。

江阴城守纪

江阴变异

崇祯二年，城鸣。十二年，雨赤小豆。四月，虫聚鸣于天。十三年，虎至伤人。十四年，虎又至，捕得之。十五年，河囮鸟见（囮，音火。一名囮䳿），形不甚大，声如儿啼，在城内外哀鸣。一日，邑令吴鼎泰叹曰："此城将有兵祸。"十七年，民家晓起，皆有黑圈记其门，或于釜底画梅一枝，一夜殆遍。五里亭平地出虎，大如犊，而势甚猛，伤人颇多，逐至百丈地方，跳河渔水中，渔妇刺杀之。

慕庐氏曰：嘉靖、万历以来，金壬柄国，阉势滔天，士气不扬，人理灭绝，历朝末季未有如明之失政者也。人事变于下，故天象应于上，天人交弃，虽有孝子慈孙，安能挽回造化哉！

大清顺治元年（崇祯十七年五月改元），明亡

三月二十日，闯贼破燕京，思皇帝殉社稷。明至此亡。

大清发兵讨贼

四月，平西伯吴三桂将援京师，未及而陷。命副将等走清朝乞师。世祖命睿亲王（多尔衮）代统大军，授奉命大将军印，锡以御用纛盖，星夜进发。遇贼将唐通于一片石，邀击之，斩百余人，贼遁。三桂率属迎谒，乃入关。闯贼率马步二十余万自北山横亘至海，列阵以待。大风迅作，尘沙蔽天，呼噪奋击，追杀至四十里。贼遁走燕京。因晋三桂爵为平西王，命统马步一万追杀流贼。

大清定鼎燕京

五月初一日，摄政王直趋燕京。所过州县，官民并开城迎降。及至京城，贼已焚宫殿西遁。明文武官出迎五里外。王进朝阳门，老幼焚香跪迎。入武英殿，受贺，传檄安抚。畿甸郡县即具疏迎世祖。九月，驾至燕京，为崇祯帝发丧，以礼改葬，追谥曰庄烈愍皇帝。躬祀郊坛，告祭庙社。御皇极殿受朝。

慕庐氏曰：中国无主，臣民推戴，诚所谓天与人归，得天下之正，古今未之有也。

江阴民乱

四月三十日夜,始得都城凶闻。市井不逞之徒,乘机生乱,三五成群,各镇抢掠焚劫,杀人如草。县主无如之何,乃恳诸生中老成硕望者,同学师分往各乡,谕以理义,动以利害。东北滨江一带,许学师晋,诸生陈明时;正东,徐学师廷退,诸生章经世;西乡,冯学师厚敦,诸生吴幼学;南乡,邑绅汤澄心,诸生张鼎泰。典史阎应元单骑至申港解谕之。

福王称号于南都

五月十五,史可法、黄得功、刘良佐、马士英等集北来臣民迎立福王朱由崧于金陵,称明年为弘光元年。

慕庐氏曰:时当国破君亡,南北隔绝,援立亲藩,冀延宗社,在可法等不可谓非忠于明者。

大清顺治二年乙酉（南都称弘光元年，福州称隆武元年），大清兵南下

福王荒淫无度，诸臣复不一心。五月，豫亲王多铎等统兵南下，连克淮扬，直抵江宁。福王奔芜湖。公侯阁部文武臣僚二百余人，马步兵二十三万八千有奇，皆降。

江阴欲勤王

福王之立也，江阴白眼狂生李介立名寄者，欲进中兴三策，时登妯娌山观星象，痛哭而返，知天意已难回矣。

大兵南下，典史陈明遇、训导冯厚敦、都司周瑞龙等纠集绅士，于五月十五日早拜牌集议募兵勤王，而事无由集，挥泪而散。

南都亡

豫王于南京戏饮，遣贝勒尼堪等追福王于芜湖。知广昌伯刘良佐勤王兵到，豫王遣一将统兵三百擒之。良

佐叩头乞降，请擒福王赎罪。福王闻信，先往太平府刘孔昭家，刘不纳，遂奔燕子矶黄得功营。得功曰："陛下死守京城，臣可借势，奈何轻出！"二十五日，良佐至。得功怒，不甲而出，单骑驰北营，隔河骂曰："我黄将军志不受屈！"良佐伏弩中其喉，得功曰："我无能为矣！"归营拔剑自刎。良佐入其营，与总兵田雄、马得功缚弘光以献，豫王执之北去。

命降臣刘光斗安抚常州

御史刘光斗，武进人，大兵南下，诣军前降。豫亲王命安抚常州各属。檄至江阴，独不应。

江阴知县林之骥去任

之骥，进士，福建莆田人。崇祯十七年到任，不解江南语，众号林木瓜。时郑帅率流兵千人过境，头裹红罗，始则携小盐包，百姓争买，启视中有金银货宝，而兵不知也。盖淮扬巨室载以避乱，为所掠得者。继乃纵兵士掠城外，百姓汹汹争城而入。兵欲劫城，幸之骥与郑帅同乡出谒之。彼此燕语，继以痛哭，遂肃然无犯。

之骥乃哭庙解印绶去,时五月二十五日也。

参将张宿、海防程某、县丞胡廷栋、学使朱国昌、兵备马鸣霆去任

刘光斗劝降,宿以义不可从,慷慨谢任。程、胡亦去之,朱与马潜逸。诸生日诣学宫相向哭。

主簿莫士英权署县事

六月,士民以邑无官,推士英权知县事。士英潜通光斗,缴印册,并解帑金,献善马,备极诌谀,扬扬以县令自居。

大清特授知县方亨到任

亨,豫人,乙科进士。时豫省未入版图,乃先诣军前纳款者。先四日,有飞骑传檄至,士英失望,令居民养于察院中。满城汹汹,欲为拒守计,以器甲刍粮未备,不敢遽发。二十四日,亨至,纱帽蓝袍,未改

明服，年颇少，不带家属，止有家丁二十余人。亨入空署，耆老八人入见。亨曰："各县已献册，江阴何以独无？"耆老出，遂谕各图造册献于府，转送于南京，已归顺矣。旋出，谒上台。莫主簿亦以参谒出先归，乃传薙发之信。民情惶惶，俟县令归，一决可否。

收器甲

先是，福建勤王师为清兵所败，有鸟船三只逃至江上，贱售器件，江民争买，北州尤多。二十六日，亨下令收之。

命军民剃发

豫王下令，江阴限三日剃发。二十七日，常州太守宗灏差满兵四人至居察院中，亨供奉甚虔。

严饬剃发

二十八日，亨出示晓谕，申严法令。

邑民呈请留发

二十九日,北州乡耆何茂、邢谷、周顺、邢季、杨芳、薛永、杨起、季茂、辛荣等公呈请县详宪留发。亨大骂不已,众哗曰:"汝是明朝进士,头戴纱帽,身穿圆领,来做清朝知县,羞也不羞!丑也不丑!"亨无如何,听之而已。

闰六月初一日,江阴倡义守城

清晨,亨行香,诸生百余人及耆老百姓从至文庙。众问曰:"今江阴已顺,想无他事矣?"亨曰:"止有剃发尔。前所差四兵,为押剃发故也。"众曰:"发可剃乎?"亨曰:"此清律,不可违。"遂回衙。诸生许用等大言于明伦堂曰:"头可断,发决不可剃也!"适府中檄下,有"留头不留发,留发不留头"之语。亨命吏书示此言,吏掷笔于地曰:"就死也罢!"亨欲笞之,共哗而出。

下午,北州少年素好拳勇,闻之奋袂而起。各服纸册,蒙以棉袄,推季世美、季从孝、王试何、常何泰等

江阴城守纪

为首。鸣锣执械，扬兵至县前，三铳一呐喊。至县后亦如之。四门应者万人。亨犹坐堂上，作声色，怒叱从役收兵器。众呼曰："备兵所以御敌，收之反为敌用！死不服！"适亨老师无锡效顺之苏提学（一作旧学使宗敦）遣家人来贺喜，从私署出，在堂上骂曰："尔这些奴才们，个个都该砍头！"众人诟曰："此降贼仆也！"奋臂殴死，将头门二门八扇于丹墀内焚其尸。亨出，欲亲执首事者，众不逊，直前裂其冠服。莫主簿惧，踉跄走匿。亨怯，许众备文详请免剃。众遂散。亨闭衙急驰书于宗太守，并嘱守备陈瑞之飞报征剿。

临晚，县吏密告曰："自汝等散后，亨即传我备文详豫王，请兵来杀汝等，已马上飞递去矣。"众怒，遂入署，以夏布巾系亨之颈，拽之曰："汝欲生乎？死乎？"亨曰："一凭汝等。"乃拘亨于宾馆。抵暮，亨向举人夏维新疾呼解救，众恐宵遁，因送亨于维新。（或云走避乡绅曹子王家。）是夜，诸生沈曰敬等十三人集议复上台。亨意欲多杀树威，议不协，遂散。

初二日，江阴义民下方亨、莫士英于狱

次早，方亨回署，闭衙不敢出。阖邑闻风响应，四乡居民不约而至者数十万计。三尺童子，皆以蹈白刃无

憾，有不至此，共讦之。分队伍，树旗帜，鸣金进止，集教场议战守。填塞道路，容足无处，分途出入，自辰至酉方息。合城罢市。亨惶急失措，乘肩舆登君山安民，诡称江民义勇向误于陆承差杀一警百之说。众收陆，陆举家遁。毁其酿具什物，秋毫不染指。有窃一鼎者，立斩以徇。宗太守行文解谕，拒不纳。士民等设高皇帝位于明伦堂，誓众起师。亨亦同誓称戈。各保赴县求发火药器械，亨亦首肯，实乃潜驰书于宗太守，称江阴已反，急下大兵来剿。时城门已诘奸细，搜得书，将使者裔之。入内衙，携亨出，并搜获莫主簿。莫恳降为明官，众不信，均下之狱。

众曰："既已动手，同察院中有满兵四人，来押剃发者，盍杀之！"于是千人持枪进院，四兵发矢，伤数人，众欲退，有壮者持刀拥进。兵返走，一堕厕中，一匿厕上，一躲夹墙，一跳屋上，俱被提出。先是，四兵到府伪作满状满语，食生物，小遗庭内，席地而卧。至是入内，见床帷灶釜颇精丽，顿作苏语曰："我本苏人，非鞑子，乞饶性命！"众磔之，临死曰："莫主簿令我来，今害我！"

是役也，有典史陈明遇者，素长厚，与民无怨，众拥为主而从其令。

初三日，发兵器安营

先是，兵备曾化龙闻流寇至，造见血封喉弩，悬三四间屋。兵备张调鼎，亦铸大炮、储火药。至是皆发之。

距城三十里者，各保咸领乡兵入城，令于夏港、葫桥相地扎营，防清兵西来。临晚方散。

守备陈瑞之夜遁

忽传大兵由杨舍进，众疑杨舍守备沈廷谟曾赴县剃发，必为之向导。合城鸣金纠众，奋勇争拒。至东城，知讹传，乃返。适本营守备陈瑞之乘马赴东关，众怒其纳款谋升参将，且代方亨申文请剿也，詈辱之。瑞之拔刀策马返，哗而进，杀其负纛一人、马二疋。瑞之亦伤，夜与其子越城遁。或云：众欲推为主，瑞之不从，甫出，以枪刺之，跃屋上，趋出城，伏于豆田内。

初四日下陈瑞之于狱

是早，执瑞之妻孥下狱。上午，城外兵缚瑞之父子来解，亦收禁。

赡军，城中戒严

士民议曰："我等誓死守城，其老弱妇孺与不能同志者，宜速去！"由是城门昼闭，议守，议战，议更五方服色旗号，议借黄蜚为外援，议请阎典史为主将，持论纷纭，各出一见，日无宁晷。

发林令所藏封库藏赡军不足，徽商程璧捐饷三万五千两，陈典史拜而纳之。入暮，又报大兵由常州抵申港，民兵争出御之。城中戒严，恐外兵乘虚，灯火彻夜，互为盘诘。漏二下，盘获细作时隆，命拘之狱。

初五日搜获细作，讨武弁王珑，歼郡兵于秦望山

黎明，士民齐集公堂。明遇同游巡守备顾元泌会鞫时隆，供称伏兵在城七十余人，奉太守令，每人给火药四斤，银四两，开元钱一百二十文，约于初八夜举火为号，外兵望火杀入。招词凿凿。当获羽党四人枭示。亟往庵观及空隙地，搜获六十有奇。复词连武弁王珑，珑遁，收其党，尽杀之。在外乡民即往售山烧珑居，执其

父与妻妾来献，并诛之。而宗太守果遣郡兵三百人间道袭江阴，土人歼之秦望山下。明遇下令，城中有能获奸细者，官给银五十两。

杀陈瑞之

是日，杀陈守备（一作自杀），收其一妻、二子、一女、一仆，尽杀之。其长子叩头请曰："我能造军器，幸贷我！"仍系之狱。

初六日，大清发兵收江阴

有青衣人行于市，迹甚诡，乡兵疑而执之。搜出地图一纸，上书兵马从入之路及诸山瞭望埋伏处，并私书一。亟询之，乃璜塘夏中书家人，新投亨署，遣出乞师者。送顾元泌拷讯，复供沈曰敬，及吏书吴大成、任粹然等，在马三家协谋屠洗。收马三、大成等磔于市。曰敬仅以身免。粹然临刑曰："四门俱有大炮，汝等宜自为计。"

土人既歼宗灏所遣兵，灏以事闻专阃。是晚，报大清马步兵千余从郡城出，水师统兵官王良亦率舟师进发。城中巡守愈严，西门月城内搜获奸细二人。审视锁钥门键已坏，执守门兵拷讯之，招出买路银两，当与细作均斩城下。

初七日，江阴义兵败于虞门

是早，乡兵出城打仗，北门骁锐自立冲锋营。季世美令三鼓一炮造饭，四鼓二炮吃饭，五鼓三炮抬营。百人揭戈先往，老弱馈食不绝。令地保持铁筒，用锅底煤涂黑作假炮，安闸桥上。过浮桥，又命地方折断桥。经夏港亦然。上午，至申港，方思造饭。塘报讹传清兵相距止五六里，众奋呼曰："战而后食未晚也！"疾驰数十里。抵暮至虞门，方遇战。彼众我寡，腹枵力乏，兼以马步不敌，冲锋兵败，世美阵亡。郡兵驰宿虞门曹坤家。

初八日，歼水师兵于双桥

是早，城中避难者皆挈妻子去。兵复出御，四乡负义勇而来者十数万人，咸以效死勿去为念。清兵亦观望不进。水师兵五百，领兵官王良，本邑中大盗降清者。

舟经双桥（一作葫桥），田夫辱骂之。士卒怒，欲擒斩田夫，群拔青苗掷船上，泥滑不可驻足，大半堕水死。得登岸者，乡民围之，乃跪曰献刀。锸锄交下，浮尸蔽河，积如木筏，直至石撞，水为不流。

起旧游击徐观海为将

观海，邑人，升太平营总兵，尝为游击。明遇以虞门之败，军行无帅，进退无所禀承，欲起为将。观海病不能胜，命弟摄其事（弟行五，失其名与字，天香阁中有传）。乃造令箭十枝，用大明中兴旗号，人执为信，防塘报讹传也。

观海于五月中随操江收福山港，六月初一到苏州，为清兵杀败而归。

初九日，拜邵康公为将

时城中尚无帅，徽商程璧荐同籍邵康公娴武事。康公年未四十，人材出众，力敌四五十人。明遇乃同顾元泌等率众拜为将，邵亦招兵自卫。

适旧都司周瑞龙领舟师数百人驻江口，声言协助，借为犄角，粮皆北门馈送，不继，城中出典米给之。

举孝廉夏维新，诸生章经世、王华，管粮饷。举中书戚勋、贡生黄毓祺、庠生许用等二十余人为参谋。

杀方亨、莫士英于狱

方亨在狱，尝使作书退兵。后清兵日进，乃密谋杀之，以绝内应。夜二鼓，带兵二十人拥入，赤身擒出，斩于堂上，并家属亲知（一云杀于夏维新家桂树下，一云拖出西门打死，一云为百姓焚死）。继杀莫士英父子仆从，囚其妻妾。莫父潜逃，三日搜出斩之。

慕庐氏曰：亨系新朝县令，况所施为皆分所应得，即两次请兵，亦势所难已。赫赫之威压于上，汹汹之势成于下，并不可谓亨激成之也。但城中既已举事，亦势不能不除之。惟士英不善立身，则枉送一死耳。

初十日，都司周瑞龙战大清兵于城西

清兵进营城西隅，元泌登城，请周都司往吴淞借兵于总帅吴志葵。吴不应，但言兵久无粮，能犒千金，当尽命。乃出林令去时署内封留之衣饰囊资共八百，复借典银二百，合成一千，城上给发。瑞龙约邵兵出东门，己从北门夹攻，邵兵亦至。瑞龙遇战不利，还驻江口。抵暮，清兵扎营城南张孝廉园中。

慕庐氏曰：林令到任仅一载，流兵一扰，先事挂冠，其才其识，均有足多者。至库藏封留，谓公物耳；而署内之囊资衣饰，留此何为者？其存心行事，迥非俗人所能臆度者。安得以木瓜谬称之！

十一日，大清兵屯麻皮桥

清兵退屯麻皮桥，密遣二人入城侦虚实，被获枭示。城中亦遣一人侦清兵，至葫桥，见彼列炮严禁，伺其懈，尽投之水，以一炮复命。周都司奇而赏之。

清兵三日不至，城中逃难者咸以敌去，络绎归来。数日间，民人复聚。

下劣生尹吉于狱

吉素不轨，谋内应。一日暴雷震，闻马嘶声，众入其室，搜出马二疋，衣甲器械无数。当斩其仆唐宁，而下吉于狱。城中防卫愈固。

十五日，靖江兵战大清兵于城南

有传淮抚田仰示至，称即日统兵赴援，印押不爽。民疑喜交集。后竟无至者。复有靖江夏起隆者，统沙兵八百人（一作二十），原隶镇将高杰（一云曾破高杰骑兵），命一人执信字旗，渡江来，称谒欲援江阴。因遣夏维新、章经世往犒师，议给赏银四千两，料理猪羊、酒米、火药等物，俱极丰备。未几，两领兵官率众南来，酗酒赌博，人无斗志。战于城南，大挫，杀伤五百人，四散逃亡。有窃火药返者，靖江署县事典史盘获绑送江阴处分。先是，大家给散银米，每人钱一千，赍酒肉犒军，江口军竟无功，故执之。程璧亦开典，靖江沙兵败归，恨之，劫掠一空。后有泰兴张九达者，名逵，善拳棒。因靖邑兵败，田淮抚乃檄朱公子借逵兵三千，渡江而来。清兵放牛马于两石湾，逵率亲信三十余人登岸收之，伏发，逵与三十人无一脱者。骁勇耿和尚亦死。

乡兵打仗

外兵军势日甚，各乡保乡兵距城五六十里者日入城打仗，荷戈负粮，弃农不顾，不用命者互相攻讦，虽死无悔。

陈典史每巡城，凡搏战至城下者必开城奖纳，鼓以忠义，有功必赏。献敌首一级，给银三两，或为下拜。

乡兵阵伍散乱，进退无节，然清兵所至，尽力攻杀，多有斩获，即不胜，亦未尝俯首效顺也。有高瑞者，为所缚，令剃发降，宁死不屈。是以清兵不得安处，相对多楚容。

命程璧乞师

时黄蜚由芜湖屯兵太湖。总兵吴升嘉，字之蔡，由吴淞驻兵福山，纠洞庭两山之民接应常熟，攻破苏州，声势百倍。陈典史命程璧往二处乞师，兼往田淮抚处。璧尽出所储钱十四万金充饷。往乞不应，复往徽郡金声、江天一处。及至，兵已溃。比返城，已陷。遂为僧于徐墅。

鲁王监国于绍兴，唐王称号于福州

南都既破，天下旧臣遗老，志不忘明者，皆辅明之余孽，以冀中兴。于是赵王起于太湖，义阳王起于崇明，桂王起于广西（号兴隆），潞王起于杭州，靖江王称监国，保宁王起于河南，罗川王、永宁王起于湖东，益王集二千人起兵。东王、瑞王、安仁王、永明王、德化王、安东王、晋平王，纷纷不靖。闰六月初九日，张国维、陈函辉等迎鲁王监国。初十日，黄道周、张肯堂迎立唐王，改元隆武。浙闽起事，江南北民心煽动。豫王留兵二千驻苏州，大军悉下浙江，仍命刘光斗安抚常州。

二十一日，大清兵围城

清兵连日不能克，羽檄乞师，爰命七王、八王、十王等，率将弁千员，马步十余万，向江阴进发。降将刘花马良佐为先锋，首出西门。江民出战，被杀者五十人，而清兵不复，乃退西门，移兵至南关，邵康公往御，不克。众以康公为无功。其守南关也，士民不许出江，而私放其乡人，爰下之狱。清兵历东门至北门，分十六营围城，继烧东城，大掠城外富户。乡兵死战，败走。清亦丧其骑将一员，分兵北门。乡兵三路御之，两路皆溃。数十人据桥力战，杀其骑将，乃收兵返。

二十三日，大清兵掠东乡

清兵合营，并北焚民居，多杀戮，转掠而东。八桥东西湾二保拒之，杀其骑将二员。

泗善港葛辅弼父子，率兵五百人，自负剽悍，入城赴援。各保咸出兵助之。但素为盐盗，不谙纪律，亦至民家劫掠、酗饮、掳掯。至三官殿，勉强交战，歼焉。

清兵乘胜东下，恣掠大桥、周庄等处。搜山掠地，肆意抄杀，所伤老弱男女无算。周庄民搜敌索战，侯城人（一作陶城民）三人杀其骑将一员，乃退。

兵乱日久，政令不能出城，远乡叛奴乘衅索券，焚宅杀主者，络绎而起。烟光烽火，相杂蔽天。大家救死不暇。

清兵日多，旋营君山、黄山。烧掠四城民居，昼夜不绝。

二十四日，大清招降

刘良佐作招降书一纸，从东城外射进。其书曰："传谕乡绅士庶人等知悉：照得本府原为安抚地方，况南北两直、川、陕、河南、山东等处地方，俱已剃发。惟尔江阴一处，故执违国令，何不顾身家性命？即令本府奉旨，平伊江阴，大军一二日即到。尔等速剃发投顺，保全身家。本府访得该县程璧，素系好人，尔等百姓即便具保，本府题叙管尔县。如有武职官员，亦具保状，仍前题叙，照旧管事。本府不忍杀尔百姓，念尔等皆系清朝赤子，钱粮犹小，剃发为大。今秋成之时，尔等在乡者即便务农，在城者即便贸易。尔等及早投顺，本府断不动尔一丝一粒也。特谕。"

二十五日，江阴义民答书

陈典史及城中士民等公议回书，秉笔者王华也。其略曰："江阴礼乐之邦，忠义素著，止以变革大故，随时从俗。方谓虽经易代，尚不改衣冠文物之旧，岂意剃发一令，大拂人心。是以乡城老少，誓死不从，坚持不二。屡次兵临境上，胜败未绝，皆以各乡镇勤王义师，闻风赴斗。若城中大众齐心固守，并未尝轻敌也。今天下大势所争，不在一邑，苏杭一带，俱无定局，何必恋此一方，称兵不解？况既为义举，便当爱养百姓，收拾人心，何故屠戮奸淫，烧抢劫掠，使天怒人怨，怆目痛心？为今之计，当速收兵，静听苏杭大郡行止。苏杭若行，何有江阴一邑？不然，纵百万临城，江阴死守之志已决，断不苟且求生也！谨与诸公约：总以苏杭为率，从否唯命。余无所言。"

慕庐氏曰：随时从俗，已自认从清，所不肯者，剃发耳。然"苏杭若行，何有江阴一邑"，亦是老实言语。使良佐竟坐实此言，收兵他往，俟平定苏杭后，发一使至城下，其又何辞？且究属拳大地方，即缓缓收服，不患插翅飞去也。计不出此，而损去三王十八将，或亦彼此有定劫耳。

二十八日，都司周瑞龙逸

良佐令军士四散焚劫，乡兵见清兵势大，不可敌，悉远遁。无复来援者。周都司亦扬帆去。

二十九日，追杀乡兵

良佐仍令军士追杀远窜乡兵。

七月初一日，专意攻城

良佐再令军士搜杀星散乡民，而乡兵断绝，遂专意攻城矣。

城中严御外军，箭如雨注。城上人一手以锅盖自蔽，一手接箭，日得三四百枝（一作三四十万）。

初五日，诛守备顾元泌

外兵攻城时，元泌登城射敌，矢每不及敌而坠。众疑之。其效用马矮子窃火药从城上投敌，众执之，同往搜元泌寓，得请兵文书一道。盖闰六月初，众会申文田淮抚请兵，元泌私易文缓兵，故原文犹在寓也。遂诛元泌并效用者四十人，内应遂绝。

迎原任典史阎应元

应元，字丽亨，北直通州人，由武生起掾吏，官京仓大使，崇祯辛巳赴江阴典史任。始至，海寇顾三麻子率数百艘犯黄田港，应元集兵拒守，手射三矢，应弦而倒，贼畏不敢犯。后又平盐盗，弭民乱。邑民德之，为肖像社学中。以大臣论荐，特授都司剳军前檄用。而马、阮用事，仅平转广东韶州英德县主簿。母病，兼道梗，挈家避居砂山之麓。变作时，陈典史与邑士民即拟敦请，元泌百计挠阻。至是泌诛，遂决意迎之。淮抚田仰亦移文劝勉。明遇嵩使十六人缒城夜出至其居，应元曰："尔等能从我则可，不然不为若主也。"众曰：

"敢不惟命是听。"

初九日，阎应元入江阴城

祝塘少年五十人（一作六百人）执械护送，经七里庙，题诗于壁，以见事则万无可为，死则万无可免也。及至城，谓乡兵裹粮而来，势不能入，且乌合之众不足制胜，厚犒遣还。独与家丁王进忠等四十人入守。

始至，即出邵康公于狱。发原任兵使徐世荫、曾化龙所造火药、火攻器具为用，伊在任时所监造者。次传谕巨室各出资助饷，锱不足，凡泉货百物得估值充数，收贮察院内，备民兵犒赏诸费。乃大料民居，尽知城中若干保，若干户，若干口，丁壮老幼若干人，悉取注册，择骁勇者隶麾下，卒赖其力，以成义举。

初十日，祭旗发令

命各城收拾衣甲器械祭旗。

命武举人王公略守东门，把总汪某守南门，陈明遇守西门，应元自守北门，而与明遇仍总督四门，昼夜巡历。

命开城门合乡兵二十余万人与在城民兵分保而守。城门用大木塞断,派十人守一垛,卯时喊杀一声,午时再派十人喊杀一声,酉时仍换前十人随宿,夜半再换后十人更番,周而复始。城下设十堞厂,日夕轮换安息烧煮。公屋无用者拆毁,砖瓦使瞽目人传递不停。十人小旗一面,百人大旗一面,红夷炮一座。初时夜间两堞一灯,继而五堞一灯,后遂八堞一灯。初用烛,继用油,后以饭和油,则风不动,油不泼。每堞上瓦四块,砖石一堆,井井有条,丝毫不乱。乡兵由是复振。

命章经世、夏维新、王华主刍粮。每人给米盐蔬菜若干,每户给油火若干,四门堞城各给油蜡若干。

传齐北门冲锋营士千人,选李从孝为先锋,何常执大旗,王试挂得胜鼓,何泰吹号头,准备军服器用。

苦乏油,命健儿取推车入城中给以藏豆,膏火足用。盐不足时,海寇载两大舰由黄田港进。鱼则从水关入,举网即得。但苦无矢,乃命月黑夜束草为人,外披兵服,人持一竿,上挑一灯,直立雉垛,士卒伏垣内大噪。北兵望见,矢如猬集,获强矢无算。

由是围城中有火药三百瓮,铅弹子千石,大炮百位,鸟机千张,钱千万贯,絮帛千万端,酤千酿,果万钟,豆千斛,刍藁千万束,盐万斤,铜铁器万枚,牛千头,羊豕千只,干鱼千包,蔬千畦。

江阴城守纪

十一日，大清兵攻北门，七王死之

外兵知城中不可动，乃伏炮攻北门。第四铺御之，矢石如雨注。外兵不敢近，主帅怒，命上将九员先驾云梯上城，城上长枪刺之，死者四而伤者五，有身中三箭者，有劈去头颅者，有堕下成齑粉者，有火箭烧死者。主帅益怒，奋身独上，势甚猛，有霸王刘耐者以短枪拒之，彼以口啮枪，拔刀欲砍，一人挺枪中其喉，遂仆城下。外兵散走，皆失声大哭曰："此七王也！"

二都督大怒曰："我得北京，得镇江，得南京，未尝惧怯，未尝费力，不要说江阴拳大的地方，就如此费力！"遂传令十营内选猛将几员，步军三万，扎云梯十张，来日分十处上城，如有退者立斩。

十二日，大清兵仍攻北门，二都督死之

清晨，城外放炮呐喊，三万军造浮桥十条，一齐过外城河，分十处运云梯上城。城上用砖石掷下，长枪拒敌。或以船蔽体而进，城内炮石杂施，无不立碎。凡城堞四进者两对，见兵至，发炮弩毙之。其来攻城脚

者，以长阶沿石掷下，或旗竿截断，列钉于上，投下；死伤无算。二都督恃勇衣三层甲，腰悬两刀，肩插两刃，手执双刀，独登云梯，毁雉堞，跨上城垛，执刀乱砍。城上以棺木支御，枪刺其身不能入，或曰："止有面可刺耳。"遂群刺其面。旁堞垛一汤姓童子，持钩镰枪，用力钩断其喉管，竹匠姚迩割其头，身堕城下。外兵齐来抢尸，城上梆鼓齐鸣，砖石小箭如雨点下，伤千余人。复用牛皮帐挡住矢石，始拖尸去。后刘良佐日令军士拜索其头，不允。愿出银买，乃命将银当面装入银鞘，吊入城，又命军士罗拜，口中高叫："还我王爷的头！"然后以蒲包裹一黄狗头掷还之，将头悬城上。外复苦求，乃投下。取去，缝合，挂孝三日，令道士设醮招魂，有红箭衣六人拜城下，内发炮化为尘。又一日，持祭物来奠，一僧捧金帛随行，道经何家埭，内发炮毙之，取其酒食饷守城者。

应元既却北城攻，知不日清兵必大至，广为战具，招青旸弩师黄鸣岗与其从千余人入城，造小弩千张，小箭数万枝，分派守城军士。又用季从孝所合火药敷箭头，射人见血立死，弩长尺余（一作四尺），箭长五寸（一作一尺），百步之外，命中如意。应元初入城，鸣鼓门堂，鼓内跌出小弩十余张，上刻"诚意伯刘基造"数字，即鸣岗所造弩式也。出陈瑞之子于狱，令制火砖木铳。火砖广三四寸许，着人即烧。木铳类银鞘，长三尺五寸，广二三寸，木为之，中藏药，敌至投下，机发木裂，铁菱角飞出，触人即死。应元自造挝（一作鎚）弩，用铁一块，旁设数钩，系以棉绳，掷着即勾进斩之。又仿旧制造火球、火箭之类，无不曲尽其妙。故清兵虽众，向城畏服，战栗无人色。其自北来者，闻之皆胆落，无不以生归为祝。

十四日，江阴诈降，薛王死之

前此北州薛王营令人执旗招安。十三日阎、陈二人令范、周、朱、季四生员至薛王营答话，若有将计就计之处，速还报。四生至薛王营，留宴饮，馈元宝四锭，重二百两。四生归献计曰："必得舍命百余人，命前数人执降旗，后握木铳，假充银鞘，赚开营门，可以济事。"二人相视，哂而点首。是日百余人握木铳，桶底安砖。即令四生前导，四生面面相觑，立斩之（季生名学文，方之嫡叔祖）。另点白发耆老数人，执降旗，焚香前导，缒城出，至薛王营通报，献银买命，求免杀戮。薛王大喜，升帐放炮，吩咐开营门，将银抬入帐中，正要令将收验，一时火发炮裂，烟焰蔽天，震响如雷，触者咸死。薛王惟剩一头，帐中上下约伤二千余人，内伤上将二员。当日十王命三军挂孝，合营举哀，礼薛王头于北州苏家墩。

清兵屡失利，请兵羽檄旁午，兵赴江上，日以千数。刘良佐作劝民歌谕降，弗听。遂设牛皮帐，握城东北隅。城上压以巨石。

十五日，大清兵攻东北城

良佐命西南放炮，东北掘城，皆用山爬，城内以火球、火箭拒之，外兵欲退，良佐止之。城内仍投以砖石，不及避，数百人悉死城下。良佐惭甚，又设三层牛皮帐，中设九梁八柱，矢石投之，皆反跃不能入。乃取人粪和以桐油煎滚浇下，即时皮穿，及其身，肉烂而死。未及者，皆惊惶散去。内以绳系铁锤掷之，钩入城中，枭首。外兵手足无措，纷纷逃散。敌营疑守城者杀下，遂发铳御，反伤马步卒无数。后由西门经闸桥依君山为营，俟其半渡，炮击之，应声仆。或以木门自蔽，用小箭射之，中其手，手钉在门，号叫痛甚，即不获生。

又作大浮桥，从黄田港暗渡登君山，瞰城中，亦为炮所中，移营去。

十六日，江阴四出乞援

是时，田淮抚已从鲁王于绍兴；黄蜚、吴志葵同入太湖。贝勒引大军趋吴淞，二人兵败被执，两处俱已绝望。

海寇顾三麻子率舟师来援，巨艘数百号，留三日，遇战不利，扬帆去（顾三麻子，名顾容，自号忠义王）。

有义阳王者，明之宗藩，太监季太传、田军门、荆监军、总兵胡来贡，各统兵辅之，建义旗于崇明，称海上雄兵十万。太仓、昆山、嘉定各处响应，同往乞师。王与太监温词慰劳，仅以空言塞责。后遣其将往驻江口，宁其愚率僧兵数百赴援，扎营砂山。战甫合，知不可敌，皆遁去。

闻兵部严子张名栻者，与时敏守常熟，亦往乞兵。初不应，旋以唇齿相关，金秀才铲（字贡南）集精勇四百余人，先驻砂山，挡住来路。俟子张军到，一齐进取。八九日无耗，遂先发。良佐差铁骑三千邀截周庄左右，全军俱没，贡南仅以身免。

下

大清移营邓墓

孤城死守，外兵屡败，内亦杀伤相当。用炮打北城，彻夜不息，城垛陷数丈。应元命石匠往外取石料，匠难之，再拜遣之，匠为感动。修固后，严御如初。

外兵依邓墓深林以避矢石，拆门窗屋木为浮桥，渡河逼城下。城上协力拒守，矢石交下。外不能支，欲遁，其将斩先走者二人，复驱而前。赍云梯至城下凡三十余处，一将突出众先上，内发炮横击之，尸随云梯仆。外兵走，内缒人出，收其云梯器仗等物，并伐邓墓松楸，使敌无所蔽，取浮桥以供薪。

一骑将既拔己所中箭，复下马，拔马股所中箭，又恐马中毒，用口收其血，力策而返。

十七日，江阴兵劫营

良佐移营十方庵。是夜，应元择勇士千人出南门劫营，或执板斧，或执短刀，或用扁担，突入敌营，伤千余人。及他营来救，内兵已入城矣。

松江解到大炮百位，收民家食锅铸为铁弹，重十三斤，纳大炮以攻。

十八日，刘良佐劝降

良佐前命十方庵僧向城跪泣，陈说利害，劝众早降。城中以效死勿去谕之。是晚，僧又至，却之如初。

良佐策马近城，谕民早降，因踞吊桥约城上释弓矢，谓应元曰："弘光已北，江南皆下，若足下转祸为福，爵位岂在良佐下？何自苦如此！"公从容对曰："江邑士民咸谓三百年食毛践土，深戴国恩，不忍望风降附。应元乃大明典史，义不得事二君。将军位为侯伯，身拥重兵，进不能恢复中原，退不能保障江左，何面目见我江阴忠义士民乎？"良佐惭而退。

七月十九日，贝勒统兵攻江阴

良佐复奉命来招安，应元曰："有降将军，无降典史！"一声梆响，火箭齐发。良佐连跨三四马逸去，太息曰："江阴人没救矣！"贝勒博洛既定松江，悉统所部兵几二十万来江阴。以师久无功，将刘帅捆责。躬巡城下者三，复登君山望之，谓左右曰："此城舟形也，南首北尾，若攻南北必不破，惟攻其中则破矣。"

缚降将黄蜚、吴志葵至城下，命作书劝降。蜚曰："我于城中无相识，何书为？"志葵涕泗交颐，情词悲楚。应元叱曰："大臣被缚，当速就死，安用喋喋为！"再拜泣去。蜚默无言。

二十日至二十七日，用炮猛攻

贝勒见城中守义不可动，进攻益急，分兵先抄断各镇救兵，乃以竹笼盛火炮，鼓吹前迎，炮手被红，限三日破城。于城南侧放起，炮声震处，城垣五处崩裂，飞弹如电。一人立城上，头随弹去，而身僵立不仆；一人胸背俱穿，直立如故。城裂处内以铁叶裹门，贯以铁绹护之；又以空棺实土，障其垂坏者；又用絮浸水覆城上，以防火攻。

时东西南三门俱坚守，惟北门一保人独少。贝勒异炮君山下，放炮者用竹栈包泥而蔽伏其侧，俟炮发，放者即抹去炮中药矢，盛药再炮，连珠不绝。城上欲击放炮者，铁子遇竹篓软泥即止，不能伤。后又移炮近城，放炮者预掘地穴，塞两耳，燃火，即伏穴中，盖恐震破胆死也。

甲士爬城

日中时，众方食，明遇闻铮铮有声，往探，见外将六人衣重甲，缚利刃，持两钉插城隙，攀援而上。其余镔铁介胄，接踵而上者无数。刀斧击之不能伤，用长枪刺其首，始堕城下，余悉退避。

神兵助阵

外兵大怒，大举来攻。忽见一少年将持戟冲突，锋不可当，战毕不知所往。众疑土神陈烈士，悉往虔祀。又见绯衣将三人登城指挥，外兵不敢进。执土人问姓名，不知所对。远近讶为神助。

内舁关帝、睢阳王、二东平王、城隍神五像，张黄盖巡历城上，以磁石捻神须，遇铁器须辄翕张；用关捩抉神手指挥，外兵遥望疑为将，咸惊怖。良佐命其子攻城，正当睢阳王像神指挥，开炮一发而毙（城破日，良佐砍开睢阳王头，众又砍伤东平王以报仇）。

一日，风雨夜作，城上灯不能燃，率众哭祷。睢阳王忽神光四起如昼，四门灯火彻夜不灭，外兵无可设施。

掠东南乡

清兵东掠大桥、周庄、华墅、陶城、三官、祝塘等镇。祝塘人拒之，兵燹之惨，甲于他镇。分掠陆官舍桥，有徐玉扬者，富膂力，望清兵蜂拥而来，遂匿桥洞中，见二卒引一将过，状甚伟，跃出登岸，均杀之。称将之首，重十八斤，悬于树上。后兵多畏避，其树至今尚存。

南掠至峭崎，询土名，即回骑。盖嫌音似"消旗"也。掠至青旸，乡民严守圩堤，行列如军伍，防有伏，不敢入。

二十八日，大清兵攻北城，阎应元伤右臂

炮击北城，角城裂，夜半修讫，敌以为神。铁丸中应元右臂，应元伤，犹左手握槊格杀数人。

应元躯干丰硕，双眉卓竖，目细而长曲，面赤有

须，每巡城，一人执大刀以随，颇类关壮缪，外兵望见，以为天神。而号令严肃，凡偷安不法者必贯耳鞭背示众，虽豪右不少贷。然战士困苦，必手自注汤酌酒，温言慰劳；如遇害，则立具棺衾，哭奠而殓之；接见敢死士，则不名，俱称兄弟，每遇事必询于众曰："我兄弟谁当此事者？"有人号于路曰："我欲杀敌，苦无短刀！"即以所佩之刀二三十金者亲解佩之。

明遇本性长厚，每事平心经理，遇战士劳苦，抚慰至于流涕。有倦极假寐者，以利害劝谕之，不轻呵叱。

二人待下如此，故民怀德畏威，濒死不悔。

慕庐氏曰：昔日张、许，今日阎、陈。情事不同，而围城风景恐是一样；勋业不同，而效死心肠亦是无二。至分城而守，性情作事，仿佛相同。说者谓阎是严父，陈是慈母，如此不愧为民之父母。

十九日，大清兵攻南城，十王死之

复攻北城，应元命每人纳石一块，顷刻如山积，甃石城一重于内。外知不可破，徙攻南城，炮声震天，闻二百里，一昼夜用火药万五千斤，城墙几陷。清兵乘势拥上，刀矢如猬。守城者不能御，乃发炮猛击，伤敌数千人。敌于外亦发炮对击，忽见女将一员立于城上，将袖一拂，敌炮回击，自毙其马步无数。众以为前湖烈女云。

十王痛薛王中计而亡，命大将掠城外居民大箱千余只，在十方庵后叠成将台，高与城齐，十王坐其上，用上将四人、亲军二百四十人围绕。令台旁亲军各持狼烟喷筒先发，将南京、镇江大炮五六步排一座，共计百座，令闻号齐发，猛击东南角城。守城军士不敢开目。应元伏城膝行，看明十王在台指挥三军，遂命中街巷口有力之汤三老儿掮一大炮，对准十王安放。应元又左右细看，丝毫不爽，然后亲自燃火放去。汤三老系重听，尚未知，端立呆望。而火路一条，十王、四将暨二百四十人齐随火灭。惟有黄伞一把，在半天圆转，一脚连靴自上而下。

慕庐氏曰：三王十八将皆殁于王事，荡平后，宜庙食于兹土。

八月初二日，烧外营。杀夏维新、王华

应元遣周祥、金满、李芳、针子等四人夜出烧营。外兵被火，梦中惊觉，毛焦皮烂者甚众，忿甚，四散杀掠。应元命赏祥等银各一两。夏维新、王华，每两实给六钱，众大哗。应元恐人心激变，不得已斩之。盖围城

日久，储饷将罄，短给本非克扣。因维新于发难时误听方亨，作揖劝众，至此众怒未释，故欲借此陷之。华虽引明遇自解，亦难独免。

慕庐氏曰：饷缺费繁，围城中恰难措置，二人通融调剂，亦属一时权宜。此情此势，应元岂所不知？无奈众人之藉是泄忿也。至代方亨劝众，事后论之，亦不甚错。各图献策，业已归顺，官民和协，省得激成祸端，无奈众人之喜事乐祸也。若章经世同主刍粮而漏诛，同陷围城而免死，岂别有保身之道欤？

命许用掌刍粮

刍粮乏人，以许用能，命佐章经世。

杨舍守备沈廷谟举城降

江阴民昼夜守御，亦甚惫矣。然扬兵稍后口中有言疑者，必立斩之。

清兵四出杀掠，民不聊生，有先剃发赴营归顺者，城上望见，必怒詈，虽至亲如仇敌。而外兵日出打粮，刻无宁晷，畏祸者俱窜远方。

杨舍营守备沈廷谟敛民钱，赍牛酒赴良佐营修款，祈免杨舍一方之死。良佐许之，给大清号旗四面悬杨舍城四门。廷谟旋披发乘马，历江阴城下劝民速降。内将开炮，乃遁去。

诈降

一日，众诈降，遍取民间乱发投城下诱敌。外兵相顾惊喜，报良佐。良佐曰："未可信也。须察其守城人剃发否！"众探之，始知为诈。

议和

贝勒使人缓言乘说："第拔去大明中兴旗号，悬大清旗号四面，斩四门首事者数人，余悉宥不诛。即不剃发，亦当饬兵返。"应元曰："宁斩我一人，余无罪，何可斩也！"议不决而止。

贝勒又进大清旗四面，使竖四城，亦即退兵。内遣诸生朱晖吉、耆老王睛湖等四人诣外营会议，方缒城，良佐即策马迎去。留饮终日，备极款洽。约归顺后誓不杀一人，但遣官上城勘验，即收兵复命。将别，又各赠五金，约三日定议。吉等入城，匿金不言，而主议降顺，众不听。至期，外兵向城呼吉等，内询故，备述留饮赠金事。内立斩四人，复严守。

劝降

吴军门督兵至江上，宰牛誓诸将：归顺后，不许杀掠。

王海防自恃居郡有恩信，临城招抚，众无应者。

摄政王晓谕招安，合城不听（此初六日事）。豫王示到，以矢射入城中，言："明已亡，何苦死守？"内书其后曰："愿受炮打，宁死不降。"射还之（初七日事）。

初八日，钉炮眼

是日大雨，民立雨中受炮，毫无降意。夜半，应元使善落水者陈宪钦渡外城河，钉没外兵炮眼。缓二日不攻。城内乘夜修砌城垛。后五日，良佐恐城内复来钉眼，命军士昼夜攻击，至夕，风雨怒号不已，炮乃止。

初九日，甃南城

再纳石甃南城，高于旧三尺。
应元预令人将麦磨面，制造月饼。

十二日，甃北城

又甃北城。城中石灰将缺，不能乘夜修城。又饭米渐少，征民间元米，以备缺乏。令二日一给，不得预领。

贝勒侦知之，欲留军四万为久困计，饬大兵北上，良佐不可，乃止。

十三日，登陴楚歌

给民间赏月钱计至十七日止。百姓携壶觞登陴，分曹快饮。许用仿楚歌，作五更转曲，令善讴者登高传唱，和以笙笛箫鼓。时天无纤翳，皓月当空，清露薄野，剑戟无声。黄弩师鼓胡琴于西城之敌楼，歌声悲壮，响彻云霄。外兵争前窃听，或怒骂，或悲叹，甚有泣下者。歌曰：

> 宜兴人一把枪，
> 无锡人团团一股香，
> 靖江人连忙跪在沙滩上，
> 常州人献了女儿又献娘，
> 江阴人打仗八十余日宁死不投降！

余歌虽多，大约类此。

良佐乃作劝降词，使士卒相倚而歌，与僚佐饮帐中，酒未数行，城上炮发，亟避去。

十九日，北门阻降

外犹多方招降，三城亦有犹豫者，惟北门誓死益固，众意遂决。

二十日，大清兵攻东北城

贝勒从四十余骑绕君山青龙庵左相地形，城上望见，炮弩齐发，骑皆踉跄蹂躏，贝勒仅以身免。

金陵又解到大炮二十四位，较前更大，每舟止载一位。仍收沿城民家铁器铸炮子，重二十斤。又筑土垒以避矢石。将攻东城机泄，移至东北角。大雨如注，一昼夜炮声不绝，县属悉为震动。城中困疲已极，计无所出，待死而已。

是日，城上人呐喊，外兵闻之，皆鬼声。城中四隅空旷处遥见白鹅数万飞泊，迫视之，毫无形影，识者谓魂升魄降，白鹅者即劫数中人之魂也。

二十一日，江阴城陷

前月二十四日，京中遣国师和尚来江阴，日日绕城细看。至前日，始看明，向贝勒云："江阴城形似芙蓉，若在瓣上攻打，越打越紧；其蒂在东北角，专打花家坝，花蒂既碎，花瓣自落。"故贝勒令数百人尽徙二百余座大炮至花家坝，专打东北城。铁子入城，洞门十三重，树亦穿过数重，落地深数尺。是日雨势甚急，外用牛皮帐护装炮药。城头危如累卵，城上见外炮甚烈，见燃火即避伏垣内，炮声过，周麾而登。外觉之，故放空炮，乃于中一炮只放狼烟，烟漫障天，咫尺莫辨。守城者谓炮声霹雳，兵难遽入，而清兵已潜渡城

江阴城守纪

河,从烟雾中蜂拥突上。众不及御而溃。

午刻有红光一线,直射入城,正对祥符寺,城遂陷。

方清兵上城时,城下人犹向城列阵。清兵恐有伏,持刀立视,半日不敢下。相持至暮,城中鼎沸,阵亦乱,乃得下城。

阎应元坐东城敌楼,索笔题门曰:"八十日戴发效忠,表太祖十七朝人物;十万人同心死义,留大明三百里江山。"题讫,引千人上马格斗,杀无算。夺门西走,不得出,勒马巷战者八,背被箭者三,顾谓从者曰:"为我谢百姓,吾报国事毕矣!"自拔短刀刺胸,血出,即投前湖中。义民陆正先欲从水中扯起,适刘良佐遣兵来擒,言与有旧,必欲生致。卒见发浮水面,出而缚之,良佐踞坐乾明佛殿,见应元至,跃起,两手拍应元肩而哭。应元曰:"何哭?事至此,只有一死。速杀我!"贝勒坐县署,急索应元。至堂上,挺立不屈,背向贝勒,骂不绝口。一卒以枪刺其胫,血涌沸而仆。日暮,拥至栖霞庵,庵僧夜闻呼"速杀我!"不绝口,已而寂然。天明已遇害。家丁存者犹十余人,询其不降而戮之,偕死一处。陆正先亦同殉。有维新上人者,在围城中与应元晓夜共事,应元所著《和众乘城略》,维新以授黄子心。子心又旁采见闻著《阎公死守孤城状》。

陈明遇令闭衙举火，焚死男女大小共四十三人，自持刀至兵备道前下骑搏战，身负重创，握刀僵立，倚壁上不仆。

训导冯厚敦公服缢于明伦堂，妻与姊投井死。中书戚勋、诸生许用合门焚死。

八月二十二日，屠城

次日，犹巷战不已。清兵用火攻败之。四民骈首就死，咸以先死为幸，无一人顺从者。下令从东门出者不禁，又下令十三岁以下童子不杀。

男女老少赴水、蹈火、自刎、投环者不能悉记。内外城河、泮河、孙郎中池、玉带河、涌塔庵池、里教场河，处处填满叠尸数重。投四眼井者，四百余人。

二十三日，止杀

满城杀尽，然后封刀。午后，出榜安民。城中所存无几，躲在寺观塔上隐僻处及僧印白等共计大小五十三人。是役也，守城八十一日，城内死者九万七千余人，城外死者七万五千余人。

慕庐氏曰：臣心已尽，臣力已竭，土归新朝，身还故主，臣节于以完矣。

又曰：记生死总数，各本多寡不同，见于传略及他处者互有同异，当时所闻异辞，张皇约略，未知孰为清册也？载笔者无从考核，亦仅各据所闻而已。

江阴城守后纪

[清]许重熙

江阴城守后纪

江阴以乙酉六月，方知县至，下剃发之令。闰六月初一日，诸生许用德悬明太祖御容于明伦堂，率众拜且哭曰："头可断，发不可剃！"下午，北门乡兵奋袂先起，拘知县于宾馆。四城内外应者数万人。求发旧藏火药器械，典史陈明遇许之。随执守备陈瑞之，搜获在城奸细。以徽商邵康公娴武事，众拜为将。邵亦招兵自卫。旧都司周瑞龙船驻江口，约邵兵出东门，己从北门协剿。遇战，军竟无功。敌势日炽，各乡兵尽力攻杀。每献一级，城上给银四两。是时叛奴乘衅四起，大家救死不暇。

清兵首掠西城，移至南关。邵康公往御，不克。敌烧东城，火劫城外富户，乡兵死战，有兄弟杀骑将一人。乡兵高瑞为敌所缚，不屈死。周瑞龙下船逃去。

时旧典史阎应元已升广东英德县主簿，以母病未行，会国变，挈家侨居邑东之砂山。明遇曰："吾智勇不如阎君，此大事，须阎君来。"乃夜驰骑往迎应元。应元投袂起，率家丁四十余人入城协守。敌四散焚劫，乡兵远窜，无复来援者。敌专意攻城，城中兵不满千，户裁及万，又饷无所出。应元料户籍，治楼橹，令户出一男子乘城，余丁传餐。已乃发前兵备道曾化龙所制火药、火器，贮堞楼。已乃劝输巨室令曰："输不必金，出粟菽帛布及他物者听。"国子上舍程璧首捐二万五千金，捐者麇集。于是围城中有火药三百罂，铅丸铁子千石，大炮百位，鸟机千张，钱千万缗，粟麦豆万石，他酒酤盐铁刍藁称是。已乃分城而守：武举黄略守东门，把总某守南门，陈明遇守西门，应元自守北门，仍徼巡四门。

时清兵薄城下者已十万，列营百数，四面围数十重，引弓仰射，颇伤城上人。而城上礌炮机弩，乘高下杀，伤甚众。又架大炮击城，城垣裂。应元命用铁叶裹门板，贯铁绲护之；取空棺，实以土，障隤处。乃攻北城，一人驾云梯独上，内用长枪拒之，将以口纳枪，奋身跃上，一童子力提而起，旁一人斩首，尸堕城下。或曰："此七王也。"又一将周身服利刃，以大钉插城而上，内用锤击毙之。

敌骑日益，依君山为营，瞰城虚实。居民有黄云江者，素善镞，火弩发，弩中人面目，号叫而毙。陈瑞之子在狱制木铳，铳类银鞘，从城上投下，火发铳裂，内藏铁乌菱，触人立死。应元复制铁挝，用棉绳系掷，著人即吊进城。又制火毯、火箭之类。敌皆畏之，乃离城三里止。

营帅刘良佐,故弘光四镇之一,封广昌伯,降敌为上将,设牛皮帐攻城东北角,众索巨石投下,数百人皆死。良佐移营十方庵,令僧望城跪泣,陈说利害,众不听。良佐策马近城,呼曰:"吾与阎君雅故,为我语阎君,欲相见。"应元出,立城上。良佐谓之曰:"弘光已走,江南无主,君早降,可保富贵。"应元曰:"我明朝一典史耳,死何足惜!汝受朝廷封爵,为国重镇,不能保障江淮,今日反来侵逼,何面目见吾邑义士民乎!"良佐惭而去。

应元伟躯干,面苍黑,微髭,性严毅,号令明肃,犯法者鞭笞贯耳,不稍贷。然轻财,赏赐无所吝;伤者手为裹创,死为厚棺殓,酹酸而哭之;与壮士语,必称好弟兄,不呼名。明遇宽厚妪煦,每巡城,拊循其士卒相劳苦,或至流涕。故两人皆能得士心,乐为之死。

一夕,风雨怒号,满城灯火不燃,忽有神光四起。敌中时见三绯衣在城指挥,其实无之。又见女将执旗指挥,亦实无之。

敌破松江,贝勒率马步来江上,缚吴志葵、黄蜚于十方庵,命作书招降。蜚曰:"我与城中无相识,何书为?"临城下,志葵劝众早降,蜚默然。应元厉声曰:"汝不能斩将杀敌,一朝为敌所缚,自应速死,奚喋喋耶!"志葵大泣拜谢。

城下大炮日增,间五六尺地一具,弹飞如雹。一人立城上，头随弹去，而僵不仆。又一人胸背洞穿，而直立如故。

会八月望，应元给钱与军民赏月，分曹携具，登城痛饮。而许用德仿制乐府五转曲，令善讴者曼声歌之。歌声与刁斗筘吹声相应，竟三夜罢。

贝勒既觇知城中无降意，攻愈急，梯冲死士，铠胄皆镔铁，刀斧及之，声铿然，锋口为缺。炮声彻昼夜，百里内地为之震，城中死伤日积，巷哭声相间。应元慷慨登陴，意气自如。旦日大雨如注，至日中，有红光一缕起土桥，直射城西，城俄陷。

清兵从烟焰雾雨中蜂拥而上，遂入城。应元率死士百人，驰突巷战者八，所当杀伤以千数。再夺门，门闭不得出，应元度不免，踊身投前湖水，不没项。而刘良佐令军中必欲生致应元，遂被缚。良佐箕踞乾明佛殿，见应元至，跃起，持之哭。应元笑曰："何哭？事至此，有一死耳！"见贝勒，挺立不屈，一卒持枪刺应元，贯胫，胫折踣地。日暮，拥至栖霞禅院，院僧夜闻大呼："速斫我！"骂不绝口而死。陈明遇下马搏战，至兵备道前被杀，身负重创，手握刀僵立倚壁上不仆（或曰阖门投火死）。有韩姓者，格杀三人，乃自刎。训导冯某，金坛人，自经于明伦堂。中书戚勋，字伯平，家青阳，入城协守，□力不支，大书于壁曰："戚勋死此。勋之妻若女、子若媳，死此。"阖门自焚。许用德亦阖室自焚。黄云江故善弹唱，城陷后，抱胡琴出，城人莫识其为弩师也。凡攻守八十一日。

清兵围城者二十四万，死者六万七千，巷战死者又七千，凡损卒七万五千有奇。城中死者，井中处处填满。孙郎中池及津池叠尸数层，然竟无一人降者。

江阴野史曰：有明之季，士林无羞恶之心。居高官，享重名者，以蒙面乞降为得意，而封疆大帅，无不反戈内向。独陈、阎二典史及于一城见义。向使守京口如是，则江南不至拱手献人矣！时为之语曰："八十日戴发效忠，表太祖十七朝人物；六万人同心死义，存大明三百里江山。"

江上遗闻

[清] 沈 涛

江上遗闻

乙酉夏五月，我兵南下破金陵，弘光走江阴。县令林之骥、参将张宿解印绶。海防程、县丞吴相继望风遁。御史刘光斗迎降，有安抚常州之命。主簿莫士英缴印策，献善马于刘，遂命摄县事。

六月二十日，新令方亨到任，严饬剃发令。民情汹汹。

闰六月朔，亨出谒文庙，诸生请宽限期，方词色甚厉，惧以死。出示云："留头不留发，留发不留头。"民益汹惧。下午，北门外乡兵奋袂起，蜂拥至县署。亨大怒，命执首事者治罪。众直前裂衣冠，殴其从人毙，拘亨于宾馆。抵暮，执送孝廉夏维新家。是夜，诸生沈曰敬等十三人集议复上台。次早，听亨还署。然是时也，合邑闻风响应，拒城之势已成。城乡居民咸分队伍树旗帜集教场议战，守者填塞道路。亨惶遽失措，乘肩舆登君山安民，诡称江阴义勇向误于陆承差杀一警百之语。众即入陆家，毁其居址、什物一空，秋毫不染指。有人窃一鼎，□立斩以徇。遂悬高皇帝像于明伦堂，誓众起师。亨不得已，亦出誓。主其事者，现任典史陈公明遇名选者也。公宽仁得众心，民从其令。明日，兵出夏港葫桥，相地势扎营。忽传大兵由杨舍入，众奋勇往拒。至东城，知伪传。适遇本营守备陈瑞之乘马向东关，众知其纳款营升且代方亨申文乞兵，怒逐之，杀其负纛二人、马二匹。瑞之乘夜逾城逃。次早，执其妻孥囚于狱，随获瑞之父子，亦杖禁之。由是城中严守，恐外兵乘虚，晓夜盘诘。漏二下，果获细作时隆。

初六日黎明，陈公同游巡守备顾元泌会鞫（方亨不敢出）隆，招称伏兵在城四十余人，奉太守宗灏令，每人给火药四斤，银四两，开元钱一百二十，约于初八夜分举火迎外兵。因往各庵院空隙地搜获枭人六十有奇。隆辞复连武弁王珑，亦执珑党戮之。因往售山焚珑居，执其父妻妾。是日王珑家口并陈瑞之皆见杀。

陈公下令，城中有能获一细作者赏银五十两。越日，有青衣人行于市，迹甚诡，众迹之。搜出地图一纸，上书兵马从入之路及诸山瞭望埋伏处，拷讯之，乃方亨令他出乞兵者（其人系夏中书家人，新投方署）。复供沈曰敬及吏书吴大成、任粹然等曾于马三家协谋屠洗。众执大成等磔于市，曰敬仅以身免。

初七日，大兵马步千余出常州，水师统兵官王良亦帅舟师进发。城中巡守愈严。西门月城获细作二人，审视门键锁钥俱坏，执守门兵讯之，得通谋状，俱斩城下。

江上遗闻

初八日，城兵出迎敌。惟北门骁勇自立冲锋营，严队先行，至申港方造饭。忽讹传大兵相距仅六七里，乃奋呼而前。行六七十里，抵暮方遇敌，腹馁力乏，兼以马步不敌，失利返。舟师经双桥，田夫怒詈之，士卒愤欲登岸擒斩之。田夫群拔青苗掷船上，泥滑不可驻足，大半堕水死。其得登岸者，俱为櫌锄所击，无一脱者。浮尸蔽河，而下水为不流。

城中以申港败，军行无帅，进退无所禀承，欲推旧游击徐观海为将。观海病不能胜，以歙人邵康公娴武事，众立为帅（观海命其弟造令箭十枝，用大明旗号。人执为信，防塘报讹传也）。夜二鼓，杀方亨、莫士英并其家口，以断内应。莫父潜逃三日，搜得斩之。

次早，元泌登城，请旧任都司周瑞龙往吴淞营借兵于吴志葵（时瑞龙帅舟师百人驻江口，声言愿出兵协助）。瑞龙不应，但言兵久无粮，索犒千金，约邵康公会战。城中如数给之，邵兵未出城，瑞龙遇战不利返。

初十日，大兵扎营南城。张孝廉园次早退至麻皮桥，密遣二人入城侦视。城中获之，枭示。陈公亦遣一人侦敌至葫桥，见外兵列炮严御，伺其懈，悉取而投诸水，窃其一炮归。外兵三日不至。是日，囚城中内应劣生尹吉，斩其仆唐宁。（吉素不轨，谋为内应。一日，暴雷震其家，众闻嘶声，打入内室，搜获马二匹，枪刀器甲无数。）城中守御益固。

十五日，传淮抚田仰至，统兵即日赴援，印押不爽。城中疑喜交集。复有执信孚旗一人渡江而来，自称沙兵，曾破高杰骑卒，刻日来援，因遣贡士章经世、孝廉夏维新具犒金酒食往迎之。两领兵官果帅师南来。而赌博酗酒，人无固志。遇战于南城，大挫而遁。

当是时，兵乱日久，刑法不修。各乡叛奴乘衅索券，焚主弑主者，络绎而起。烟光烽火，相杂蔽天。大家救死不暇，外兵乘之先至西城，移兵至南关，康公往御，不克（众以其无功，置之狱。阎公至，乃出之）。继烧东城，城外富户乡兵战多败。复乘胜至北城，乡兵三路御之。其两已溃，余数十人据闸桥力抵，杀其骑将，外兵乃退。次早，侦乡兵不备，复进攻，多所杀获。大桥东西湾二保奋力抗拒，杀外兵骑将二员。泗善港兵五百人自负勇悍，赴城为援，但其众素为盐盗，好劫掠，其领兵人葛辅弼父子又不谙纪律，至三官殿遇敌，勉强出战，众尽歼。外兵乘锐东上至大桥、周庄等处。乡兵知外兵不可胜，悉远窜。周瑞龙以兵势不敌，亦扬帆去。外兵遂得专意攻城矣。

七月初五日，城中势益棘。陈公乃崇使人缒城夜出，请旧任典史阎公丽亨应元主盟。阎公，崇祯十五年尝帅乡勇平盐盗百余艘，威望素著，本年三月迁广东韶州英德县主簿，以母病未行，避居沙山之麓。变作时，合邑绅士百姓拟即合辞敦请，顾元泌百计挠之。至是觉其有异志，乃诛元泌迎公。（《义史》云：刘良佐攻城时，元泌亦登城射敌，矢每不及敌而下，众疑之。其效用马矮子窃火药从上投敌，众执之。因往元泌寓搜出前请兵文一道。盖闰六月初，众尝申文田淮抚请兵，元泌私易文缓兵，故原文犹在寓也。众遂诛元泌并其效用数十人，内应遂绝。兹据黄子新《阎公死守孤城状》。）田淮抚亦移文劝勉。

初九日，乡兵五千人擐甲带刀护公至城下。公以乡兵裹粮来，势不能久，且乌合之众，不足制胜，乃厚给酒食遣之，独与王进忠等家丁四十人入守。公之始至，发原任兵宪徐公世荫、曾公化龙所造火攻器具为用。次传檄巨室，劝谕输助，不以白镪为率，泉货百物估值充数。于是围城中有火药三百瓮，铅瓦铁子千石，火炮百位，鸟机千张，钱千万贯，帛絮千万端，酤千酿，粟万斤，刍稿千万束，盐万斤，铜铁器万枚，牛千蹄，羊豕千双，干鱼千鲍，蔬千畦，豆千斛。然苦乏矢，公命月黑夕束草为人，披军士服，人持一竿，竿挑一灯，植立雉堞，士卒伏垣内大噪。外兵望见，矢如雨下，获强矢无算。又苦乏油，命健儿取推车纳城中，给以藏豆千斛，膏火自是不绝。公乃大料居民，尽知城若干保，保若干户，户若干口，丁壮老弱妇女各几人，悉书册。收其骁勇集麾下，卒赖其力以挫敌。命章经世、夏维新、王华主刍粮，每旦人给米盐薪菜若干，每夕给油火若干，四门城堞各给油蜡若干，井井凿凿，纤毫不乱。于是城守事严密而无可乘矣。（后王华、夏维新克减赏银，公立命斩之。）命武举王公略守东门，把总汪某守南门，陈公守西门。公自守北门。而公与陈公仍总督四门，昼夜巡历。

陈公宽仁，每事平心经理，遇战士劳苦，抚慰至流涕；有倦极假寝者，以利害劝戒，不轻加呵叱。阎公号令明肃，凡偷安不法者，必鞭背割耳示众，虽豪右不少贷；然战士困顿，必手自注汤酌酒；遇害者，立治棺椁，具衣冠，哭奠而殓之；接见敢死士，不名，每称兄弟，遇一事，必询于众曰："我兄弟谁当任此事？"有一人号于路曰："我往杀敌，苦无短刀。"公所佩刀直三十金，亲解佩之。其与士卒同苦乐类此，故民畏威怀德，专意守城，濒死不悔。

上舍程璧于劝助时首输三万五千金为倡，富室闻风继之。外兵乃作招降书，从城上射入，许璧以州县事。璧答之，侃侃无屈词。乃伏炮攻北城，第四铺内御之，矢集如雨，外不敢近。有一将恃勇驾云梯独上，城内用长枪拒之，其将口啮所枪，挺刃遽砍。内一童子以枪中其喉，遂堕城上。余兵始退。

招青旸居民黄明江与其徒数十人入城守。明江善弩，长尺余，竹箭五寸，百步外命中如志，淬以毒药，着人立死。又出陈瑞之之子于狱，命制木铳。铳类银鞘，以木为之，伺敌至投下，火发木裂，内藏铁乌菱，触之即毙。阎公自造挝弩,每用铁一块,旁设数钩,以绵绳系掷,着人即钩,进斩之。又仿旧制造火球、火箭,曲尽其妙。

太守宗灏闻,大惧请兵,羽檄旁午,兵赴江上者日以千计。刘良佐纳款为上将军,帅众来攻,设牛皮帐,攻城北角。城上故避去,索巨石,尽力投下,压死数百人。继由西门经石桥依君山为营,城上俟其半渡,发炮击之,应声仆,或用木门蔽体,卒不获全。后大作浮桥,由黄田港暗渡,登山瞰城中,亦为炮所中,移营去。

城中遣使往义阳王营乞兵,王与李太监温辞慰劳,仅以空文塞责。(后命其将宁其愚帅僧兵数百人来援,扎营砂山,甫交锋,即遁去。)进士严栻与时敏守常熟,亦往乞援,敏等具酒馔饮食之,不发兵。有海寇帅舟师数千驻江口,侦外兵不可破,留三日竟去。

孤城死守。大兵日增,依邓墓深林以避矢石,取门窗屋木为浮桥,渡河逼城下,城中协力拒战。外兵欲退,其将斩先渡二人,复驱使前。发一号炮,呐喊一声,赍云梯一架,至城下凡三十余处。城上望见,力愈奋发,炮横击之,外兵走。内缒人下城,收其铅弹、刀箭、衣甲。因渡河伐邓墓木,使敌无所蔽,拆取浮桥以供薪。外兵大失利。

良佐驻兵十方庵,乃令庵僧望城跪泣,陈说利害劝降。城上以效死勿去大义谕僧。明日，僧又至，却之如前。良佐因踞坐吊桥，约城上韬弓释矢而语云："弘光已走，江南无主，识时务者何不早降？"阎公答曰："应元一典史，尚知忠臣不事二君；将军胙土分茅，国家重镇，上不能恢复中原，下不能保障江淮，有何面目帅众见我忠义士民乎？"良佐惭退，命兵东下劫掠，祝塘民拒之，兵燹之惨，甲于他镇。

贝勒既破松江，济师来攻，缚降将吴志葵、黄蜚至城下，长跪请降。阎公叱之曰："朝廷大臣，一朝就缚，理应速死报国，何以生为！"二人再拜泣去。

外兵见城中守义不可动，至七月十七日攻益急，炮声彻夜，城垣五处崩裂。内以铁叶裹门板，贯以铁绳代之；又用空棺入土，障其垂坏者。又用絮衿百领，渍水覆城，以御火攻。

十八日，铁丸着阎公左臂，犹手握刀槊，连毙数人。陈公此时亦计不旋踵，期以身殉，日夜卧城上。日中，众方下食，公闻城垣铮铮有声，往探，见外将六人奋勇先登，接踵上者无数，皆镔铁介胄，刀斧击之不能入。公立命长枪刺之，联毙城下。

二十日以后，风雨连夕，四城火不可然。众大惧，呼神祈，哀哭声达殿壁。忽神光四起，城上火灯彻夜朗然，外无可乘。每昧爽，阎公巡城，令人执大刀以随，外兵望之，惊疑为神助。盖公躯干丰硕，双眉卓竖，目细长曲，面苍黑，有须，颇似关壮缪公。（《义史》云：临阵时，敌见一少年将持戟锐进，锋不可当，罢战，不知所往。众疑土神陈烈士之助，悉往虔祀。又见绯衣将三人登城指挥，敌惧不敢进，执乡人问姓名，不知所对，远近皆传为神助。）二十八日，炮击城北角裂。公右臂受伤，左手握刀，又格杀数人。二十九日，外兵复攻北城，公命人纳大石一块，顷刻山积，甃石城一重于内。外知不可破，徙攻南城，一昼夜费火药万五千斤，城几陷。外兵乘势上，内力不能禁，因发炮猛击，伤数千人，积尸横野。外亦发炮攻之，炮回击，反毙其马步无数。有一将，张黄盖，高坐十方庵后，指挥间为炮所及，身首分为三。外兵惊，皆易服退，舁尸至由里山焚灭，失声大哭。

八月初二夜，周祥、金满等四人复乘黑缒城烧外营，外兵忿甚，因四散杀掠。民不聊生，有先剃发赴营归顺者。城上望见，必怒骂。杨舍守备沈廷谟，大敛民钱，赍牛酒赴良佐营修款，祈免一方死。良佐许之，给大清旗四面悬四门。廷谟披发乘马，游历各城，劝民速降。城上将发炮击之，遁去。

贝勒使人缓言来说，进旗四面，言城上易此，即不剃发，亦敕兵返。或斩四城首事者首，余悉不诛。阎公曰："宁斩我一人，百姓无罪，何可杀也？"议不决。因遣诸生朱晖吉、耆老王睛湖等四人诣外营，方缒城，外兵遽策马迎入良佐营，留饮款洽。良佐与晖吉等约曰："归顺后，誓不诛一人。令官上城验，即收兵复命，恐老师无功也。"临别各赠五金，使历各营观队伍器械讫，约定三日定议。吉等入城立议主降，众不从。至期，外兵临城大呼曰："晖吉等安在！"备言留款赠金事，内立斩四人示之。复戒守。后吴军门督师至江上，宰牛与诸将誓，归顺后不许杀掠。王海防自恃居郡有恩信，临城招抚，内皆力拒不听。

初九日，再纳石甃城南，高于旧二尺。十二日，又甃北城。十三日，阎、陈二公给民间赏月钱，计至十七日止。百姓携壶觞登陴，分曹快饮。诸生许用效楚歌作乐府五更转，令善讴者登高唱，和以筝笛箫鼓，其声悲壮。时四野皓月当空，清霜薄露，剑戟无声，忽闻鼓声发于城上，奏曲甚悲，外兵皆为之泣下。

越二日，外兵招降不已，北城誓死益坚，众意益决。贝勒从四十余骑登君山青龙庵，左相地形。城上望见，炮弩齐发，骑皆蹂践，贝勒仅以身免。因伏金陵守门大炮二十四于城隅（一船仅容一炮，一弹用铅铁十三斤），密作土垒，避城中矢石。将攻东城，机泄，移至东北隅。是夜，大雨如注，炮声不绝，震惊二百里。持至二十一日午刻，有红光一线，从土桥直射城中，城遂陷。

先是城上畏外炮猛烈，见其燃火，悉伏避垣内。炮声绝，周麾而登。外兵觉，遂从烟焰中蜂拥突上，出不意，众遂不支。城既破，大兵围之数重，禁不得出。北城人犹巷战杀伤数十人。善政桥蒋家巷居民多力战死。陈公引刀自刎，毁室焚骸。

阎公闻变，帅兵千人上马格斗，夺门西走，不得出，勒马巷战者八，杀伤无数，自度不济，踊身投前湖烈女祠前池中。良佐自言与公有旧，令必生致公，竟于水底被缚。良佐踞坐乾明佛殿，见公至，跃起两手拍公肩而哭。公曰："何哭？事至此，只有一死！"贝勒在县署急索公，公见之，挺立不屈。一卒枪刺公胫，血沸涌而仆。日暮，拥至栖霞禅院，院僧夜闻呼"速砍我！"不绝口，心知是公，久而寂然。天明，公已遇害。有维新上人，在围城中与公晓夜共事，公所纪《和众乘城略》一书，维新以授黄子心。

二十二日，众犹巷战不已。大兵用火攻败之。城中骈首就死，无一顺从者。中书舍人戚勋举家三十七口自焚死，尤烈。其余多不及载云。

是役也，城守八十一日而破，大兵至城下者二十四万，攻城死者六万七千有奇，巷战死者七千有奇，名王骑将不与。盖计我朝死事者不下七万五千有奇，而吾邑城内外殉节被难者且数十万矣。

程璧先事出为僧徐墅而死，黄明江为我朝购得，劫之北行。中道杀骑卒逃，卒死牖下。其余不即死者，兵炙其财而后戮之，妇女童子掠为奴婢。二十四日敕兵北上，新任县丞卞化龙命舁尸至城外，焚瘗道旁，白骨如山积。

九月初，武进奸民入城搜劫，后又有恶弁指拒杀官军为名，敲骨炙髓，惨不可述。民间因讹言再欲屠洗，惴惴不敢入城。各官招抚勤切，不得已来归。剃发之夕，哭声遍野。

呜呼！方吾邑之未变也，得一良吏抚谕得理，可以无事，乃一言之激，遂致百万生民涂原膏草。伤矣！由今日言，势类螳张，愚同犬吠，亦何所济！由当日阎、陈二公慷慨守义于上，合邑士民甘心殉节于下，区区一邑，将举天下抗之，蔽遮钱塘南下之师，捍卫闽广新造之国，不可谓非竭忠于所事也！洛邑顽民，圣天子必乐得而臣之矣。

江变纪略

[清]徐世溥

目 录

卷一 …………………………………………………………117
卷二 …………………………………………………………129

卷　一

　　金声桓，左良玉部将也，本辽阳卫，应袭世职，以边资历杨枢辅嗣昌、史督师可法诸营，累升至淮徐总兵官，寻隶左后队。

　　初，左既败绩襄樊，退保武昌，力不支，则图屯兵南都。癸未春，至池州，闻有备而还。久之复至武昌，徘徊楚东。乙酉春，闯贼又日夜东下，左帅恐，不能不徙，欲复趋南京而无名也，患之。时弘光帝立已半载，朝廷昏乱，马士英、阮大铖用事，出史可法于扬州，而杀北来崇祯先皇太子，人滋不服。久之都下纷纷言所杀者乃王驸马子也，于真太子无与。东南日夜望真太子出而立之。左客胡以宁因献计，令为太子手诏，趣左帅入靖留都者，使客自北来，称太子有手书血诏付左，左佯受诏，为坛而哭，洒血誓师。内惮江楚督师侍郎袁继咸在九江，胡以宁旧与袁游，即遣以宁用太子旨给袁侍郎会师，部署三十六总兵而东，以江西属之金声桓。

　　左至，则袁所部吕督师旧将郝效忠、郭云凤乘袁、左舟宴，焚掠九江。左兵即附之。良玉见城中火起，闻报曰："左兵也。"即其舟中顿足呕血而死。

左死，军益乱。其子梦庚竟劫袁与俱，下至芜湖，弘光帝已执矣。继咸随弘光北，其中军总兵官都督邓林奇死之。而左军三十六将皆降。

英王令左梦庚以父官率诸将入朝，金声桓不欲往，乃自请愿取江西以献，英王许之，即不遣一满兵而以江西专委声桓。声桓还师南向，与闯部降将王体忠合营西屯九江。

声桓宣言满兵旦夕至，马步二十余万，日遣牌谕江西速降，即免屠城，一日牌十四五至。巡抚旷昭惧，解印而逃。诸有司搢绅士民则皆走，江城内外一空。

六月初四日，乡约遂偕市井诸士类迎金督镇于九江，初不知有王体忠也。十九日，声桓至，乃有诸生数十人迎于江干。声桓戴方巾，被青纱金缕酒线蝴蝶披风，受诸生廷参于舟前。廷参者，初见即跪，跪已起揖乃拜，复起揖再拜而止。声桓故武人，被轻衫骤受文谒，以唾手得江西，喜殊不自胜，左右顾从者，当如何答礼，且笑且抠，引诸生起，口中谦让喃喃，有所云而无其辞，颊涎坠缩如丝。迎者及其从官皆掩口而笑。当时闻者知其无足与矣。恐有伏兵，徘徊久之，乃入城。

体忠忿江城无人迎之，入则与金氏分营而居，城以东者为王，城以西者为金。金所分，当都会喧阗处，官府甲第萃焉。其偏裨弟族又多，因得分据华剧，网罗乡城诸富家，诛铲未逃诸豪暴略尽，以渐便宜署置有司官属矣。阴念："江西迎我，特以清兵声势，而我甲仗士马精强，逊王氏远甚。"体忠亦不大诛掠，人心渐有王氏，欲计除之，未有以发，会八月二十五日剃发令至，实其叔号称十大爷者赍文以来。令下三日，未有应者。声桓曰："此王兵为梗也。"明日请体忠计事，即其揖时刺之。

尸出，王兵大扰，攻金氏，烧德胜门，又烧章江门，格斗三日。诸金各率其精兵巷战，杀伤略相当。王氏老营兵私计溃散无归，且新去无主，即外据州府，势不能久独立。声桓谍知其语，且战且招降，而以王氏兵属体忠旧掌军鼓号筒者旗牌王得仁军中，所谓王杂毛也。江西自是尽为金兵矣。

声桓以江西据江南上游，西控楚，南通闽越，得江西则东南要害居其大半，而声桓未费满洲一矢斗粮，孤军传檄，取十三府七十二州县，数千里地拱手归之新朝。计大清入塞以来，功未有高于己者，意望旦夕封公王，次亦不失侯耳。收江疏还，乃以副总兵提督江西军务事，视旧官更贬。得报，气沮，大非所望也。

是时明唐王已起福建，改元隆武。以杨廷麟为相，督师取江西。万元吉为兵部尚书，督师镇赣州。明年八月，隆武败于汀州。十月，赣州破，两督师皆死之，诸尝在闽授官得脱归者，往往有隆武及阁部诸札付。然见声桓方恣杀明人士，诸凡年十五以上及有病者未剃与告

119

反及诬官闽者，辄杀之。非有故而家赀中百金以上，辄诬以通明，使有司论杀之，没其财产。十三郡人人莫必其命。是以游士莫敢言自外归。

金氏威震闽楚。巡抚李翔凤死，声桓益骄，乃大治宫室，以明都司署为帅府，役夫万余人，穷高极壮。避暑之室，舂白瓷屑为尘垩壁，倚者如冰。阿阁曲房，层毡为墁，覆以绛缯，履之若绵。尝病，思食虎，即令环西山，勒三日得虎，而果得虎以脯。诸所为侈纵类是也。乃其胸中恚郁异甚，故灭裂，极意为荒暴如此。

然声桓为人阴狠，能箝噤不泄，方南顾明微，内恭清盛，欲待四方有起者，因而自立。自李巡抚死，北来有司益多挫之。王得仁亦望为提督总兵而不得，意同怏怏，又屡受折辱。得仁本起群盗，从闯营，未尝有坚阵，性犷躁，不能无恶言。或曰："天下事大定矣，顾君命当侯否耳。富贵自有时，君其忍之。"得仁益愤，则招致方士，起宫观，煅金银，以万金使丹客宗超一开天宝洞，将以立坛，请致物怪，檄罡雷，役使丁甲神将，为百胜天符军法。所居故宜春营理王府也，深八九重，畜伶优，教歌儿数十人。私居时时戴明制便衣冠，于最后堂张饮，数令伶人演郭子仪、韩世忠故事。由是金、王两家怨辞稍稍闻于外。

自赣州未破也，万督师尝遣间使密诱声桓使反。万从武陵杨枢辅西征时，尝与声桓相识于左营故也。声桓得书不报。间使去，乃遣人捕万仆菁华，械系于庭。夜深，解其缚，与善饮食，劳苦问督师起居，殷勤甚厚，未明而纵之。万死后，菁华亦间泄其语。

诸归客闭匿既久，虑人操其踪迹，闻已确有间，往往各缘所知，私觇两人，其始本图聊免祸耳。诸悖竞喜事者，乃妄意立功名，辄时时微言杨、万未死，隆武尚在也。及恬知两家怨不得封意，则间自露其关防札印，乃言隆武屡有手诏，许公能以江西归明者，即举江西封公，亦尝达一二乎？

未几，江城人士走诸金门下者，受意为声桓立生祠。祠成塑像，而请其冠服之式。声桓令塑为华阳巾而羽衣。舁像入祠，观者强半齰舌，而声桓者益意得。初声桓本故以此探明虚实，而归客亦因极口诡声桓，言明复大聚，且阿意谓："先授侯印，令公举江西，待收京，且分天下而王之。"声桓日闻此言，况阴与万督师前语相应，不能不喜且信。而说者久久亦真自以为中兴果可指期待也。

后巡抚章于天至，遇诸将益倨，日从诸将索珍宝奇货，呼声桓曰"金副总"，得仁曰"王把总"。先此两人在外，固已自称"都督""副总"，以自文于偏裨矣，至是，其部伍亦骇。

一日，章巡抚宴布政司堂，铺旃席地，各取银管吸烟，已递火，不及诸将，解腰刀割炙蹄，又独与文官饮食。自声桓而下，皆坐毡外。酒半，嬉笑顾视曰："王得仁，汝欲反耶？"是日得仁归，大愧而愤甚。声桓亦无色，俯首弹鞭还帅府。

七月，得仁提兵如建昌，章于天差官票追其饷三十万，得仁大怒，捶案大呼曰："我王流贼也！大明崇祯皇帝为我逼死，汝不知耶！语汝官，无饷可得，杠则有之！"声如嘶吼，目睛皆出，敲其差官三十杠曰："寄章于天，此三十万饷银也！"声桓闻之，谓其客曰："王家儿急矣！所遣请印陈大生等数辈皆不还，奈何！"

丹客宗超一弟子黎士广者，亦轻悄喜事，旧与左右往来，其邻胡叟有门人官隆武者，黎从买札付为官，即因为转卖，以萦致喜事少年。又雅游于金客黄人龙之门，即因人龙自荐于声桓曰："若辈非能得之，明兵虽大聚，独我知隆武主所在耳。公诚无爱厚费，资我以往，可期而至也。"声桓曰："顾汝归如何而酬汝，且功名本共之。"居有间，黎生及胡尔音夜袖两印入帅府，一为"镇江侯"，一为"维新伯"，篆皆柳叶文。又玉印一，上刻文小篆曰"精忠报国"，玉亦美甚，曰："此上所私赐也。"声桓喜甚，日挂腕间。八月，得仁归自建昌，声桓举印界之，且扬腕笑示其刚卯。得仁曰："可矣！"声桓曰："待赵旗鼓归而议之。我闻乌金王为何腾蛟所败，已使赵旗鼓往贺，且觇何得擒王否也。"赵旗鼓还，盛言乌金不过小失利，今且大破明兵于宝庆，会胡以宁亦死。（以宁为人有口，敢主断，陈大生、黎士广等虽入幕，特伺候附会意指耳。先所泄王氏演韩、郭诸克捷戏及使人请祠像服式，皆以宁启之也。）

以宁死，诸客并狐疑相伏，二人以故按不发。已而巡按董学成亦觉金、王谋反有端，屡扬言欲奏闻，而索得仁歌儿。得仁恐与之歌儿，则居家状泄有验，坚不肯与。于天又从索金玉杯匜、水犀、腽肭脐，得仁实无海物，益滋其怒，日夜闭诸匠为旗帜，炼火器，制鞍甲。戊子正月既望，章于天率内丁数十骑忽如瑞州捕掠诸豪富，索钱财，无状甚。或谓得仁："此恐非为索财贿也。前有满兵数十骑，不知所往，恐其伏瑞州，待抚按定议而发。脱有尺一诏，出不意，公等且见擒。"得仁益急。

正月晦万寿节。二十六日壬戌，官将夜习仪于上兰寺，得仁伏军甲而往，上甬道，努喙睨声桓曰："如何？"声桓摇首。是夕未发，习拜如仪，文武官各罢散。得仁归，尽夜部勒全营，然未得声桓指。癸亥五鼓，谒声桓，声桓不出，使其子出见之。得仁自未将兵时，业父事声桓矣。及其子出，厉声谓曰："大哥响马，既出身从流贼，得伯不能作，即死；汝爹已侯，当死，今日不出为侯，亦死。"声桓心薄侯不欲，又事急，度不能再遣人邀易爵于明。其子入报，乃曰：

"为侯不为侯，皆死，然则为公耳。"得仁许之，曰："可！爹为公，咱为侯！"遂反。

天明，七门不开，绞杀董巡按于帅府西，绞杀湖西成守道于帅府南，尽捕杀司道府县官，诸兵民戴蒲帽者辄射之。自是城中委弃缨笠，积道旁如山。

得仁遣人邀擒章于天于江中。声桓使人迎弘光阁臣姜曰广于浠湖里第，以其门生故吏多人，任南北者皆有，故迎与共事，资号召也。出告示安民，称隆武四年。金声桓称豫国公，王得仁称建武侯，吏部侍郎东阁大学士姜曰广称太子太保吏部尚书兼兵部尚书中极殿大学士。三衔皆兼吏兵部尚书，皆称赐尚方剑，便宜行事。大略谓"劳苦功高，不惟无寸功之见录，反受有司之百凌，血气难平，不得已效命原主"，云云。

于是以声桓中军官宋奎光为左军都督府都督佥事；声桓所委守道黄人龙为总督川、陕、山东、山西、河南五省兵部侍郎；声桓初入江西时观变前锋刘一鹏为汉城侯；胡以宁前死，使其十二岁子为进贤伯；诸金皆为都督；得仁妇弟黄天雷为兵部侍郎锦衣卫同知；金幕书记吴尊周为巡按江西监察御史；王幕书记陈芳为巡抚江西佥都御史。司道抚院各属堂佐，皆其幕客也。

时服色变易已久，仓猝求冠带不能具，尽取之优伶箱中。一时官府皆纱帽皂靴，白杨绯蓝元青盘领衫袍，鹤雁雉翟狮虎白泽补服，金银犀玉各钑花带、素带，伞飘檐轿，唱道威仪如他日。乡民扶携拥街巷，艳观啧啧，惟视其翅间前后皆秃无鬓，以此微异。

内外寮署遍布私人，而诸客首言明事者录并不及，惟陈大生、黎士广、林亮数人得部曹而已。其有真宦闽归而不愿者，声桓则又坐以观望，矫诏加衔，勒令为官。欲因劫聚义旅，观其强弱。诸客既失望，亦各称自衔级，出所藏隆武阁部督府札付散卖颁给，欲罗萃山泽以自树，常别为一军。由是职方监纪，交错于道矣。然特得大书姓名，往来交谒而已。非是豫国、建武府售者，诸将亦不为礼，不能把权射金钱。

黄天雷者，妹有殊色，得仁为之心死，而王体忠亦欲之，故构体忠于声桓，杀之而夺其军，以纳其妹，成于得仁怂恿也。天雷妹以不良死，已而追怜悔之，乃厚遇天雷。凡事咨而行，故营中诸客皆关黄舅爷。黄年少，亦能折节奔走，求官者皆就黄锦衣侍郎，以归建武，建武之门几倾豫国。金声桓性素忌，见王氏日盛，由此内恶王氏。而得仁见诸客卖官聚众，亦恶其分利挠权，即又嫉诸说客义师。

得仁巡城，忽取幞头。盖其平日所见优伶演扮古公侯丞相冠皆幞头云耳，无纱帽者。不知明制，幞头公服也，朝参公座，凡公事自府部至丞簿皆得戴之。既取至，于是其城巡也，纱帽而出，幞头而还，展角又偏，头匡宽过额。见者皆匿笑不禁。诸客传相哗噱，又引旧制府部不同衔，窃议"王侯舅侍郎即不当锦衣，锦衣即不当侍郎"。此两语流闻，则王、黄益怒。姜冢辅亦恶其非制科而皆自居以进士官也，出示诟之。公侯逐客之意遂决。

当此之时，金、王两门下乃有一侯、一伯、一巡抚、三侍郎、两御史、二十余都督，而诸自称隆武郎中员外监纪者，自陈大生等皆囊头箝胫。轻者榜掠笞挞，臀无完肤，蓬头垢面，跛躄出国门而去。

旬日之间，公、侯、义客分为三旅，所遣迎隆武驾丁时遇辈，越趄道中莫前，实不知所在，或曰邵武，或曰安远，并支吾不验。两人亦觉其诈，然事已举。微闻南来人言隆武已死，明诸臣复拥立桂王于广东也，改元永历，即为隆武禅诏进诸官秩有差，告示文移更署永历二年。然声桓意终疑，又谋求益王子立为世子以监国。诸事隆武而尝为鲁王官者，因亦各谋寻迎鲁王而戴之。缙绅有识者见国中举动如此，各各引归，转相告戒勿出。

东路义旅督师侍郎揭重熙、詹事傅鼎铨到城，一日并引兵还。城中独姜太保在位陪金公、王侯调剂兵食而已。

永历二年之前一日二月庚午，建武侯西征九江，胡以宁从兄胡澹诣军门说曰："君侯拥精骑数十万，指麾顾盼，反清为明，冠带之伦，欢呼动地，今闻所在，莫

江变纪略

不结牦刺网以待。以下九江，奚啻拉朽？若能乘破竹之势，以清兵旗号服色顺流而下，扬言章抚院请救者，江南必开门纳君，其将吏文武可以立擒。遂更旗帜，播年号，祭告陵寝，腾檄山东，中原必闻风响应，大河南北，西及山陕，其谁得而为清有也？"得仁咤其言。到九江，不移时而破之。珍其卤获，自部送还。金亦忌王北伐，数趣使归。归以澹谋质声桓。坐客皆曰："此上策也。若西取武汉，连衡郧襄，与湖南何氏鼎足相投，此为中策。万一不然，攻城破邑，所过不留，重为流寇，此出下策。虽然，审能如是，竟亦不失中策。待永历帅六师，堂堂正正而后北伐，清兵猝至，婴城自守，则无策也。"声桓顾人龙曰："策如是，宜何从？"奎光曰："从上策未晚也。"人龙曰："三策皆非也。不闻宁王之事乎？赣州高氏在彼。"声桓愕然问故。人龙曰："昔者明有宁王，名曰宸濠，反于江西，以不备赣州，故为赣州巡抚王守仁所擒也。"声桓心动，立议伐赣，然忌王氏专制会城，胁与偕往。

三月丙辰，乃出师。骑步舳舻，旌旗辎重，水陆亘三日不断。使使先赍册印封高进库，谕以利害。进库初无意斗，及见书，大怒曰："金皇帝耶？安敢侯吾！且永历安在？"使者不能答。遂勒兵出战。声桓使副将白朝佐冲之，曰："战酣来助。"朝佐者，本铁岭骁将，为声桓刺王体忠者也。前破建昌，得金银五十万，声桓出师时索之，朝佐不与，日久尽矣。及与高氏战，追奔数十里，径至城下，高师窘甚。白战亦倦，使人视大军尚去二十里，朝佐怒曰："此为彼五十万，欲致我死地也。"收军归南昌，削发为僧。高得复入城守。金、王全军相持七十余日。

会城空虚，陈芳、吴尊周等徒取其官，兵民独倚宋奎光、黄天雷为重。四月二十八日，九江破。报至城下，内外皆走。车一辆，舟一渡，索雇值数金，如乙酉初，虽斩之不能禁。

卷 二

五月初七日辛未,七百骑至石头口,传为鲍瑞王兵,又曰九江裨将吴高败兵。及见其红缨白帐,始议筑城。明日,西岸哭声震野,铁骑满西山矣。大队从东路走南昌,而以偏师先从麦源、青岚诸道搜西山而后出,故未下营,已血刃数十里。

癸酉,声桓兄金成功纳降,许为内应,奎光闻,杀之。是夜,尽撤城外屋庐,不及撤者焚之,火光烛天。王营裨将贡鳌以其军叛,斩关竟出。而黄天雷未之知也。

报至赣州,声桓大恐,虞高兵尾之,故秘不传,从容撤还。十五日,前队至生米,闻清兵有十余骑放掠,其将以为易与,使数十人趋之争利,踹冷口桥,桥板朽断,溺死十余人。讹惊传为清兵所败。后舟即扬帆还。

十九日,金、王大队乃至,与清兵接战于北沙,败之,获其大炮三。声桓与姜冢辅盛服被而迎之,罩以丹帛,鼓吹异至德胜门郭中。声桓有骄色,遂勒兵入城。独郭天才以为不可,而屯营西岸。

大兵射书城中,以布丈二、瓜子斗与之为隐,城中莫能解者。声桓、得仁亦射书招大兵降。或曰："未大捷，而说人降，听乎？"

六月三日，得仁悉其精兵攻清垒，兵未集，清兵横出遮之，大败于七里街。

清兵虽胜，而素畏王勇名，甚虑其袭之军中，时时夜惊曰："王杂毛来也！"得仁生而腮二毛，故杂毛之称闻于南北。越十余日，竟城守莫敢出。

大将军固山额真谭泰乃行营掘濠沟，筑土城，东自王家渡，属灌城，西自鸡笼山及生米。尽驱所掳丁壮老弱掘濠负土，妇女老丑者亦荷畚锸。为濠率深二丈，余广如之。远远伐山木，拆屋取其栋枋梁楣，大柯长干作排栅以为沟缘。又掘冢墓，斫棺倾尸，及未葬者悉枭之，取其匡廓墙翣以为濠。溽暑督工不停晷，上曝旁蒸，死者无虑十余万，死即弃尸沟中，臭闻数十里，蝇乌日盘飞蔽天。又役俘虏为浮沟于章江，以凌风涛，自东及西，广袤七里，上起文家坊，下至扬子洲，凡为三桥。章江故深险，而所造三桥，上直矶，中当洄洑，下当湍驶，皆没水置石，下桩为基，度及沙面且丈余之土，乃更累木叠石。叠至与水面平，而后绲船墁板，加土重栈楯为桥。死者又数十万。会天旱水涸，功亦竟就。

盖天启时，有广信周生者，善布施，贪福利，尝与宗室议论谋造浮桥于章江，时人皆以为狂，咨之硕师老匠，以为虽费百亿万金无益也。而大兵为辄成之。附郭东西周回数十里间，田禾、山木、庐舍、丘墓，一望殆尽矣。

其留筑土城在营丁壮，率日与糜一飧，半潦水，莫能名其为沟池井泉何等也。薪刍无远近，辰出申还，疲病死者十七八。妇女各旗分取之，同营者迭嬲无昼夜。三伏溽炎，或旬月不得一盥拭。除所杀及道死、水死、自经死，而在营者亦十余万，所食牛豕皆沸汤微煠而已。饱食湿卧，自愿在营而死者，亦十七八。而先至之兵已各私载卤获连轲而下，所掠男女一并斤卖。其初有不愿死者，望城破或胜，庶几生还。至是知见掠转卖，长与乡里辞也，莫不悲号动天，奋身决赴。浮尸蔽江，天为厉霾。

而自昌邑、吴城下至仪扬，舳舻货物，滟湛千余里。于是河南淮北骁悍亡命之徒，莫不忻健，愿死江西而厉餍焉。非从固山额真来而继至从军括掠满志愿者，莫能数。

固山额真营蒲子塘，距永和门六七里，筑高台于永和门东二里，高十余丈。登台望城中，市贸往来，独行偶语，一一尽见。独留惠民门濠侧数十丈不围，纵其出入，亦藉以俘掠。

城中情状：吴尊周托请广兵而去，诸将先后各托请援去。郭天才屯西岸，五战三胜，见城中无出战意，亦撤营去。所遣购米，运硝黄、刍油先后数百艘，见为大兵横江夹岸追击。六月二十一日西烧生米，东烧河泊所，明日烧市汊，七月初六日烧黄土墩，八月初十日洗松湖，水遮陆藏，无一人还报者。

而得仁方娶武都司女为继室，锦绮金宝，筐筐万千，以为聘币。亲迎之日，绣旆帷灯，香燎历乱，鼓乐前后，导从溢街巷。城外高台望见，大怪其缤纷暇豫异常，但妄意以为饬降，竟莫拟及建武侯娶妇也。笙吹方喧，忽大声震天，火光数十道，拥黑云大如车轮，飞堕城中。哄曰："城奔！"举国狂走，相蹈藉赴池井死者无算。是时也，顷刻几溃，已而寂然。歌鼓复作，众乃稍定。晡时得铅弹于澹台祠东，秤之其重八斤，盖城外炮核，先时大若车毂之云者也。

自建武新婚炮惊，酒荒日甚，城中兵相率酾醵，纵歌舞，穷夜累日。声桓面色如土，嚘恨而已。诸将神禀问，百不一应，惟日责姜太保，令其遣客间道出城，号召四乡起义。殷国桢请行，胡澹书入曰："国中拥百万精兵，不能出寸步，日夜荒宴，而眼穿外援。澹非辞难者，故敢与相国诀。自金氏入城，脧富良，诛锄贞烈几尽。刘天驷家抄，西山解体；胡奇伟擒至，李翔凤欲释而金卒斩之，庾岭以南腐心；郭应铨兄弟不返，吉安恨之到今；支解曾亨应父子，临汝莫不咬齿。王氏、杨、万同时起事者，宿怨略遍四维矣。且公以附金、王而起者为义乎，不附金、王者义乎？天下方乱，雄鸷并起，强者自立，弱者因人。夫戴旧主，称宗国，此固忠义士所极愿望，而亦能者风动之资也。今之确乎岿然不与畔援为伍者，独陈九思孤军五年百战，即今两家归正，彼前一收祁门，旋还师候驾，卒未尝通聘币、介尺素于二氏也。其受命隆武者，揭司马、傅詹事，前入国门，已厌见其所为而去。自余不过群盗假义名以行。盗之魁杰若蔡全才、邓参三辈，前已为金氏荡灭，余众闻大兵至，各先散保妻子。金之心腹独张起祚起幕客守郡，宜图得当以报。而瑞州阒僻，不能有所为。邓云龙以五千岁议，深召乌合，崎岖武宁溪谷间，望屋掠烟，实群盗耳，以当北兵如振落，虽万众何益？且即令义士如云，见前者摧折僇辱如此，稍有志识，莫不饮恨祝亡！今假徒年号，种怨自恣在前，上无真主而欲使气节之士为金、王出死力，其谁听之！相国孤城瓦注，一叶闭目，不见泰山，岂知重闉之外，所在白骨如丘！陵环南新，附郭百里，村烟断灭，人之不存，兵于何有！相国无庸谈义兵为也！"姜读竟，默然良久曰："吾悔不用某言。"豫国来讯起义若何，但日与为期，言待援兵至集而已。

城中斗米渐至售一金，宋奎光忧之，以死劝背城一战，欲独将其家丁开门以赴清营死之，终不能得，念诸将人人异趣，不足与谋，独庶几神道可以威众。而德胜门中关王庙向有酬赛神羊神马，羊能怪，最闻；马朝自出就水草，夕还庙，调驯殊畜而未尝有试鞍勒者。奎光一日早起，使备香醴，疾趋德胜门，扬言曰："夜者关帝见梦，赐吾马以破敌，今趣往领。"遂入庙握马鬣，不鞍而驰之。三十六营兵将、七门四民皆惊，愿听约束，从宋都督出战。而金、王终欲待外援夹击，奎光计复不行。

城中斗米至六金，有狂僧大言于众，云能解围破敌，自言其名曰摩诃般若。声桓欲验其术，乃请以米五升试散兵民，自辰至酉，阖城霑足，由是骇服，共愿推拜以为国师。自豫国、建武而下，至厮养佣丐，无不倾心顶礼者。令文武兵民皆疏水斋戒，而摩诃般若饮酒食肉自如。每日阖城手香，随国师环绕七门各衢市，诵摩诃般若三匝。期以每夜出城破敌，令军士无持寸刃，独用苇炬数千百竿缚之，人持一炬，爇四端，豫国、建武亲挟竹批，率师纵马，大呼冲阵，即破矣。得仁觉其诈，然声桓犹惑之。人龙乃称病佯狂，声桓为求救于国师，摩诃般若曰："咦！吾已知之，彼私饮御妇，天帝罚令尔。我行救之。"遂偕往之，人龙故狂言如初。豫国戒左右缚之，具刑考鞫，摩诃般若曰："我北来巡按江西御史也，入为间，今何言！"遂磔之。是日并杀章于天，解太保印。更以文武兵饷内外军事尽听金鸣时指麾。金鸣时为都督内外军务吏兵户部三尚书、太子太师，赐尚方剑便宜行事。

城中升米二金矣。固山额真闻之，知其穷也，以米二石使人呼于城下，缒而馈之。豫国报以冬笋百斤，金橘一石。固山亦笑称其能答。至是百姓皆呼愿出城从公侯一舍命决战。声桓、得仁终望外粮来继。

城中薪亦尽，拆屋以炊，自荒静阛阓渐至衢弄，渐至官廨寺寮。启视官仓，米发者十已空七。或曰："此摩诃般若术所销摄。"或曰："摩诃般若本无术，时感神马之事，侥幸取不赀富贵。妖由人兴，物或凭之，彼亦不知所以能然，数尽而败。"或曰："实为间，小有术，但能鬼物为耗耳。"而各营宿富裨伍私囷窑亦尽，城中米至六百金一石。有反捷重户枕数千金而死者。禽鼠草根木实悉尽，遂杀人而食。东北一隅，撤屋最先，废宅往往生雀麦，饥人将以食。得仁犹称瑞曰："此天贻我也。"国中非十五成群不敢行，交衢直巷先有瞭者，以隐为号，曰"雄鸡也"，即男；"伏雌也"，即妇；曰"有翅"，即带刀者；曰"无翅"，即无器；曰"有尾"者，即群行；曰"无尾"，即独行者。闻无"翅"与"尾"者，即共出擒而杀之。其始独兵食老弱及病者，渐乃择人而食。民剥鼓皮靴筒之属既尽，亦复群聚掠兵为粮。后更不择人而食，至父子夫妇相啖矣。日望外援外饷济师，且曰春水涨必退，讫至全城为醢。城破后，廨宇存者，人脂薰髀尚充牣云。

谭固山知转饷路绝，因得以从容西南逐张启昌，西北降邓云龙，而杀五千人；北剿余应桂、吴江于都昌；东收湖盗涂麒；西破丁家塘土砦。余什伯为聚未成者，林亮、殷国桢辈次第擒散。

胡澹愤国中所为不中，以为两人不足惜，而徒沮中原之气，病膈噎死。其二子亦为大兵擒斩。百姓转复归输粮贩鬻，为大兵耳目。几月以后，牛酒蔌菜日至，安坐而收其毙。然王氏火器悍精且多，清兵攻城，亦数为所困。全鸣时莅事，众志一新。全亦能军善守，故前后相持至八阅月。

副将杨国柱私降。江南运红夷大炮至。己丑正月十九日，尽日力攻，声闻百余里，山谷皆震。亭午，城始破。金声桓衣其银甲宝铤赴帅府荷池死。王得仁突围至德胜门，兵塞不能前，三出三入，击杀数百人，被执，支解。宋奎光城破后，二日得之于城西空舍，擒见固山，谕之降，不屈，乃杀之。陈芳、黄人龙皆死乱兵中。余诸将不知死状者，大率皆为人所食也。

声桓病思食虎时，使人问死生于八角庙汉将军番君梅铟之神，神曰"死存浮沤"，应验于荷池。得仁突围出入，遭之者无不殊死，与谭固山马首再相值，而不识其为大将军，岂非天哉。姜旧辅儒衣冠，死于傻家池。余兵以次降走矣。

此江右一时公侯将相之梗概也。人臣非甚顽薄，无不望其国中兴者，顾知其可为而为之，与不知其不可为而为者，才与识异也。要以武侯、文山之诚，兼汾阳、临淮之福，尽瘁以事，生死置之度外，犹惧不济。今轻侠不本正义，苟且趋功名，不顾以亿万侥幸，且冀后世可欺，谓如陆贾之调和将相，齐名平勃，欲格天，得乎？古受降招叛者，皆垂成或半，而特借之以为全力，若汉高英布、周殷之事是也。今江右之难，以金叛始，亦以金叛终，彼谫谫无论。乃宿称老成沉毅者，不思身不蹑半垒一城，无尺寸以制人，死命不免，亦借游说区区，欲仗掉舌之功，使畜头人鸣，庶他方尤而效之，成其瓦解，卒之以叛易叛，于事无济而身名俱灭。虽事济名遂，然后世犹不免以排阖之徒同类而称之也。君子哀之。

初，姜旧辅之出也，道过江上，使人邀汉儒裔俱出，辞曰："某三年不入国门，久无本朝冠服，今惭见长者，何言！"入郭后数属人来邀，曰："必致之。"乃入城，谒之于故第，相见慰藉，娓娓道故，叙一事不可断如曩时。日午，客饥，风且起，欲西还，因起辞去。姜曰："止！请兄来，固欲有报也。"即谬曰："适仓促待更端久，乃忘正语。"曰："何语？"曰："两言耳：国家中兴之喜忘贺，师相再造之功忘谢也！"立跛踖曰："是何言！是何言！吾所谓当其时则无贱，母以子贵，昇而作太上皇者也。于今为之，当若何！"因复坐，请问曰："明之所以失天下，非左与闯耶？金则左孽，王乃闽部投降，公与侯安所授之哉？十日之间，年号两易，名虽归明，实叛清耳。今擅除爵，恣杀人，笼利权，大更张如此！若明有主，不待命如此，是僭也。若其无隆武、永历而如此为之，是伪也。僭、伪二者，《春秋》之所不许。相国纵与同事无后衅，后世论史谓姜公何如人？且两家与诸客一以封拜，一以附明，彼此互相愚以成其变。而究也，实为两人所用。年号甫更，门迹已扫，今且内相猜忌，公能亲于建武之与豫国乎？能则揽其兵柄，退称旧辅，缟素待罪，以告天下，令其惭而听我，竭心力为之。不济则死，不能则引身而退，归耕田野可耳！"言毕辞去。姜旧辅后竟不能克如其言，以致身虽死而名不彰，可慨也夫！

扬州变略

［清］佚 名

扬州变略

朝廷既大封四总兵爵，黄得功为靖南侯，刘良佐为广昌伯，刘泽清为东平伯，高杰为兴平伯，厚期以讨贼恢复之事。四帅各拥重兵，不相统一，莫肯先发。广昌自宿迁由陆南行，驻兵瓜州。而兴平亦垂涎淮扬之盛，尾刘而来。地方不测其心，莫不震恐。高兵过真州，人拒之坚，乃抵扬。扬人罢市登陴，太守马鸣騄画守御策，甚备。相持久之。高兵颇有杀伤，卒不能入。

阁部史可法与高弘图、姜曰广、马士英公议：江北与贼接壤，遂为冲边，宜于淮扬、滁凤、泗庐、六合设为四镇。辖淮海道，属刘泽清，屯驻淮北，以山阳、清河、桃源、宿迁、海州、沛县、赣榆、盐城、安东、邳州、睢宁十一州县隶之，经理山东一带招讨事。辖徐泗道，属高杰，驻泗水，以徐州、萧县、砀山、丰县、泗州、盱眙、五河、虹县、灵璧、宿州、蒙城、亳州、怀县十三州县隶之，经理河北河南开归一带招讨事。辖凤寿者，或驻寿州，或驻临淮，以凤阳、临淮、颍上、颍州、寿州、太和、定远、六安、鹤丘九州县隶之，经理河南陈归一带招讨事，属刘良佐。辖滁和者，或驻滁，或驻庐,或驻池河,以滁州、和州、全椒、来安、含山、江浦、六合、合肥、巢县、无为州十州县隶之,经理各辖援剿事,属黄得功。各设监军一员,一切军民,皆听统辖,有司皆听节制。营卫原存旧兵,皆听归并。有四镇,不可无督师,督师应屯驻扬州,适中调遣。所辖各将,听督师荐举题用。荒芜田土,皆听开垦,山泽有利,皆听开采。仍许各于境内招商收税,以供军前买马置器之用。每镇额兵三万人,岁供本色米二十万,折色银四十万。其地方旧设防守各兵原支本地粮饷者,合应归并。总在三万之内,或合或分,听本镇酌行。其体统则照山海经理镇各处提督镇行事。所收中原城池,即归统辖,寰宇恢复,爵为上公,与开国元勋同准世袭。此议虽云进取,亦兼调停也。

靖南、广昌素忠勇,奉朝廷命惟谨。东平雅好文墨,多交贤士大夫,喜声誉,得淮海亦无他言,然尚未有行色。惟兴平武悍,其兵素骄,自山东南下以来,所掠子女玉帛不赀,至有一兵而妻妾奴仆多至十余者。既分徐泗,谓地非膏腴,且逼寇境,不奉命,托言安家,必欲入城。

新进士郑元勋,徽人,久客扬,功名士也,与刘镇有旧,因识兴平,至是出羊酒劳军,与兴平约兄弟。兴平自明无他,欲安顿一军家小,以便征进耳。元勋许之,言于当事。时太守马公已升海道,尚在郡,与司李汤来贺商之,皆曰不可。阖城士民亦同声同言:"高兵淫掠异常,一进城,百姓无噍类矣!吾等愿以死守。"遂不从元勋之言。

兴平因分兵围城。城中故殷富,多木客盐贾,乃共出财为守备。街衢多树木栅,钉其上,下为深沟。兴平升高以望,知不可攻,顿兵于善庆庵,焚掠城外,烟火蔽日,杀伤无算。而居民之无赖者,亦或乘机为利。

淮抚黄家瑞闻变来扬,百姓遮道诉苦。黄公集有司及绅衿父老于城楼议事,军民环堵而听。元勋曰:"高总镇何害,不令入城?"众哗曰:"城外僵尸遍野,恶得无害?"元勋曰:"亦有扬人自相杀者,岂尽高镇邪?"众闻言,哗益甚。有被伤百姓在城者,解衣上前曰:"今日之破头截耳折指断臂,触目死伤,岂尽扬人自杀邪?"万众俱怒,指元勋为高党,曰:"不杀元勋,城不可守!"元勋知不善,疾趋下城。社兵持刀迫及之,剁为数十段。元勋暗于世务,轻犯公愤,自取大祸,然上台无主持,致众怒如火,戮缙绅于官长之前,此何景象也?

兴平益恨扬人,攻之愈力。城中守亦愈坚,高兵多伤。

史阁部自请督师至扬州,先诣东平营,宣朝廷委任之意,谕以退。东平约日敛兵过淮,次诣兴平营,兴平忿忿,必欲得马道尊而甘心,为郑元勋报仇。阁部曰:

"马某亦无奈士民何耳。彼何罪！且朝廷守土之官，岂可擅杀！将军必欲行意，某请当之。"兴平终不释然，乃馆阁部于斑竹园，或云福缘庵。

阁部之行也，以川兵三百自随，兴平颇疑之，阁部即以二百赠焉。阁部与兴平朝夕相从，百方喻解，如水投石。时马公避泰州任所，抚院杜门不出。城中军民欲迎阁部入城，阁部曰："高兵一日不去，我一日不入城也。"

兴平防阁部甚严，一切出入文移必先呈彼营启视而后达。阁部亦姑任之。阁部有乱民横杀乡绅一疏，参马鸣骔始执拗而继怔怯，众皆以为兴平所强。业奉旨逮问，有白者，得免。

阁部留高营月余，不得要领。而扬人亦苦于城守，富贾巨室皆潜遁他方，城中遂虚。于是因东平过淮，即以瓜州宅兴平，非初命也。阁部亦以四镇兵未动，八月中犹驻淮上。

淮城纪事

[清]佚 名

淮城纪事

甲申春，闯贼已据关西，谋犯京师，预遣伪官于山东、河南各处代任。伪官遣牌先至，辄以大兵在后，恐吓地方。于是官逃民惧，往往执香远迎。渐及江北，日夜震恐。

三月初九日，有伪选淮扬知府巩克祯遣牌至淮。牌书"永昌元年二月"，直达察院。御史王燮怒，立命碎之，捆打捧牌人四十，释去。其人尚出大言："不日兵到，汝合城皆为齑粉！"闻者莫不色战，反咎王按台招祸。小民不识大义，一至于此。时福、周、潞、恒四藩避难，俱泊湖嘴。黄得功、刘良佐、刘泽清、高杰四家兵皆南下。泽清兵在宿迁，杰兵在徐州，俱有渡河意。二军淫掠久著，士民愈急，纷纷出城，为逃死计。淮抚路振飞与王按台登城楼，议守河事，王公自任守河，托路公守城，路有难色，王公云："小弟不惟要守，而且要战。"将士从者，无不迁之。

初十日，河口擒巩伪官至。王公命斩以徇。王公与泽清前在中州剿贼，同事有旧。刘鹤洲（泽清号）致书王公，有"愿执鞭辕下"语。王公乃同军门及总府朱某俱往河口设防。初九日，军门及总府先归，王公独留，盖欲亲往宿迁，止刘帅之行也。

十六日，传闻贼兵已至清河，又闻汴阳、邳州俱有伪官。

十九日，西门外有马步兵五六百人突至，不知何来。妓女俱被擒。有妓燕顺，年十六，坚拒不从，上马复堕者三。兵以布缚之马上，顺举身自奋，哭詈不止，兵杀之。居民愤甚，群聚欲与斗，乃散去。越二日，闻凤阳兵乱，盖督师马公标下副总兵俞，为军饷不继，鼓噪而溃。扰西门外者，即此兵也。自是门禁甚严，禁人出入。城中有大姓赵家，令人挑小麦二担出城，守者讶其重，搜之得铜锡器数事，内俱实以白镪，解朱总府。捆打八十，穿耳游城，罚银二千，充公用。或为居间，免其半。人稍知警。

二十五日晚，按台王公自宿迁归。公之行，止携吏书数人，人皆危之。比至刘营，相见甚欢，彼此酬宴。公从容谓刘云："弟与兄昔年盟契，俱欲力扶王室，以敦臣节，不意值此国难，正我两人立功之秋也。况盟兄自宗祖以来，受朝廷恩不小。今闻盟兄必欲税驾淮安，弟不任事则已，现今弟守河口，假如台驾临河，遏之乎？抑纵之乎？各使入城，倘军民不相得，弟当为百姓乎？为盟兄乎？势实两难。今日此来欲求盟兄回辕北上，进取功名。不然，姑暂留此，切勿轻动。"刘大声云:"蕞尔宿迁,怎养活得我几万兵来?弟即不留贵治,假道往扬州,何如?"王公见其意决,乃云:"必欲至扬州,请迁道从天长、六合,则弟不敢与闻矣。"刘领之。王公再四叮咛,始别。淮人之得免于兵厄者,王公力也。

二十七日,路抚台出示:会淮城有七十二坊,各集义士若干,不上册,不督练,亦不给饷,每家出一人二人以四至五,从义而起,出于自愿。小帽、箭衣、快鞋、刀仗,俱自备。每坊举一生员为社长,一生员为社副,随便操演。茶点小费,各认轮值。贵久持,戒作辍。总之小则为身命,大则为国家,日则团练,夜则鱼贯巡逻,以备非常。

二十八日,军门阅操,黜陟颇众。

二十九日,阅城。设壮丁守城,每垛一丁,长枪小旗。垛隙用虎头牌掩之,止留二小穴外窥。四门设守官,夜宿鼓楼。西门周太守(讳光夏,乙丑进士),东门黄总捕(讳铉,恩贡),南门高监纪(讳岐凤,恩贡,为监军同知),北门范道尊。是日闻京城失守,众疑信相半。

四月朔,淮城义士在军门过堂领赏。每坊赏红纱二、红布十、草花四十朵、银一两。惟河北、下关两坊,精猛绝伦,盐搭手也。自辰至未,止过二十余坊。明日立夏,各坊未过者,早集军门,以其半属道尊分阅之。时报南门外杨家庙、南镇坝,西门外湖嘴河下俱有北来逃兵骚扰。各坊义士请往耀武,遇乱兵乘马者,喝使下马。乱兵甚悚,为之让路。是日,周藩薨于湖嘴赵家。

初三日,复有人持令箭及伪牌至,乃伪官代路军门巡抚者,故河南驿传道佥事吕弼周也。弼周为王按台座师,故于李贼前自任淮事,贼即令为淮抚。王按台捆责其人四十,使传言劝弼周改邪归正,毋负国恩。城中士民大恐,逃者益众。王公严以大辟,然竟不能止也。

初六日,城中又有文武备社过堂,乃两学文武生家亲丁也。

初七日,盐城王守备获伪将董姓者并从人十三。至军门,斩之。

初八日,路军门传一令箭,谕合城乡绅、孝廉、青衿、乡约俱集城隍庙议事。众谓必守城事耳。次日,众大集。军门始述三月十九日事,出塘报于袖中,使众阅之。云:"闯贼已入京城,百官从逆者甚众,伪官代本院者即至,诸生今日将效保定徐抚台故事,捆我出迎乎?抑念皇家厚恩,祖父世泽,大家勉力一守乎?"言毕泪下。众亦多泣者。已而陈说纷纷,俱迂缓不切。路公谢而遣之。自是人心逾迫,私逃者不绝。

初十日,有某官夫人伪为义士装,乘舆出城,为逐仆所举,守者解至按台。舆中多物,王公悉命还之,罚银三十两助饷,仆亦责二十棍。

十一日,乱兵至西门者愈多,大肆劫夺,行居马骡无得免者,或掠妻女,勒重价取赎。

十三日,周府尊亲诣各坊,给义士赏,三日而毕。

十四日,军门令城内各坊义士,将大小街道栅栏悉闭,捱察奸细。于大清观得四人,三王庙得三人,发本府审实枭首。

十五日,军门往东教场选将守河。将官报擒得伪抚吕弼周,众皆喜。弼周以王按台即己之门人,必相听顺,止携执事五六十人,伪参将王富号乐吾者辅行。时副将刘世昌标下游击将军骆举守三界营,与合营将士密议,知王按台前毁伪牌,拒逆甚决,乃伪为迎者,设中火席于营中,王富侧坐相陪,从人别有犒。酒半,以献胾落箸为号,伏卒起,先缚王富,吕亦就擒,从者获半。吕犹狂骂不已。时王按台复驻河口,比至,已二鼓矣。次日解院,王公叱吕使跪,吕骂云:"小畜生,人也不认得!"公曰:"乱臣贼子,我认得谁!"令左右截其耳,乃跪。公细鞠其何时顺贼,何时受官,圣上虽崩,东宫今在何处。吕一字不答,但摇首而已。乃夹王富一足,勒其口辞,即刻起文解至城中路公处。适军门谒诸藩于河下。

十七日,方投文,因盐城解到土寇七人,路公欲审枭,乃发西门外皇华亭伺候。午余发四牌,悬四门:

"游击骆举生擒伪官吕弼周、伪将王乐吾,情真罪当,传谕城内外,不论军民士庶,有善射者,俱得次日集西门外,乱箭射死。"

十八日,倾城士民男女俱出看射贼。沿河回空粮船百余,众俱登船观之。辰刻,路公至皇华亭,亲举觞,劳骆举,簪花旁立。裸绑二贼于柱,射者立二十步外,五人为耦,人止发一矢,不中者退,中者报名,赏银牌一,重三钱。两公子一冠一童,俱出射,亦中一矢。至未时,路公问死未,刽子手对未死,乃命剐之。观者莫不称快,争诣酒肆痛饮而归。

二十日,传闻王按台谕清河县及王家营民,三日内尽徙,焚其廛舍,因客兵来者甚众,恐盘踞为乱也。

二十一日,报云:北来李总镇逃兵,一路淫掠。湖嘴有卖糕许姓者,兵四人直入其家,欲污许妇,妇不从,疾呼。义士鸣锣,一时俱集,擒二人解军门。审是马督师标下,乃叱而遣之。时又有杨、贺、李、丘等总兵十数标下兵,成群作耗,为害不可言。

二十三日,军门与朱总镇传集内外乡绅士民,并集城隍庙,歃血为固守之约。是日,山阳、淮安二处狱囚尽释放。

二十四日,刘鹤洲已至扬州,有书致王按台,略云:"别后从无一音,知盟兄怪弟之南下也。弟兵不比高兵,奸淫有禁,抢掠有禁,焚烧有禁,即他日到淮,必赖盟兄安插。使军民两安，乃盟兄覆下之雨露耳。"王公以示诸生，因问宜如何答。诸生云："若刘公必至，只不放入城便了。"王公云："此乃书生之见。刘公云奉旨来镇，拒之即系背旨。"诸生又云："若如此，只容刘公入城，其兵营于城外为便。"王公曰："假如刘公坐城中，忽传一令箭，召某营入城领赏，或听用，守门官能禁之否？"众皆语塞而退。

二十五日，丘总兵奉按台令过河帮守清江浦。淮安误传刘鹤洲兵渡河，一时大哄，争买舟远避。人多舟少，有一小舫棹过，岸上争唤之，舟人云："刘兵已杀到，我自顾不暇，何暇及汝？"王公方遣人察讹言惑众者，遂擒此人解院，立斩之。出示晓谕，众心始定。是日，新理刑郭承汾上任。

二十八日，淮安天妃宫火药局漏火，声震五六十里，烟雾障天。火药民匠死者甚众，手足或飞至城外，亦有全身飞堕者。府尊同理刑亲来救火，谕救活一命，赏三金。三日后，砖瓦中犹累累见遗尸焉。先是狱中所释强盗，无亲识可依，多投火药局，烧火磨药，至是悉死。或亦天网之难逃也。

二十九日，民间喧传李贼一路要占闺女，不要妇人，见有高监纪出示，使闺女速速出嫁，无贻后悔。于是内外大小人家，竞先婚嫁，一舆价至二金。如是一月乃定。抚按出示不能禁。是晚，军门忽集各社长议事，盖闻伪淮徐防御使武愫将到，欲共擒之也。

五月初一日，新城杨姓大家，白昼中有兵数人，竟至其门，下马直入内室，大声云："我辈奉军门将令，欲与汝家借银数百两助饷。"主人方措问间，诸贼乱掠妇女，互相争夺。有老奴在外闻变鸣锣，本方义士齐集，已有二女子被污矣。连夜解至军门，止砍行奸二人，余捆打释放，亦不究其何兵。恐激变，故从宽耳。是夜，忽传北路李总兵逃兵要到村中打粮，各村男女逃窜。老少妇女，将衣裙前后连结，大哭而走。男子持火执械前导，老弱负囊随后。一夜络绎不绝。至晓，遂不敢行矣。时一飞避难于泾河宝积庵后之庄房，目击其事，惨不忍述。至次日，果有乱兵从东而来，大肆杀掠。一飞亦几不免。贼遇人即搜其腰间有物否，又问其何等人，如诡说穷汉，即看网圈，并验其两手，故富贵者必不能隐。

初三日，军门发令箭，纵放老小妇女出城暂避。盖因武官每日哭禀，或云有老父，或有老母，惊惶欲死，军门不得已许之。是晚女眷倾城而出，觅舆不得者，虽大家亦多步行。

初四日，军门家眷三十余轿，亦出城，往湖中，浮居大划子船四只。下午，王按台至淮，闻其事，大咎军门失计，即命书吏大书告示："城内大小人家，已出城者，限三日内搬回。如违，房子入官，妇人追回赏军，家产充饷。"写毕，王公即辞去。惧法者多有回家，其不返者，王亦不复问也。军门撤水营兵，守杨家庙，以防北来之兵。

初五日，河北义兵擒乱兵三十一人。解至，因军门往河口，先解范道尊审之。多所释放，止以九人解军门，不过捆打而已。

初六日，军门往杨家庙扎营。是晚因高监纪欲入城，借民房住，下午即闭城门。

初八日，淮人始见新主监国之诏。

初九日，河口张游击报淮徐道伪防御使武愫已到任，揭其各门告示，呈军门。路公命加兵守河口。

初十日，军门又往河口，与王按台议武愫事。

十四日，马督师兵过淮，赴南京，共船一千二百号。王按台往清江浦，亲自盘诘，令义兵站立河岸，不许一舟停泊，一人登岸。一路肃然。凡三日始毕。各坊义士，劳苦极矣。又闻王公于清江浦擒贼遣招抚伪旗官宋自成，枭首；并捕从□生员一名，投之于江。

十七日，夏至，清江义士搠死马督师兵一人，当事者亦置不问。

十九日，传李贼兵已至清河，王按台遣兵拒之。

二十日，王按台至板闸调兵并周监纪马兵约二千余人，共守河口。为有总兵李承勋叛兵逃下。昨误传李贼兵，乃承勋也。

二十二日,河口兵解一犯禁舟人至,云每人要银一两,即渡之过河。军门命立斩以徇。

二十三日,军门出示:"新主登极,各项新旧钱粮俱赦免。"一时欢声载道。是午,见范道尊牌云:"卢太监兵二千要进城,各坊义士防之。"于是城中士民,又一大震。

二十四日,河北人擒伪官武愫,解至军门。愫为路公进学门生,自诩师生之谊,必不相苦。路公见之,嘿然。各坊义士禀云:"二位恩台在淮如此用心竭力,不知杀多少伪官,擒多少伪将,至土寇民,不计其数。淮上士民,赖以暂安。今新主即位,纤毫不得上闻,为今之计,不若将武愫囚解京师献俘,庶不没两位恩台劳积。"路公亦以为然,乃械禁淮安狱中。一飞往观,见其人堂堂乎一表人才,惜乎有貌而无心也。

二十六日,吴三桂杀贼,塘报始至。

二十八日,军门斩宿迁土寇,共十一名。

二十九日,军门备大宴于淮安府学中,请王按台叙录向来有功文武官八十余员。各官先赴军门,花红领酒,鼓吹上马,迎至学中,两台亲自安席共宴。观者如堵。

六月初一日,淮城雨黄沙,大风蔽日。抚按行香后,齐集府学明伦堂,缙绅诸生俱在,取伪官武愫面审。愫口中不称"小的",先掌嘴二十。愫犹哓哓置辩，以到任告示与看，始语塞。于是，缙绅无不发竖。王按台命打皮鞭一百。抚台云："留他上京献俘。"王公云："百鞭犹未遽死。"愫赤体，惟有白纱裤一条，鞭及四十，裤已烂，于是遍体被抽，鞭断者四，仍下狱。王公命速备囚车。后闻武愫解至邵泊镇，兵有欲劫之去者，乃复禁狱云。时淮抚路公被议，得旨提问，阖城俱不平。孝廉嵇宗孟同士民多人至南都，上保留公本，得免。今路公已丁艰去，而王按台又为御史陈丹宸题请升山东巡抚，淮人如去父母。愚谓淮上系南都藩篱重地，二台拮据数月，幸保无恙，地方业已安之。倘加衔久留，此一方可恃无恐。即路公难于夺情，何不竟以王公代之？乃置之山东，岂山东更重于淮海乎？噫！

东南纪事

[清] 邵廷寀

目 录

卷一 …………………………………………………… 163

卷二 …………………………………………………… 188

卷三 …………………………………………………… 202

卷四 …………………………………………………… 225

卷五 …………………………………………………… 235

卷六 …………………………………………………… 257

卷七 …………………………………………………… 264

卷八 …………………………………………………… 274

卷九 …………………………………………………… 280

卷十 …………………………………………………… 293

卷十一 ………………………………………………… 300

卷十二 ………………………………………………… 316

跋 ……………………………………………………… 332

卷 一

唐王聿键（弟聿䥽、聿锷）

唐王聿键，小字长寿，太祖第二十四子唐定王之后。定王，李贤妃出也，洪武二十四年封于唐，国南阳，永乐六年之国。子靖王，靖王无子，传弟宪王，再传庄王、成王，复无子，传弟恭王之子敬王。敬王继统三十余年，寿七十一，世宗时，屡存问。再传顺王、端王，端王之孙是为聿键。自定王至聿键凡九世，初封德昌王，父世子义，母毛氏。端王惑嬖妾，囚义承奉所，聿键方三岁，从之。稍长读书，能识大义，虽处内难，正志不挫。义为弟所毒，端王讳之，将传次子守道。陈奇瑜入吊，谓王曰："世子薨逝不明，若又不立其子，事必发觉。"王惧，始为聿键请名，立为世孙。

崇祯五年，王薨，键年三十一，嗣位。七年，流寇披猖，聿键念南阳要冲，而城廥薄，捐千金谋修筑。知府陈振豪弗授功，聿键以为言，崇祯帝震怒，逮振豪置理。聿键又援潞王近事，乞增兵三千人，设参将一，以陈永福充之。不许。八年冬，贼再犯南阳，上疏："臣府护卫一千二百人，近制以其半为开封班军，给抚臣以下縻使，无谓。惟明诏念臣困厄，以全军见还！"报曰："南阳班军番直，祖制已久，朕不敢变。"时朝廷欲行宗室换授之法，陈子壮署礼部事，执不可，聿键贻书子壮，相驳难。其书称说典训，援据经传，皆有本，廷臣顾弗及知，特以为诸侯王尚气持异同而已。会子壮下狱，众口惜子壮者，辄以尤聿键；聿键亦薄公卿不足重，而争宗藩体统，劾总督卢象升不朝。其所建请颇多，群臣交忌之。

九年八月，京师戒严，聿键率护军勤王，汝南道周以兴止之，不听。至豫州，巡按御史杨绳武以闻，旨下切责。会前锋值寇，亡其内竖二人，乃还国，废为庶人，安置凤阳高墙。使者欲以槛车往，聿键自裁，不殊。至凤阳，守陵阉人求贿不得，墩锁困苦之，聿键不胜辱，病几殆，妃曾氏割股进，始愈。有司廪禄不时，资用乏绝。时望气者以高墙中有天子气，言于淮抚路振飞，振飞假赈罪宗入墙，见聿键，心独异之。聿键告吏虐状，振飞上疏请加恩罪宗，赡以私钱，且谪其吏之无状者。

福王初立，大赦，聿键出高墙，封南阳王，遣官送寓平乐，未行而南都陷。南阳王至嘉兴，前刑部尚书徐石麒、淮抚钱继登等请留监国，王不可。六月八日，潞王监国于杭州，王拜笺贺。越三日，大清兵至塘栖，潞王出降,瑞王、惠王亦自绍兴降。

初,靖鲁伯郑鸿逵邂逅王,京师相识。至鸿逵移军还闽,道浙河,王方至,户部主事苏观生、翰林张家玉等咸以王可济大业,与鸿逵奉王南行,诸臣慷慨交拜,矢奖明室,共请王监国。王览启悲恸,进衢州,收散卒得千余人。廿八日,朝见臣民于建宁。闰六月三日,次水口驿,驿吏具大舟,却之,乘民舟,不饰彩幔,导去鼓吹,民人聚观相庆。临驿廨朝谒,行四拜礼,王答二拜,赐坐。安南伯郑芝龙、靖鲁伯郑鸿逵、巡抚都御史张肯堂、闽广督巡刘若金、巡按吴春枝、户部侍郎何楷、大理卿郑瑄、左通政马思理、光禄少卿林铭鼎、四川按察使曹学佺、御史郭贞一诸臣自南都来者,皆素服待罪,旨弗问。

时议课州县修宫,学佺曰:"仁声俭德,王政所先,睿驾甫临,而先有兹举,不肖有司因而蠹民,无乃彰王过乎?"亟止之。王欲择户部尚书,咸举何楷,楷辞,王谕曰:"往崇祯乙亥,孤阅邸抄,得侍郎掖垣诸疏,藏之中心,已非一日;古云:'临危仗节,必敢谏中求之。'其勿固辞!"楷乃受任。曹学佺陈三事:其一,福建正供悉贮兵饷,毋或滥支,以防不给。其一,礼成之后,即命郑鸿逵抵关,相度防守进取事宜以闻。其一,禁游兵行剽,令旧军速招归伍以纾民。王曰:"此海内宿儒也!"命悉允行。

初七日，王监国于福州，祭告天地，设行太庙、唐国宗庙，用太牢，驾入城，居南安伯府。二十七日，即帝位，诏曰："朕以天步多艰，王室不靖，荷兹监国，已及经旬，四方怀风勤王之师渐集。方躬履行阵，莫敢宁居，而文武臣僚，咸称《涣》《萃》之义，责于立君宠绥之功，本于天作，时哉弗可失，天定靡不胜。朕自顾阙然，未有丕绩，以仰对上帝祖宗。自临安委辔，尊攘无期，小大泛泛，有如河水，朕敢不敬承，勉从群望？爰稽载籍：光武闻子婴之信，六月即位鄗南，以是年为建武元年，诞膺天命；昭烈闻山阳之信，四月即位汉中，以是年为章武元年，立宗庙社稷。艰危之中，岂利大宝？亦惟兴义执言，系我臣庶之志，以今揆古，岂曰不宜？其以今年七月一日以后为隆武元年，奉天翊运定难功臣次第晋爵，稍俟恢复，裂土酬庸。宣猷守正文臣亦晋级，孝秀耆宿军民人俱优给。所在山川鬼神，除淫祀不在典制者，皆遣正官精禋祭告，以明朕缵承基绪，为天下请命之意。"

先是，张肯堂建议如唐肃宗故事，以监国称天下兵马大元帅，俟复南京，然后即位。王尚犹豫，群臣多劝进，乃从之。以布政司为行殿，门曰行在大明门。驾自督府移跸，芝龙戎服前导，鸿逵以禁旅百官次扈从侍班鹄立，始闻环佩之声，及寅，王御衮冕升殿，受朝贺，颁诏于各省府州县，大赦。是日，南郊大风，扬沙拔木，尚宝卿马惊，玉玺坠地，损其一角，人咸叹异。上唐国四亲帝后号谥，改福建省为福京，福州为天兴府，府学为国子监，百官俱称行在，论翊戴功。封郑芝龙为平鲁侯，郑鸿逵为定鲁侯，郑芝豹澄济伯，郑彩永胜伯，张肯堂为吏部尚书，吴春枝兵部尚书，周应期刑部尚书，郑瑄工部尚书，曹学佺太常寺卿。起蒋德璟、黄景昉、苏观生、何吾驺、黄鸣俊、陈子壮、林欲楫、曾樱、朱继祚、傅冠皆为大学士。阁臣至二十余人，然票旨多王自裁，俱闲无事，或远未达。军国大政一委芝龙，行朝仰成而已。

是月，郑遵谦等起兵绍兴，进守钱塘，金声亦扼徽州，阻上江，由是闽岭晏然，藉以休甲。寻命芝龙兼户兵工三部尚书，开府天兴，坐见九卿，入不揖，出不送。

大清顺治二年，乙酉，七月朔，王下诏亲征，诏曰："朕痛念祖陵，闵兹万姓，中心摇摇，如在水火，择于八月十八日亭午祃祭，亲统六师，敕平鲁侯芝龙为御营中军，定鲁侯鸿逵为左先锋，尚赖文武诸臣，襄力效谋，有功者赏，朕不尔负。"命访求十六朝《实录》及古今遗书。谕行在日用以俭朴为本，有司不得背旨阿奉，违者以不敬论。敕司礼庞天寿，行宫中毋用金玉器，帏幔毋用锦绣浓花洒线，止用居常铜锡布帛。王长斋，日御便殿，见大臣。性好读书，手自披览，常丙夜不休。

南都之败，马士英奔浙江，潞王监国时犹持故态，执黄道周章不下。后遇乱军，跄踉流涕，落屓廜方国安营中。闻王即位，又谋入觐。郑芝龙雅善之，言士英不即北降，亟欲求立太祖子孙，罪可贳。下其议于朝堂，王出独断，传谕各关军将，毋纳士英。

初，王在杭州，访故臣于张家玉，家玉举黄道周，王曰："得此商彝周鼎，当为廊庙羽仪。"至是，道周自衢州入见，喜，称之曰："真名相也！"即日晋少保吏部尚书武英殿大学士，入阁办事。王以家玉直起居注，家玉言："唐魏谟为文宗起居舍人，文无避讳，不令人主见。今陛下自待岂啻唐宗，臣愚亦不肯居魏谟下。"王嘉纳。家玉尝荐句容人何成吾、敏吾兄弟，天下奇才，乃心明室，且家近南都，可观衅。又句容知县宗室议滋，王心识之。及金声自徽州遣诸生戴明恩赍奏至，诏升声兵部侍郎佥都御史，巡抚池、太、徽、宁。因授成吾总兵，敏吾为副，与声犄角，共取南京。敕成吾曰："兵行所至，不可妄杀。有发为顺民，无发为难民，此十字可切记也！"敕议滋曰："朕自许忠孝，为法受过，百折千磨。今为祖宗复仇，有进无退，宗卿朕犹子行，其克悉朕心，出险亨屯，助朕以助祖宗，于乎钦哉！高庙亦乎祐尔于无穷。"议滋、成吾等结七十二村，聚众至八千人，卒不就，而徽州告急。

大清兵进建昌,命永胜伯郑彩出关援之。汀州大旱,斗米三百钱。王决意亲行,乃封弟聿𨮁为唐王,监国福州,某为邓王,协守都城。驾发芋江,父老遮道泣留,复止,郑芝龙沮之也。

是月,以副总兵施福守崇安关,命首辅道周出师江西。浙东诸将奉鲁王以海监国于绍兴。王即位诏至,鲁王欲守藩,大臣张国维、熊汝霖、陈函辉等以为举足一动,义师星散,浙亡闽亦危,愿坚奉监国,以督厉将士,事成,入关者王。于是不受隆武年号。使者刘中藻废然而返。王心虽弗能善,然犹藉钱塘为外屏,手书致鲁王曰:"朕与王同气,共本圣祖,王无忘朕之焦劳,朕无忘王之危厄,一诚金石,岂惑浮词?当遣兵赴王,上报孝陵,王其爱玉体,以需天休!"

八月乙酉,以郑芝豹为前军左都督,赐总兵黄蜚玺书,令屯太湖,收兵联络三吴。庚寅,以黄斌卿为官义兵马招讨总兵官,帅舟师屯舟山,便宜恢取南京。王御门亲饯,百官郊送。壬辰,立妃曾氏为皇后。后性警敏,颇知书,有贤能声。每召对奏事,后于屏后听,共决进止,王颇严惮之。罪倡逃,辟邵武知府吴文炜,绞推官朱健,叙广信知府解立敬、铅山典史周寅生守城功。赣州告急,命上游巡抚吴春枝移驻邵武,汀州总兵陈秀援建昌,参将周之蕃剿武平。以陈豹为防海将军,镇漳、泉、兴、汀、惠、潮。授南昌人罗大任少詹事,募兵恢南昌；黄云师大理少卿，募兵恢九江、南饶；赣州人曾应遴兵科给事中，募兵援赣州。遣张家玉监郑彩军。招抚丘华、谢朝恩。

丁未，副总兵杨武烈、守备元体中复新城。命都御史杨文骢、诚意伯刘孔昭分屯处州。王郊天南台，郑芝龙、鸿逵皆称疾不出，何楷劾二勋不陪祭，无人臣礼，王赏其风裁。既而鸿逵扇于殿上，楷呵止之，楷告归，盗截其耳于道，诏追盗不得。时军兴饷亟，芝龙请于两税内五石预借银一两，民不乐从，反愆正供。以浦城训导王兆熊为御史，督义饷，不输者榜其门不义，于是闾里骚然。芝龙又请括寺田，王不听。封芝龙子森为忠孝伯，赐姓名朱成功，总督禁旅，督师。何腾蛟自长沙，杨廷麟、万元吉自赣州，皆遣使奉表迎乘舆。大学士苏观生请先行，出屯南安，王幸雍，祭酒赖垓进讲，三品以上官坐听，其余侍，圜桥观者济济。遣使册封桂世子由榔为桂王。黄斌卿兵败于崇明，永宁王起兵复建昌、抚州，副总兵施福入弋阳。大清兵大举临广信，攻福，张家玉使洪旭、林习山救之。

是月，靖江王亨嘉称帝于桂林，举兵入梧州，执巡抚瞿式耜。赣州万安军乱。九月，两广总督丁魁楚围桂林，瞿式耜应之，执靖江王亨嘉，送福州，废为庶人，其党皆伏诛。论功封魁楚为平越伯，晋式耜兵部侍郎副都御史。焦琏、陈邦传等，加秩有差。亨嘉寻病死。王意不次用人，擢镇江诸生钱邦芑为御史，大学士熊开元争之不得已，而邦芑议开元，开元引退。又出内降，用王期昇、彭遇颽、路振飞、曾樱，皆言不可，乃已。

时粤闽之境，盗贼蜂起，汀州大饥且疫，兵民所在斗哗，兵疲饷匮，而出关之议，竟同筑舍，四国人心，遂至瓦解。乙未，祭告天地太庙。丁酉，祸驾出洪山桥，祖饯郑鸿逵、郑彩，授钺。是日，风雨昼晦，二将行数十里，仍疏称候饷，皆不行。庚子，曾后庙见，先一日，王遣官用牲预告祇见之意，命勋臣芝龙行礼。丙午，大祀天地于南郊，命兵部主事徐孙彦颁诏于四方。擢浦城知县郑为虹御史，巡仙霞关，仍知浦城。命太仆少卿林兰友巡抚江西，谕之曰："江西憔悴于贪政久矣，卿往须破情格，以朕'先教后刑，先情后法'八字行之。又八字曰'小贪必杖，大贪必杀'，能行此十六字，始不负朕亲简耳。"设兰台馆，纂修《威朝实录》，以曹学佺领之。召闽县老人周良屏，问民疾苦。

冬十月，大清张天禄陷徽州，巡抚都御史金声死之。金堡奏言："福京倚新安为北门，而臣前至仙霞，见郑鸿逵方遣兵出关，臣度其驻三衢耳，不能长驱也。陷既四十余日矣，我师逗留观望，未有争先之气，新令日行，民心日变，异时以精兵数万仰而攻之，犹当徘徊于衢、严、饶、信之间，能保其必下乎？起义举人汪沐日奔走乞援，曲折素谙，不以此时卷甲疾趋，乃令偕叶向曜借兵借饷，待其集事，须五十日，大事去矣！四方望闽中之兵，如在天上，今兵力将心，臣已窥其大略。上江疑而楚豫断，新安去而三衢危，陛下即欲为王审知，岂可得哉？"堡数危言，王嘉其才气，而郑芝龙不悦。授礼科给事中，出监郑遵谦军。

大清金声桓会兵围抚州，永宁王告急，张家玉言："腹心之患在南昌，咽喉之患在徽州，既失徽则饶、严危，失饶、严则广信必不支，而崇关不能守，陛下大事去矣。兵贵速不贵久，贵合不贵分，我以待兔之愚，长彼蚕食之渐，坐而自毙。请急敕郑彩由杉关出抚、建，分兵一捣南昌，一援饶州。再令黄光辉、曾德等由江山直上衢、严，袭徽、歙，纵不能进，亦可自救。"诸将施福、陈梧等皆善家玉计，而彩久驻邵武，不肯出关，有诏切责，亦不从，家玉太息而已。

是月，李自成将贺珍击败张献忠兵于汉中。

十一月十五日，监军张家玉退大清兵于许湾。家玉约陈辉、林习山、蔡钦三道会许湾。夜人定后，火起，令坚壁，敢救火者斩，且搜暗处置伏。且，兵果大至，四面突击，洪旭争先斩级，兵少却，家玉亲立阵前，督陈黄虎、李明忠、赵珩等出营大战，杀两总兵，获级四百，夺马四十匹，器械无算。午时，协将陈有功战死，大军合数万来战，矢如雨下，沿山举火，赤地震裂。大清将王得仁、邓云龙、侯天宠等以书来招赵珩，令其劝降，众惶惑多偶语。珩惧互相疑忌，家玉执珩手，拔剑斫案曰："行间离我兄弟，我等益当勠力，为国吐气。军中敢疑谤者，有剑！"人心始定，然犹无战意。十五日，子时，家玉设高皇帝、关壮缪位，牵诸将泣拜，设赏金于前，使郭毓卿、李明忠、陈良、赵珩分帅死士百人，伏谷中，遂拔大营走。大兵合一万来追，入伏，大军纷奔，家玉鼓噪回军，大破之。步兵五千殆尽，骑兵舍马渡河，溺死过半，抚州围解。论者以是役为福州战功第一。

家玉令都司黄瑛赍蜡书间道奔入抚州，檄永宁王部将谢志良、阎罗、宋萧声、曹兑光等，乘虚袭老营。十六日，战于金坡，家玉夹击，大军死者五百余人，马死者三百余匹。营中妇女三百四十三人，就近亲戚归之。收其酒米犒军，得乡绅诸生书，悉令烧毁。

时大清兵所至令民剃发，而南军遇无发者辄杀不问。难民因是多输牛酒，为间导，南军咫尺不得虚实，饷、导俱绝。家玉设小牌"免死"给与，难民欢呼，来归者千百人。奏请遣人分入乡落解散，有能收复州县者，即以首领官酬之。阵没陈有功、叶寿，予祭葬荫谥，立祠许湾；斩总兵逃者许象乾，俱报可。于是军政明肃，人始用命。家玉奏功俱归永宁王，诏俟恢复南昌日，即封亲王。

是月，鲁王劳军于西兴。拜方国安为大将，统诸营。十二月朔，日有食之。吏部郎赵玉成与尚书张肯堂同籍江南，上言臣等生长海滨，请以水师千人，从海道直抵君山，袭取南都，以迎陛下。计陛下陆行期，同会于金陵。王大喜，命郑芝龙具艘，芝龙笑诺。会有言水师诸臣宜留其家口，以防逃归者，事不果。于是王决意亲行。是月六日，发芊江，命芝龙留守福京，制置兵饷，兼掌宗人府事。南平、古田县民，远馈酒米。封郑遵谦为忠义伯。前汝南兵备副使郁启，遣赵贵入贺，以启为总理楚豫提督军务讨逆安顺兵部右侍郎，巡抚河南。诏辅臣黄鸣俊出衢州。东会王肃眔来朝。立春日，受百官朝，勿贺。

大清将张天禄诱执大学士黄道周于婺源，生致南京，道周死之。是月，临安蒙自土官沙定洲作乱，据云南。黔国公沐天波奔楚雄，定洲追之，天波走永昌。

大清顺治三年丙戌正月，王在芊江。初九日，夜雨雹如拳，唐、邓二王及居守百官行拜贺礼，不受。下诏以三大事自责，群臣俱戴罪。马金岭兵变，命路振飞往浦城安抚。都御史陆清源犒师浙江，鲁王使陈谦奉书称皇叔父，不称陛下，王怒，下谦狱。郑芝龙与谦有旧，钱邦芑出芝龙门，而见亲于王，密奏谦为鲁心腹，与郑至交，不急除，恐变生。王斩谦，浙闽聘好遂绝。川陕总督樊一蘅遣官入贺。交阯、日本皆遣使入贡，并手册答之。敕上游巡抚吴春枝简练壮丁。赐松滋、东会、滤溪、延津四王春宴银。广东布政司汤来贺浮海转饷十万,迁户部右侍郎。江西御史艾南英劾来贺奸邪,不可信用,不报。

王出师,次于延津,拜泉州布衣蔡鼎为军师,召郭熹、陈秀引兵赴建宁。命朱成功出永定关,江西巡抚刘广胤、都给事中曾应遴招抚阁寇。以黄光辉兵败,贬郑鸿逵为少师,责郑彩戴罪。上游巡抚吴春枝罢,以吴闻礼代之。赐降将郝摇旗名永忠。玺书赐大学士王应熊于四川假便宜举用大小文武官。大雨雹,册皇弟邓王长子琳渼为陈世子,从征视膳,中书官讲读,导以礼仪。加守金华兵部尚书朱大典阁衔,命与方国安和衷同济时艰。

十六日,郑彩逃入永定关。张家玉曰:"新城、永定,屏障福京,门户不可弃也。"彩怯,竟弃家玉逃入关,城中兵民皆窜。家玉与知县李翔仰天恸哭誓死不去。以乡兵二百人扼守新城,以亲兵百人战于城下,数十合,杀五百余人。大军马步围家玉三周,家玉中流矢,堕马折臂,气绝。都司林雄冒襟被入阵,杀一将,挟家玉还营,家人已遇害。王闻报,大怒曰:"统兵大将,尽走入关,独令文臣陷阵,何以自解?"家玉乞骸,曰:"臣得从八旬王父母、五旬父母生还相见,死无复恨。"优诏慰答。时阁兵在广昌,距新城二百里,家玉啮指血书请救。廿二日,阁兵至南丰,大清兵引退。

是月，沙定洲陷大理、蒙化，屠之。洱海道杨畏知起兵于迤西，定洲还围楚雄。

二月二日，王驻跸建宁，故相何吾驺入觐，以为首辅。闽饷不足，郑芝龙白，遣给事中梁应奇督运广东。奏劾稽饷者数十人，命逮问，亦莫应。潮州知府杨球遂止粤界，不敢入。芝龙令抚按以下皆捐助，有官助、绅助、大户助。又从李长倩言，开事例大鬻官爵。部司道三百两，余百两；武札数十两至数两。于是倡优厮隶，尽列冠裳，拜谒官府，鞭挞里邻。守令莅讼，两造皆称职官，侧立而语，互殴于庭，不可制。受害者延颈大清兵，谣曰"清行如蟹"，盖迟其来也。

晋张家玉右佥都御史，巡抚广信。制曰："尔许湾捷而建抚复，壮猷追允文采石之前；新城守而杉关宁，嘉绩在莱公锁钥之上。今者箭疮勿药，宗社赖之。尔其即日领敕长驱，誓于今岁拜我孝陵。"家玉陛辞，言募兵制器，非一人一日可理，天下尽忠而且智，臣独忠而且愚，他日有急，陛下无以尹铎为少。闻者悲壮其言。

先是，李自成已死，其党李锦、高一功等尚数十万众，因湖南巡抚堵胤锡请降。胤锡表闻，乞封锦等为侯，王难之。家玉及检讨蔡之俊合疏，言："曲突徙薪，事几不再，当乘其锐气，会捣金陵，勿令转合敌人，后悔噬脐。"遂封自成妻高氏为英淑夫人；锦左军侯，赐名赤心；一功右军侯，赐名必正；余皆封侯，军名忠贞营。攻荆州，将克，会大雾，赤心等方蓐食，忽救兵数万至，师大溃，胤锡急令杨国栋、张光翠分守澧州回子河，以固湖南。

晦，命辅臣傅冠及朱成功督郭熹、陈秀等拒大清兵于永定关。加谢德溥东阁大学士制，置义兵。张家玉自请募兵惠、潮，王遣之。三月，夺郑彩永胜伯爵及黄钺赐剑。敕书命民被迫薙发者竖义民旗自别白。命成功招集郑彩逃兵，毋令扰民。王将取道于汀，命募兵汀州。施福、林顺至建阳，以张名振为捧日将军，副黄斌卿屯舟山。赠松江死事夏允彝、沈犹龙、章简、李待问、侯承祖等官有差。吴江吴易起兵于太湖，授右副都御史，陈子龙佥都御史，杨廷枢兵部主事。

廿四日，大清兵陷吉安，万元吉退守皂口，傅冠自邵武趋建昌，饷匮，后军不进，拔营归。冠乞罢，不许。夏四月，金华行宫成，遣官迎驾。王谕近臣曰："靖义侯方国安，江上战功独多；勋臣刘孔昭，世臣中深明大义，辞公爵来归；科臣刘中藻，奉使开诏，挺然义形于色；勋臣郑遵谦，起义独先，诚心翊戴；勋臣黄斌卿，虽未有恢复显功，而拒守舟山，相继进取，此数臣者，朕均倚为腹心手足，在廷其体朕心，毋致嫌疑。"优诏晋贵州巡抚范𨪕右都御史。谕云南巡抚吴兆元："卿久镇滇疆，无遗朕南顾忧。"赠黄土隘死事元体中、李茂德等八人。黄斌卿袭杀副使荆本彻，夺斌卿伯爵。晋汤来贺兼行在兵部右侍郎，便宜恢剿湖东。立三御营，以郭熹为镇武营，陈秀为威武营，黄光辉为勇武营。五日，王寿节，不受贺。用太牢遥祭二祖列宗，配以唐国祖宗。以程珣巡抚惠、潮。

大清兵薄崇安，大学士蒋德璟自请行关，诏责施福逗留，曰："与张家玉守新城而郑彩逃入关何异？福退死三尺，曷若前向死敌？"德璟请告归泉州。六日，皂口兵溃，万元吉入赣州。故赣督李永茂自南雄遣吴之蕃、张国祚，帅粤兵五千拔赣，赣城仓皇争窜，元吉欲斩其妾之出署者，人心乃定。

十七日，大清兵围赣州，元吉与兵科给事中杨文荐，悉力拒守，苏观生引所部退走南康。王念国家元气之削，由于靖难，命追复建文年号。立方孝孺祠，设姚广孝像于阶下。又追复吴王允熥、卫王允烃、徐王允㷆及建庶人封谥。册封赵王，命抚臣卢若腾就近行礼。擢袁彭年吏科都给事中。晋土司沐增太仆少卿，沐懿四川右布政，以劝义输。以总兵包象乾守汀州，籍石、宁、建、瑞乱民之壮者为兵，汰老弱归农。遣黄兴、施福守崇安，林顺、曾德守仙霞，岁满更番。水军都督周崔芝遣人如日本乞师。

王即位一年，无尺寸功。群臣建议者众，兵尚书吕大器言："用人太滥，所用人又相援引，虐民丛盗，望治何由?"御史汤芬言:"可发海师直捣吴浙。"主事吴钟峦言:"首克南昌,选锋进取为上策。若舍此他图,关门一有骚动,全闽震惊矣。"王皆善之,而不能行。谕臣民曰:"尔等立朕为君,志在救民雪祖,朕将暂至邵武,相机出关。古人创业中兴,谁不危而后济?朕以'宁进死,不退生'六字自誓,如有敢请驾回天兴,及避幸广东者,立斩以殉。"

亡何,闽、侯二县耆老诣延津,请驾回福京,王太息曰:"即位十有一月,日夜所思何事,岂得回銮?但恨在闽不能安闽,闽民不负朕,朕负闽民多矣。"建宁诸生请大驾再临建水,王曰:"朕进取之志甚锐,万无转跸之理。"郑鸿逵久顿兵关门,一日兵哗,误谓大兵至,徒跣弃军逃归,三日夜抵浦城。诏削其爵。芝龙则请闽饷,共需一百五六十万。王谕之曰:"卿兄弟拥戴朕躬,朕所委托,但国蹙民贫,钱粮只有此数,所奏即竭三省之力不足,从未有关篱不固,止于家门堵贼者,此理甚明。今议以兵三万守关,一万守腹,不复可增。若有别议旁挠,是彼苍不助中兴,朕亦惟有退避贤路而已。"

王闻沙县寇患,诏蠲逋赋。是月,闽中地震。抚州陷,永宁王死之。以新抚、永安、沙县山寇隶陈国祚,受朱成功节制。兵部侍郎于华玉,以漳州兵入卫,至归化,不戢,士民闭城拒之。命华玉及罗登辅留止顺昌,张思道留止归化，俟驾来从行。敕曰："朕痛两京沦没，全非寇敌之故，止因兵民相戕，致危宗社。今日仅此弹丸，冀资民力恢复。若复伤民，将促国脉。新兵未经节制，故哗，卿宜振刷，务令民安，毋徒忧谤。"

广西酋长农国琦破县城，逐知县，巡抚晏日曙讨平之，获国琦，传首。诏解散胁从，勿献俘，以示宽仁。遣礼部尚书黄锦往潮州，与新抚商度出赣。总兵曹志建劾阁兵将领张安，兵无纪律，有诏止安入关。土贼攻陷诏安，知县田树死之。仙游民变，檄总兵周仕凤速提兵援浙西。敕唐、邓二王毋私受官民章奏，必由通政司封进，方不失藩王体，违者辅导官方士亮、何九云治罪。至于词讼，应归有司，通政司不许封进。再录平靖江庶人功，封浔梧参将陈邦傅为富州伯，赐平越伯丁魁楚铁券，赐西夷安承宗府名，颁印，以劝来降者。

五月，诸军溃于赣州，大军锐甚，滇粤诸军先后至南康者以数万计，皆惴恐莫敢即下。杨廷麟自雩都趣张安、张琮、李元符及各营兵四万至，赣江抚刘广胤亦自宁都募二千人至，俱以五月一日先后溃散，广胤被执，失士马器械无算。自后援兵益不敢前。苏观生退，次南安，大军分兵东围广信，王敕观生曰："援赣兵将骄悍不驯，闻警辄思引去，似此无纪之兵，安能济事？雩都、会昌诸邑，即可直达汀州，防围尤急，曩无一人议此何耶？偾军之将，罪之不能，呼之不前，如何为策？

退守庾关，岂朕所望？其详度情形来奏！"敕监军御史陈赓曰："前失吉安，起于乡勇引敌，他兵坐视不救，良可痛恨。滇兵战而不胜，犹愈不战而逃者，尔仍收合余烬，勿自困挫！"谕杨廷麟曰："吉安失守，万元吉诸兵皆付一掷，今五月初一失机，此番功罪宜明。卿深惟善计，更图兴复，粤饷三万，与卿召募。但当作何约束，近民苦兵甚苦寇，驱虎进狼，绿林四起，当是统兵者之过。包象乾、张家玉毋得收聚凶徒，终成溃散。朕将前跸汀州，面议方略。"

广信陷，召罗登辅、谢祥昌兵入守长汀。大清兵至常山，敕朱大典、顾应勋马步兵入援。谕何吾驺曰："田辟之兵，敢行溃叛，大安关外，复有失挫，卿其强出，为朕分忧。"徐孙彦使蜀还，陛见，具列王应熊、樊一蘅、李乾德、马象乾、米寿图、刘鳞长、王之瑞、万年策、郑逢元、刘泌、范文光、牟道行、田华国、莫宗文、曾英、杨赓、贾登连、谭谊等，勠力恢疆，奉扬王命。且言张献忠杀戮川民无孑遗，生民以来未有之祸，王为之挥涕。封方国安子元科为定中伯。以周崔芝领水师，为平海将军。和顺王慈燆言："建阳百姓因大兵久屯，溪不敢渔，山不敢樵。"王曰："如此何以聊生？"令兵毋入城，毋久屯，犯者以闻。

张安复姓名为陈丹，引兵迎驾，以为御营副总兵，寻令复出赣州，从苏观生。以周损巡抚广信。召武冈守将刘承胤入援。遣抚臣刘中藻赈温州。永福雁湖寇乱，知县田楷平之。闻吴易战胜于太湖，晋兵部尚书右副都御史。加陈子龙兵部右侍郎兼翰林学士。复封黄斌卿威鲁伯。以施福为忠勇将军，命主事李言抚宁化、清流乱民。潮抚刘国柱获潮阳贼首庄三权。琉球世子遣使入贺，贡方物。江西、江苏各砦义师起。特用文臣守关，张调鼎、周道臣、赵秉枢守永定关；谢绍芳、周维新守大安关；黄大鹏、郑为虹守仙霞关。再发恤民库银一千，赈温州。王曰："奇荒至此，千金之寡，安能遍活数十万人之命乎？"命抚臣卢若腾、镇臣贺九尧速为设防，毋使瓯民重困。山寇入诏安城。

夏至，祭皇地祇宗庙，命福京太常寺行礼。简讨何九云进尚书，以其弟九禄为国子学正。星变，下诏修省，求直言。以李士琏为讨逆将军，晋太子太傅。设行在御营十标，以郭奇、陈天榜、熊和、王秀奇、陈文廉、方登夫、巢拱极领之。又遣林垒募兵于福宁。王谓左右曰："延平地窄，朕不欲久居，俟虔南收拾，当即发也。"

时有传王欲幸广州者，张家玉在潮州，上疏曰："天下形势，关中为上，襄阳次之，建康又次之，下此则虔州一块土，尚属兴王地也。天下望陛下出江西，而忽传有南幸五羊之说，识者惧矣。驾出虔州，右连三楚、左达八闽，后屏梅嶂，出两粤之粟，前跨章江南北，有建瓴而下之势，骑天下之脊而号召之，所谓六龙临江，勇气百倍，上策也。若暂驻雄州，可出江，则度庾关，下贡水；可出楚，则绕韶郴出衡岳；进止缓急由我，中策也。若入五羊，斯下策矣。宋景德间，契丹寇澶渊，王钦若江南人，请幸金陵；陈尧叟阆中人，请幸成都；臣五羊人，计应出此，独恐车驾日南，中原失望，不如寇准为卓见。高宗南渡，李纲、宗泽、岳飞等叠请还东京，而汪伯彦、黄潜善力阻之，卒有明州之难。宋之不延，由东迁失策也。高宗时，两河三吴皆无恙，纲等犹以去就争之；况今越在五岭，一失足则大事尽去，臣敢不以死争哉？虔城不减晋阳，万元吉不减尹铎，乞陛下必以为归。"王终未决。

赠黄道周为文明伯，谥忠烈，官其四子，妻封一品夫人，立庙福州及漳浦，镌其绝命词于庙门。

是月廿七日，浙东兵溃，方国安入绍兴，劫鲁王南奔。六月朔，大清兵入绍兴，鲁王自江门入海，方国安、方元科、马士英、阮大铖皆降。

大清大军至金华，大学士朱大典坚守不下。周藩安昌王长子恭㭎浮海来朝，封为安昌王。命刘孔昭严戢所部，毋犯瓯土，以著臣节。命福宁道王芋遣兵一千出援温州。

福州宫工成，益郑芝龙岁禄五百石，荫一子锦衣千户。升湖广监军道章旷右佥都御史，提督军务。恢抚湖北严起恒户部侍郎，总理湖广钱法。张家玉招程乡贼黄元吉，降之。宁化贼黄通袭执兵部侍郎于华玉，苏观生兵溃于南安。赐异人薛通载号广济禅师,往海外征兵。赠张惟熊右都督,谥武襄。谕卢若腾、贺君尧监守温州。加若腾兵部右侍郎,君尧太子太傅。王子生,大赦。福州乡试,取叶瓒等百余人。

十六日,大清兵入上杭,檄曾德还守仙霞关。赣州诸将及大清兵战于李家山,大军退屯水西。赐赣州改名忠诚府。加杨文荐右都御史。是月,沙定洲复围楚雄。秋七月,湖广都督张先璧、郝永忠合疏迎驾。黄元吉复畔,攻破永定,张家玉使贼党执斩之,复招降镇平贼陈靖之众十余万归农。

是月,大清兵破金华,朱大典死之,遂至衢州。副使秦应科内应,城破,守将张鹏翼及楚王、晋平王、乐安王皆被杀,督学御史王景亮亦不屈遇害。

大清兵将度仙霞,金堡说上言:"今日之势,诚能直走湖南,用何腾蛟之锐,竟捣荆襄,传檄中原,北方闻之,以为陛下从天而降,此上策也。移跸虔州,此中策也。并兵出关,背城一战,败不徒死,此下策也。若往来延建,观望经时,轻骑叩城,避不暇出,为无策矣。"王卒出无策。而郑芝龙间使约款于大清,尽撤施福等守关将军还安平。手敕遣中使邀之曰:"卿稍迟,朕与卿同行。"芝龙不顾。由是大清兵平行入关。至建宁,守臣黄大鹏、郑为虹死之。

八月廿一日,王发延平,御营皆散,犹载书十车以从。至顺昌，闻大清兵已及剑津，仓皇乘马奔，从者何吾驺、郭维经、朱继祚、黄鸣俊。吾驺寻去，维经奔赣州。王入汀州界，不知所之。曾后被执，自投九龙滩，八闽皆下。大学士蒋德璟、路振飞、傅冠，礼部尚书曹学佺先后死。郑芝龙自安平降。是年十月四日，赣州陷，大学士万元吉、杨廷麟，兵部尚书郭维经等死之。苏观生退保广州。

论曰：唐王宽明恭俭，亲亲尊士，循良爱民，而有抚绥大略。识张家玉之奇俊，崇黄道周之耆德，褒忠行义，结于至诚。闻江阴、泾县力守见屠，曰："吾家子孙遇此二县之人，虽三尺童子，亦当怜而敬之。"每诫出兵毋杀难民，伤促国脉。大小主客，文武众庶，恩勤和剂，咸出其肺腑，濒死无贰。待永明王以大公，谕群臣曰："大宗适自属永明，朕在此间，去永明千里，不暇相求，臣民敦迫，勉行即位。然行年四十，未耀前星，不审永明才度何如，良用关切。"此可见其义矣。惟制于郑氏，不获展尺寸。然两夺鸿逵彩侯伯，而谆谆谕芝龙和衷共功，消其亢慢。使臣以礼，隆世所难。使其遭际中兴，岂必在令主下哉？昔贾生过秦，责子婴以不能救败，未为通达事体。唐王在位虽一年，而大江以南，骄将剧盗，望风归命。此其关系国运，亦有由来。特月而纪之，使后来者得以考焉。

唐王聿𨮁，隆武弟也。乙酉七月封唐王，监国福州。隆武家法严，不以友爱故假借，尝敕王毋得私受臣民章奏，必由通政司封进，方不失藩王体。王甚率谨，在福州一年，未尝有过。福州既陷，王泛海达广州。时两广总督丁魁楚等已奉桂王监国梧州。大学士苏观生不欲，曰："吾受大行厚恩，死无以报，今其亲弟在，何外求君？"遂与故相何吾驺、布政司顾元镜、侍郎王应华等，请王监国。十一月五日，即位于广州，以明年为绍武元年。命观生专理军国重事，吾驺、应华、元镜并入阁办事。是月，桂王亦即位肇庆。

大清将李成栋自漳汀入，陷潮州、惠州。十二月二日，广州总兵林察诱败肇庆兵于海口，杀总督林佳鼎，观生战胜而骄。十四日，成栋以十七骑晨袭广州，城中兵悉西出，宿卫尚万人，不及集，观生急召得百余人，大清兵下城击之，皆败走。王变服逾垣，走王应华家，不纳。寻缒城走洛城里，为成栋副将杜永和所获，安置东察院。成栋使人馈食，王不食，曰："吾若饮汝一勺水，何以见先帝于地下。"自缢而殂。自即位至是日，凡四十日。太仆卿霍子衡、司业梁朝钟、行人梁万爵皆死之。观生亦缢。十八日，杀诸王之在广州者十六人，周王、益王、辽王皆遇害。吾驺、应华降。顾元镜先椎髻，号于市曰："大清天兵至此，汝百姓今安枕矣！"成栋欲大杀广民，佟养甲曰："广民未迎战，请卜诸天，天雨者则止。"夜雷震，雨如注，养甲曰："天堕泪也。"乃止。犹大掠三日，谓之放赏，妇女多自裁。后二年，成栋来归，吾驺复入肇庆为首相。元镜以反正功，复擢用。

黄宗羲曰：唐桂之构，外惧方张，又生内变，苏观生之罪，又何逃焉？然观生受前王特达之知，其立后王也，与荀息之不食言，可以并矣。岂仅仅修魁楚之隙哉。若后王之从容遇难，所谓亡国而不失其正者，宁可以地之广狭，祚之修短，而忽之乎？

唐王聿锷，亦隆武弟，盖绍武建号日封。李成栋陷广州，王得逸，率宗族去依虎贲将军王兴于文村。兴事王甚谨。成栋归，桂王入肇庆，王奉表称贺。广东再陷，尚可喜累攻招文村，文村食尽重困。己亥，桂王入缅，文村始降。兴自焚死，王亦服脑子薨，卒不辱。

论曰：唐王兄弟三人，皆儒雅有君人之度，与他藩绝殊。惠宗之遭靖难，绍宗之当末造，皆关世运，非独一家之事。黄宗羲著《行朝录》称："壬辰八月，刑部侍郎王虞石，自五指山至厦门，言隆武在彼为僧，赖垓、熊纬皆从亡。信如斯言，何与惠宗相类耶？"又云："建宁代死者为唐王聿钊，然则聿钊亦勇而知义。其有否未可知，要之宗臣多仁贤，则虽亡不亡矣。"又云："五指山敕使至，故臣皆不能决。癸巳二月，复遣使存问诸臣，称离五指驻平远，将起兵。故臣乃具公疏，请敕验视，卒不可得。当传疑以俟后之考古有识者。"

卷 二

鲁王以海

鲁王以海，太祖十世孙。父寿镛，以崇祯十五年大兵破兖州，死焉。十七年二月，王嗣位，寻京师陷，南奔。顺治二年乙酉四月，命移江广，暂驻台州。及郑遵谦等兵起，议推戴，而入浙五王，惟王最贤，乃选遣元老前兵部尚书张国维，迎王于台。八月至绍兴，即监国位。以分守署为行在，臣民称国主，诏称令，制称敕。群臣劝进，王固不许，曰："艰夷大难，须命世神圣，俟拜孝陵，择宗贤。"中外翕然，有中兴谊辟之望焉。

时浙东画钱塘江而守，号令所行，不出八郡。乃议列屯，以朱大典镇上游金华，方国安当七条沙，王之仁当西兴，郑遵谦当小亹，孙嘉绩、熊汝霖、钱肃乐当瓜里。日蓐食，鸣鼓放舟，登岸搏战，复柁还戍，率以为常。

议分饷，以孙、熊之师谓之义兵，食义饷；方、王谓之正兵，食正饷。正饷田赋所出，义饷劝输无名之征，实无饷也。户部主事董守谕请一切正供归户部，核兵而后给饷。所谓义饷者，虽有其名，不可为继。户部主事邵之詹议：绍兴八邑，各有义师专供本郡。宁波给王之仁，金华归朱大典，五府归方国安。方、王不可。计浙东田赋六十余万，悉给方、王。义师听自措饷，正供不及焉。

署官爵，国维、大典、宋之普，俱东阁大学士。国维赐尚方剑，督师江上。汝霖、嘉绩、肃乐，右佥都御史，并加督师，然实无权。起章正宸吏部左侍郎，署部事，李自春户部尚书，王思任礼部尚书，余煌兵部尚书，张天郁工部尚书，陈函辉吏部右侍郎。封国安镇东侯，之仁武宁侯，衢州守将张鹏翼永丰伯，郑遵谦义兴将军。

议谥号，上皇太子曰悼皇帝，福王曰赧皇帝，潞王曰潞闵王。未几，起方逢年为东阁大学士，宋之普罢。

是月，国维复富阳。金堡、姚志卓起兵复余杭。余杭寻陷，堡渡江来归。国维命志卓守分水，又复于潜。汝霖以五百人渡海宁，转战数日夜，至乔司，士卒略尽，乃还。

王虽谦仁，少威断。初立之日，张国维首疏参马士英十大罪。士英惧，不敢入朝，与阮大铖俱匿方国安营中，阴败国事，不能执而诛之，以此赏罚尽失，士气衰沮。而文臣建义者多不知兵；郑遵谦惟畜优伶，殊无定志；义旅乌合市贩；原设营兵卫军，皆隶方、王。国安及其子元科尤悍戾，日与朱大典构隙，拥百练之卒，不肯进取杭州。士大夫沿习承平，求官乞荫，涂巷之内，半腰犀玉，至有以白石充之。时人语曰："带何挺挺，白石粼粼。"其子弟方髫龀，绣衣冠佩，传呼道上，又为之语曰："痘儿哥，痘儿哥，横街骑马谁敢何！"故巡抚田仰来自淮扬，与遵谦争饷，哗于朝，仰将李士琏拔刀斫，遵谦奔殿上，呼："救我！"太监客凤仪助仰兵巷斗，遵谦脱归小蘴，王遣廷臣解之而已。

其秋饥。浙东大水，漂沉民舍，越人衣食于舟。征调既烦，皆沉舟束手。军人沿门供亿，搜牢勒输，文武官符票一日数至，奸宄乘时报复，民始离怨。

七月七日，海宁陷，守将俞元良死之。八月，参将姜国臣复入守海宁。故总兵汪硕德集兵双林来告，使移札塘栖。会唐王即位福州，诏至，众议开读，熊汝霖持不可；王意不怿，下令返台州，人情惶惑。张国维星驰入郡，上疏福州，言："逢国大变，凡高皇帝子孙民吏，当共同心力事成，入关者王，监国退居藩服，礼谊昭然。今遂南拜正朔，事势远不相及。唇亡齿寒，悔弗可追。臣老矣，岂若朝秦暮楚之客哉。"疏出，议始定，闽使废然返。

然是时，江楚、西蜀、两粤、滇、黔，皆受唐王诏朔，独浙东以监国在先，义旗分竖，不宜降屈，天下多不直鲁王。后金堡入闽复来，上启力争，以为："更始称尊，刘缙止居大司马之位；湘阴继统，刘崇亦守节度使之官。缙岂甘以贤让不肖，崇岂甘以父让子哉？恐一家之中，有二天子，即外患得以相乘也。殿下以侄事叔，则今上既非湘阴；以贤事圣，则今上并非更始。即上表称臣，拜疏迎驾，岂遂为屈己乎？两大相抗，必至于离；两离相厄，必至于败。使敌国得乘瑕观变，坐而收渔人之效，恐文武诸臣，不得辞其责矣。《诗》云：'兄弟阋于墙，外御其侮。'今当御侮之时，自启阋墙之衅，窃为殿下惜之。殿下诚能息群喙以奉一尊，异日光复二京，只谒寝庙，今上之功，不过汉光武，而殿下之德，乃过于周文王。厚实不亏，而翰名烂焉。即今上亦安能屈殿下哉？"不听。令旨法司究问，陈函辉密启请杀堡。堡亡奔衢州。

十月壬辰，方国安及大清兵战于江。张国维引步军继进，追北至草桥门，大风雨，火炮弓矢不得发，乃收兵。大清兵营木城，沿江以拒南师。徽州陷，上江告急。是月，遣使招杭州义旅，陈万良、姚志卓复余杭。十一月，王出郡城，临江劳军。晋方国安荆国公，王之仁宁国公。赏倡义者，特封郑遵谦义兴伯，刘穆威北伯，熊汝霖、孙嘉绩晋兵部右侍郎，诸营皆受国安节制。十二月，还郡城，颁明年鲁元年大统历，铸大明通宝。

大清顺治三年，丙戌，春正月朔，鲁王御殿受朝。

遣兵部尚书柯夏卿如福州聘，唐王深自抑损，手书报王，言朕无子，王为太侄，和衷协力，共拜孝陵，朕有天下，终致于王，取东浙职官，均列朝籍，转饷十万犒师。王意终不慊，发敕封郑芝龙兄弟为公。于是唐王大怒，囚使者裘兆锦、林必达，斩陈谦，浙、闽竟成水火。

二月，叛将张国柱劫定海，总兵王鸣谦入掠余姚，其部曲张邦宁掠慈溪，绍兴戒严。进国柱胜北将军，始返定海。总兵陈梧败于嘉兴，航海掠余姚，知余姚主事王正中击斩之。三月朔，郑遵谦、王之仁退。

大清兵于江中，张国维督诸军渡江，南军稍振。会福州诏使陆清源至江，分饷不平，兵哗，马士英唆方国安斩之，且出檄数唐王过，国维曰："祸在此矣！"是月，威宗大祥，王率群臣朝堂哭临，军民缟素。王正中率兵渡海盐，复澉浦城。

五月，方国安叛，劫王南奔，大清兵遂渡江。兵部尚书余煌、宁国公王之仁、兵部侍郎陈函辉、太仆少卿陈潜夫皆死之。时南军久屯江上，无功，气势日蹙。而大清贝勒统大军至，各营西望心碎。是月廿七日，江涸，北人试马，用大炮击南营，碎方国安军灶，国安遽遑扰，曰："天夺吾食。"夜，拔营趋郡，劫王南走，侍御狼狈。是日，学使者方坐试院较诸生，仓促掷笔逃窜，军人腾藉，流踣于道。诘旦，江上诸军闻报俱溃。

孙嘉绩、熊汝霖、郑遵谦、钱肃乐、刘穆各引所部兵入海。越三日，大清兵始渡江，余煌开郡城九门，纵军民出，自正衣冠赴水死，前后死节甚众。

六月二日，大清兵入绍兴，张图维恸哭曰："坏天下事者，文山、叠山也，一死而已。"乃收散卒，追扈，及王黄石岩。国安断所过桥，用马士英计，将执王以降。会守者病，王得脱，自江门入海，命保定伯毛有伦扈。世子、张妃由定海出，为张国柱所劫去。国维归，死义乌。国安、士英及阮大铖、方逢年，皆诣大清军降，已，皆斩于延平。

大清攻克金华、衢州，朱大典、张鹏翼死之。是时黄斌卿在舟山，兵食殷足，石浦守将张名振奉王往投之，不纳。王舟泊外洋。福州既破，永胜伯郑彩亡入海，以舟师迎王。十月丁酉，发舟山，如厦门。郑芝龙使彩执王献贝勒，彩以南夷貌类者服王冠服，居舟中，谓其人曰："事急则缢死以示之。"会芝龙去，乃已。朱成功兵起，仍奉隆武年号，大会厦门。王于是改次长垣，以明年为监国鲁二年，海上遂有二朔。其冬，桂王即位肇庆，寻奔广西。

顺治四年，丁亥，正月，鲁王在山盘，以熊汝霖为相，晋郑彩建国公，郑遵谦义兴侯，张名振定西侯，杨耿同安伯，郑联定远伯，周崔芝平北伯，阮进荡北伯。崔芝复海口镇东。二月朔，壬申，克海澄。明日，攻漳平失利。又明日,大清兵救海澄,南师退入于海。丙子克漳浦,以闽人洪有文为令,五日而陷,有文死之。四月,海口陷,守将林籥舞、赵牧死。周崔芝退保火烧屿。六月,攻漳州,七月,王亲征,次长垣。会郑彩、周瑞、周崔芝、阮进之师攻福州,败绩。郧西王起兵复建宁。八月,王克连江。十月,长乐、永福、闽清皆下,罗原知县朱丕承、宁德知县钱楷,皆以城降。

晋马思理东阁大学士,林正亨户部尚书,钱肃乐兵部尚书,沈宸荃工部尚书,余飏左都御史,刘沂春左副都御史,吴钟峦通政使,林嵋吏科给事中,黄岳吏部郎中。

初,唐王隆武时,大学士刘中藻,以忤郑氏去。吏部主事林垐解官,募兵得千人,阻于郑氏,郁郁失志,散兵入山,制棺一具,书"大明孤臣之柩",以待死。兵部侍郎林汝翥亦隐居。闻王至,皆起兵。中藻攻福宁,州守将涂登华以城降;垐、汝翥合军攻福清,垐阵没,汝翥不屈死。是岁,即桂王永历始年也。

顺治五年,戊子,正月,鲁王舟次琅琦。有传言唐王未死,或云在五指山为僧,议遣使访迎,又议为思宗发丧。同安伯杨耿及大学士朱继祚攻兴化,大清守道彭遇颽使守将出战,而登陴立明帜以城降。

大清将金声桓部将郭天才来归。郑彩杀大学士熊汝霖、义兴侯郑遵谦于琅琦。晋钱肃乐东阁大学士。自王入闽，先后降克得三府、一州、二十七县，皆不能守。于是给事中林嵋、守道汤荿死兴化；大学士朱继祚、知县都廷谏死莆田；给事中郑正畿、御史林逢经死永福；御史王恩及死长乐；守将王祁死建宁。王移次沙埕。余姚人王翊起兵四明，遥奉鲁王年号，破上虞，前翰林学士张煌言聚兵平冈以应之。御史冯京第如日本乞师。冬十月，马思理卒，以沈宸荃、刘沂春为东阁大学士。十一月，王舟退壶江，钱肃乐以忧卒。是年，大清将金声桓、李成栋以江西、广东来归，桂王复至肇庆。

顺治六年，己丑，正月，鲁王舟次玉环山，张名振自石浦来朝。三月，王翊徇。奉化退大清兵于河泊。大清兵围刘中藻于福安，中藻食尽，不得出战，为文自祭，吞金死。城陷，部将董世尚等数百人皆死之。闽地尽陷。浙遗臣南来者，多为郑彩所害，彩亦帅麾下弃去。张名振、阮进迎王还浙，次于南田。

秋七月，壬戌，至健跳，从者大学士沈宸荃、刘沂春、礼部尚书吴钟峦、兵部尚书李向中、兵部侍郎孙延龄、职方郎中朱养时、户部主事林瑛。每旦朝于水殿，钟峦如立治朝。所至试秀士，入学，率以见王，襕衫巾绦，拜起秩秩，观者感叹。鹿颈屯师王朝先来觐，封平西伯。

壬午，大清兵围健跳，阮进拒却之。九月，命名振、进、朝先会师讨斩黄斌卿。王移跸舟山，以参将府为行在，建太庙府东。进张肯堂东阁大学士，朱永佑吏部侍郎。遣阮美如日本乞师。是年，李成栋、金声桓、何腾蛟皆败。大清尽取湖南、江西。朱成功使陈士京朝肇庆，闽海始用桂王年号。

顺治七年庚寅，正月朔，鲁王在舟山，谒太庙泪下，谓辅臣张肯堂等曰："昔高帝起布衣建业，先帝忧勤沦陷，闵予小子，播迁无地，不能保浙东数郡，以延庙食，是以痛心。"诸臣皆泣，顿首待罪。二月，王翊来朝，除兵部左侍郎。夏，张煌言来朝，晋兵部尚书，留备侍从。八月，翊复新昌，拔浒山。大清兵分道入四明，翊避入海，冯京第遇害。九月，张名振袭杀王朝先，并其兵。是年，郑彩为朱成功所败，具表请援。张名振、阮进、周崔芝击彩余众，破之，彩还走厦门，归成功。

冬十一月，大清兵陷桂林、广州，桂王奔南宁。

顺治八年辛卯，正月，鲁王在舟山。秋，王翊溃于四明。大清将陈锦合军攻舟山，定西侯张名振、英义伯阮骏、兵部尚书张煌言，奉王先出奔闽海。荡北伯阮进迎战于海门，死之。裨将金允彦缒城降，裔其子传示四门。

大清试舟海口，南师以三舟突阵，获楼船战舰，馘十余人，纵归，大清师将退。八月丙寅，天大雾，大清师悉抵螺头门，守陴者方觉。安洋将军刘世勋、都督张名扬以精兵数百，义勇数千，背城力战，杀伤大军千余人。九月丙子，城破，宫眷投井死，指挥李向荣、朱起元等，犹率兵民巷战。大清师相谓曰："吾兵南下，所不易拔者江阴、泾县，今舟山而三耳。如两京，易取也。"

礼部尚书吴钟峦居普陀，闻变，毅然曰："吾从亡之臣，当死行在。"渡海入城，别大学士张肯堂，为高座文庙庑下，命仆举火。肯堂阖室自经。执吏部侍郎朱永佑，令剃发，曰："吾发可剃，宁俟今日！"斫其肩死。兵部尚书李向中，居艰庐墓，购得，衰绖翔舞，就溪流受刃。余死者通政郑遵俭，兵科董志宁，郎中朱养时，主事林瑛、江用楫、董玄、朱万年、李开国、顾珍、顾宗尧、杨鼎臣，中书苏兆人，工部所正戴仲明，锦衣指挥王朝相，内官监刘朝，定西参谋顾明楫，诸生林世英暨妇女厮仆，或刎，或投水火，死节之盛，为中土所未有。十一月，王舟泊南日山，夜遭风，失大学士沈宸荃。进次岩头，朱成功自厦门来谒，称主上，自称罪臣。从者泣曰："成功卑王矣！"王处之泊如，成功故不奉王，送金门千户所，月节进银米，致笺移居振屯岩头，煌言屯鹭门。

顺治九年，壬辰，正月，鲁王在金门。成功使名振总师北行，逼金堂，望祭舟山死事者，将卒皆哭。进至崇明沙，登金山，大清江南北戒严。是年，桂王至安龙，西宁王李定国克桂林。

顺治十年癸巳，正月，鲁王在金门，始自去监国号。冬，名振复及煌言北行，败大军于崇明之平洋沙，杀伤颇众。其年，郑彩死于厦门。

顺治十一年甲午，正月，王在金门，名振再入镇江，抵仪真，还逼吴淞关，遣使致启献捷。

顺治十二年乙未，正月，鲁王在金门。有敕使自安龙来，命王监国。冬，成功遣阮骏、陈六御围舟山，大清将巴臣兴举城降。定西侯张名振薨。是时成功以计力并诸镇，缓于攻取，有自王意。宗藩皆受屈辱，王不免饥寒，出无舆导，至以名刺投谒。宾旧张煌言、徐孚远避形疑，不敢入朝。王寄食郑氏，如家人而已。至名振遇毒，王闻，垂泪，几废寝膳。

顺治十三年丙申，正月，鲁王在金门。桂王如滇都。六月，大清兵图瀹洲，成功令平其城，至南门，得汤信公和埋碑，载成毁年月日。八月，舟山复陷，阮骏、陈六御死之。

顺治十四年丁酉，三月，鲁王在南澳。孙可望反贵州，降大清。

顺治十五年戊戌，正月，鲁王在南澳。滇都使者道安南来厦门，授张煌言兵部左侍郎兼翰林院学士，徐孚远随使入觐，不至，自广东降大清。是年，大清吴三桂入四川，别将入贵州。

顺治十六年己亥，春，成功迁鲁王于澎湖，桂王出奔缅。大清尽取云南地。夏六月，成功北举，克镇江，围南京，张煌言先驱，抵芜湖，徽、宁、池、太诸郡皆下。秋，大清将梁化凤袭破海师，煌言亡归台州。

顺治十七年庚子，正月，鲁王自澎湖抵金门。先是，成功溃归，问降者曰："南京何以不降？"曰："不闻说起明皇帝，故不降耳。"乃迎鲁王归金门。

顺治十八年辛丑，正月，鲁王在金门。会大清迁界，岛上饷绝，成功取台湾，宗藩从徙家焉。冬，桂王被执。

康熙元年壬寅，延平王朱成功薨。世子锦嗣，称招讨大将军。部曲构衅，多出降大清者。张煌言移壁沙埕，三启致金门，略言："去冬缅甸内变，致宗室职官，无一得免。惟吉王自缢以殉。而晋王李定国入洞邬，巩昌王白文选亦遁深山。臣闻变之日，肝肠寸裂，追惟我太祖高皇帝圣德神功，岂意后王祸等徽钦，辱同怀愍。臣以为延平藩王，必当速定大计，以伸大义，而至今寂寂。道路遥传，又有子弄父兵之事。臣中夜徬徨，恐穷岛孤军，难与相守。即今浙、闽、广各有招抚二人，解散海上，若不先事豫图，则报韩之士气渐衰，思汉之人情将辍。臣惟有致命遂志，以了生平。独念主上旅羁岛屿，与闽海存亡相倚，万一变生肘腋，退无所往，有不忍言。臣自顾力微，既不敢轻为迎驾，又不敢

199

辄行趋扈，计惟在闽勋镇正在危疑，不若急用收罗，以资拥卫。然后速正大号，传檄省直，刻期出师。虽强弱悬殊，利钝莫必，而声灵宣布，响应可期。兴灭继绝，端在主上诏书一道，惟主上密与宁靖王及诸大臣谋之！"王览启悲恸。是秋，复遣御史陈修赍敕至煌言营。

康熙二年癸卯，秋，大清大举攻金门、厦门，郑锦战不利，退守铜山。十一月廿三日，王殂于金门，东葬台湾。张煌言遣官致祭，表文有曰："穆王驾骏以来归，已孤此愿；望帝化鹃而犹在，莫慰余思。"海外闻而哀之。十二月，金门、厦门皆破。明年甲辰，煌言亦被执，死杭州。又十年，癸亥，大清兵入台湾，郑克塽出降，宁靖王术桂死之。鲁世子及宗室皆北迁，分屯田河南。

论曰：《野录》称何吾驺被唐王之召，道出南雄，问同知李世辅曰："君闽人也，闽遂兴乎？"曰："可也！来兵虽劲，皆辽土、燕、齐人，及左良玉、刘泽清降卒耳，何遽不相胜乎？"曰："然则东晋南宋乎？"曰："未也。东晋自永嘉后，诸国相吞，百年未定。王导、谢安乘其闲暇，宾礼贤士，修安和宽简之政，卒亦不能驾贺循、纪瞻辈，与刘石争雄长，今岂能为东晋之闲暇？南宋有韩、岳诸将，百战守御；宗、李、赵、张，弥缝补苴，故金人屈就和议，宋以苟安。今踽踽闽中驾驭不远,欲为南宋,岂易言哉?"曰:"然则驻虔乎?"曰:"其次也,实亦置之危地而后安。汉高不据关中,终难灭项;太祖不战鄱阳,岂能驱元?以备、亮之才,退保益州,终不能越祁山寸武。况八闽泽国,无瞿剑之险乎?"曰:"鲁藩逼近金衢,将为梗乎?"曰:"是所为中兴之藉也。恨岷蜀诸藩,不悉倡义西北耳!兵势有分合,彼合亦利合,彼分亦利分。今闻全力取山陕,而分兵取江南,我不能分而御之。使诸藩人自为战,疆自为守,即令为钱镠,为窦融,亦仅为圣主驱除难耳。汉追楚至固陵,而信、越不会,乃从张良计捐齐与信,捐梁与越,此高祖之大度所以成帝业也。今举朝不惟薪胆仇雠,而聚谋蜗角兄弟,是倒施也。"后祸败竟如其言。鲁王才望远逊唐王,而孤军扼守钱江,南蔽闽广,亦讫一载。其后桂王声教不及,东南赖穷岛扬帆,犹系江南义士之气,故特进而记之。

卷　三

黄道周

黄道周，字幼平，福建漳浦人。幼孤好学，穷微极博，天启壬戌，成进士，授编修，充经筵展书官。故事，展书必跪，膝行数武，道周独谓膝行非礼，平步进，监侍骇愕，魏忠贤连目摄之，不动。归，读书白鹿洞，躬执薪爨，天下士大夫高推之。思宗即位，起原官。崇祯庚午，主浙江乡试，迁右中允。会大学士钱龙锡以袁崇焕事下狱，史垔等必欲杀之，主之者周延儒，廷臣无敢讼冤者。道周上疏曰："秦汉而下，宰相有犯，坐请室不过数日。非大逆，或裁或原，人主未尝不为引痛。今累辅所坐，为罪督攀援耳。昔辅臣高拱，尝以边功得荫锦衣，辞曰：'身未临疆场，而受上赏，即一旦有败，何所逃诛。'臣疑其言不忠，由今而观，实为先见。汉武帝决意空幕南，心疑丞相坠北伐之师，一旦破法而戮刘屈氂；世宗决意弃河套，心疑开隙挠修玄之事，一旦破法而诛夏言。此二子者，皆生值明时，无故身伏斧锧。今东疆之图，未有定算，恢复之计，上下持疑。未有一男子据鞍而斫,骑墙之见者,独断然快意于一累辅。累辅既无敛棋引杯之致,廷臣又无蹶刍齿马之嫌,遂使三台灰溺于贯城,斗柄销光于理势。每见衣冠相语以目,不曰'安敢言',则曰'那得归',天下人心,衰飒如此,谁复挺脊梁担安攘之略者乎?陛下御极以来,辅臣坐重遣者九人矣!一代之中,有几宰辅?而三年每降愈下至此!"疏入,上感动,延儒意亦释,龙锡竟得出戍定海卫。

五年,孔有德反登州,连陷州县,而温体仁当国,专辅上以法律,益为廉谨取媚。凡事蒙蔽,兵政怠弛。道周精《易》数,故以《易》谏。言:"《易》以天道为准,以《诗》《春秋》推其运候。始春秋元年己未,加五十有五,得周幽王甲子。其明年十月辛卯,朔,日食。以是上下中分,二千一百六十年,内损十四,为洪武元年戊申,为大明资始。戊申距今二百六十四年,以《乾》《屯》《需》《师》别之,三卦五爻,丁卯大雪,入《师》之上六,是陛下御极之元年,正当《师》上九。辞曰:'大君有命,开国承家,小人勿用。'凡易一卦直六十七年一百五日,一爻直十一年七十七日。今历十分之四矣。陛下开承之始,曾未四年,士庶离心,寇攘四起。往者敌去遵永已六七日,而叙收复者以为千古奇功,近者贼破山东已六七县,而护叛帅者以为不犯秋毫。凡小人见事,智恒短于事前,言恒长于事后。不救凌城，谓凌城必不可筑；不理岛民，谓岛民必不可用。昔有夏胤征，仲尼所录，向戍去兵，丘明非之。臣以为正功之道，在乎定命；乱邦之戒，止乎小人。小人用即无寇贼，亦足以致乱；小人不用即有外忧，亦足以致理。人主之学，一以天道为师，则万物之情可照；断事一以圣贤为法，则天下之材具服。二年以来，以察去蔽蔽愈多，以刑树威威愈殚，亦反申、商归周、孔之秋也。臣考自丁卯大雪，至戊寅春分，凡十一年余七十七日，皆在《师》上六，'勿用'之防，诚不可已。"传旨明切更奏。

道周言："明切之要，莫若用君子，去小人。自庚午以来，为边疆之案以陷君子，为科场之案以寻私怨，其绪余为参罚催科。在宋人一看详条例之司，诸臣倚之当匡襄之务。宋儒言：边帅之才，当于廉干有识中求之。又云：直言敢谏之士，即杖节死义之臣。万历末年，如邹元标、赵南星等二十余人，废弃廿年，酿成门户之祸。今又取搢绅有器识者，举网投阱。知其为小人，又以小人矫之；知其为君子，又以小人参之，天下事尚安望有成功哉？"因论马如蛟、毛羽健、任赞化等被谴，而荐惠世扬、李邦华、梁廷栋可大用。末云："昔苏轼临行，求陛辞，不得，上书言：'极泰之世，小民皆得上通；极否之世，近臣不能自达。'臣今虽乞枯骸，犹荷明问，死且不朽。"坐削籍出都，为卫士凌辱，作《重生》诗。至杭州，诸生筑大涤书院于余杭之洞霄宫，从讲学焉。

归庐墓者三年，以原官召迁左中允。时五日内系两尚书，道周上书请慎喜怒，以回天。再应诏，言："天下神器，为之有道；簿书刀笔，非所以绳削天下之具也。古者圣人设为礼乐，以治方内，设为征伐，以治方外。礼乐不足以治其内，始有缧绁缨耗，缠于君子；征伐不足以治其外，始有揭竿裂帛，起于小人。共工伯鲧，身亮天工，使水土不治，人民不安，虽神明之胄，不保幽羽之戮。今陛下宽仁弘宥，盖有身膺重寄，七八载罔效，尚拥权藉自若者。天下巉险无赖之徒，群聚京师，搢绅俯首屏息，以伺动定。幸逢陛下好生，下诏求言，省刑清狱。然方求言而建言者辄斥，方清狱而下狱者旋闻。且以人心时事如此，辅臣虽甚清且强，宁保天下无一蹶乌齿马之事哉？"上心重道周，意其言事颇迂，而言醇行清，可任讲幄，累升左春坊左谕德，詹事府少詹事，侍读学士，修玉牒，充经筵日讲官。

十一年二月，上御经筵毕，召道周及詹事顾锡畴、庶子黄景昉、编修杨廷麟等二十余人前，问保举、考选，孰为得人。道周对："今人才远不如古，矧屡经摧折，如树木然，须养之数十年，方其得用。世宗皇帝时，臣下救过不给，然或朝行谴逐，暮即追还。"上感动。已复班，更召询，道周言："立朝之才，存乎心术；治边之才，存乎形势。曩来督抚未揆形势，随贼奔走，事既不效，辄谓兵饷不足。其实新旧饷约千二百万，可供四十万师。今宁锦三协仅十六万，不须别求增饷。至抚贼之法，令斩捕自赎，使望风解还，收其众分隶诸将，以实塞下。倘令自择散地，一入郧阳山中，终为腹心之患。"上深是之，而未能行。后张献忠反榖城，卒如道周言。

杨嗣昌为本兵，主弃义州，致宁锦孤危。且引汉和亲，宋纳币，称为乐天，而援孟子"善战服上刑"，附会其说，嗾辽抚方一藻奏言："北朝铁骑十万，并三十六家之众十余万，西并插部及顺义又十万。八城之众，不过六七万人，何以御之？请如俺答故事行款，撤兵中原，讨流寇。"已遣瞽者周元忠前往谕其就抚，皆受成。中枢与宣督卢象升密商，幸上独断。道周闻之，顿足曰："果尔，不为赵氏续乎？"乃上言："俺答之事，与今日不同。俺答据有河套六七十年，故汉匈奴河南地，非若辽东衣寇之国，在我皈章，一也。河套深阻，形势洼曲，距三辅四千里，必蹂秦晋以寇宣云，非如辽左近我肘腋，猝不及制，二也。答诱我降人如赵全辈，不过教以扰边盗马，今诸叛将犷卒无赖者，视取全辽若寄，动引契丹、蒙古为雅谈，不可稍示以隙，三也。俺答制于胡妇，老且倦共，今东人狂稚，初无抚意，我又未得其要领，四也。答与吉囊共为雄长，恐己死囊并其众，欲及生时借名封以袭诸部，收诸边抚赏之利，非若东人尽吞属国，西取顺义，东取朝鲜，桀骜盘踞，五也。答受抚虽不出套，其王庭犹在漠北，时射猎贺兰、青海之外，东人必不肯弃辽沈，舍固铁，还徙建州，与鱼皮诸夷为邻，六也。答既受金印，七十年称外藩，一旦为东人所乘，席卷其地，我边臣若罔闻知，无由复侈东封，使还顺义，七也。我虽不筑东胜，答亦不犯延庆、受降两城，东西自若。东人即画坌河中分首山之道，而神京左臂犹未安复，八也。答即据套不能断我属夷，东人既割辽左，必不肯吐诸驿还我朝鲜，九也。答马市在阳和、天城，即东犯紫荆，尚六七百里。东人马市若在张家，不百里至宣镇，不二百里逾隆庆、妫川，迫我居庸，且又纡道非其所乐，必寻辽西旧市，屯踞宁锦间，以蚕食八城，窥我左协，十也。款必不可成。即幸而获成，宁、锦、遵、蓟、宣、大之师何处可撤？不悔罪臣贡，不可撤；不却地还巢，不可撤；不北尽威远、清扬，南尽瑷阳、宽莫，不可撤；不尽束诸部落，不侵不叛，不可撤；不西还我顺义、金印，名王之封，不可撤；不尽捉东江诸岛孔、耿、尚、沈四酋，以谢登莱、靖旅顺，不可撤；中原叛帅，江南流人未还，成籍得出入狡狯其间，不可撤；马市数徙，出抚顺又出广宁，求宣口又求中协，故例可循，而边隙不塞，不可撤；元凶犹在，蛇豕无惩，德明之外，别有元昊，不可撤。兀堂再诛,京观屡筑,而安乐自在之民,未还冠带诗书之旧,飘摇风雨,其来无方,此乘塞关外者,可撤乎?不可撤乎?宋祖欺人孤寡,取天下得于契丹呼蹴之余,不二十五年而争盟,欣然封禅。我太祖太宗,光还日月,谁敢为不洁之谈?穆宗不动一旅,而收顺义;神祖不惮大师,以复朝鲜之宇。今西丧卜部,东陷朝鲜,中外诸臣,恬不为意。臣非谓宁锦六七万,便可犁建州。彼既据沈阳,西面攻略,必渡垒河。出临潢之外,北历兴宁,千七百里始至宣口,即中折而回三协诸口,亦已七八百里。今从锦、义至静宁堡,彼所必经一二百里,距沈阳五六百里耳。静以观其衅,逸以待其归,彼之有虞于宁锦,犹宁锦之有虞于彼也,彼兵虽盛,散于各部,不能长聚六七万人,以待引弓。彼以一州之众,驰千七百里,何必有余?我以天下之力,应五六百里,何必不足?度边臣之意,以久成之卒,当猝至之敌,无众不摧,不如以不战之饱与彼,以有生之安与我,是不言款而款已久。犹恐以一朝之战,败其终年之款,思以其不款之款,文其不战之战。光考在御,旬日间发帑二十余万,未底厥成。今可以苟简终之,但请立为捣虚断后之令,敌以数万骑出千里之外,我不能以数千骑捣五百里之内者,诛无赦。敌以十余万骑出千里之外,我不能以数万骑捣五百里之内者,诛无赦。又为之令曰:敌以万骑出千里归,我不能以二万骑邀其辎重者,诛无赦。如此，彼必不敢远出，必愤而与我持于坚城之下，我始得敛兵，专以老之挠之，设奇以致之，多方以误之，以八九万人全力，与遵蓟相犄角，即锦义之间固已，可伏而笞其背矣。今听敌入平，今日曰出宣府，明日曰出大同，今日曰驻马肺山，明日曰驻青涧口，经春涉夏，逍遥不归。绝不闻遣一卒扰其虎穴，又乌用是辽抚为者？辽抚既无成谋，内受算于枢臣；枢臣又无成谋，外受算于锦帅。款事成，则逃眚旦夕之间，贻衅三年之后；不成，则谓外有王、田之智，内无高、张之忠，委过朝端，安受祸败。昔唐宪宗独断而平淮蔡，然遇藩镇大事，皆咨策杜黄裳，谋于李绛，询于裴洎，纳谏于白居易，后乃委心于裴度。方今上天告灾，星象示儆，宜以实示群情，无以文稽众论。惟陛下发枢臣前后诸疏，众正其罪。"上方倚信嗣昌，议虽不行，心衔道周。会象升以忧求解任，嗣昌意在陈新甲，并推在籍守制者。

先是，嗣昌夺情，道周三具疏，以事遂中止。至是，闻会推宣督之命，遂上疏曰："臣观古今治迹，其典章法度，虽受于先王，义不敢改。至于事穷势极，亦时通变，以尽其神。惟纲常所系，为臣教忠，为子教孝，垂宪万世，本于民彝，不可易也。礼，三年之丧，君命不过其门。兵革凿凶，时出戎右，不施于士大夫。宋时武弁如田况、岳飞，皆累乞终制。我太祖以刘基、宋濂帷幄之任，特听其奔丧。嗣后虽有夺情，终违物论。嘉靖中叶，以边圉事殷，特起杨博于宣大，还翁万达于本兵。然其时博且襢矣，又以凤历移近云中；万达以尚书降左侍郎，栖迟不数日，墨衣视事，世宗亦心非之，卒罢闲以去。盖自是非终丧不称起复也。张居正以不守制，损其勋名。天启季年，袁崇焕冒起于右屯，崔呈秀觍颜于枢府，身膏斧锧，贻唾西市。去今几何时，而士大夫蒙面丧心，营推营复。天下无无父之子，亦无不子之臣。卫开方不省其亲，管仲至比之豭狗；李定不丁继母忧，宋世共指为枭獍。臣前三月在经筵，见杨嗣昌吉服应召，拟已终制，今乃未然。嗣昌秉枢已垂二年，不知其何时居丧，何人推毂，而颠越至此！陛下圣德，孝治天下，小遇灾眚，辄减膳撤具，素服避殿，以厉群臣。所以然者，陛下为天之子，三辰不辑，天有违行，犹之父母温清不安，人子为之不栉不沐，废寝忘餐，以俟父母之平复，所以教孝也。今督臣卢象升，父殡在途，锥心泣血，以俟奔丧。而群臣动推阔远难移之人，以缓其事。今又有并推在籍守制之旨。夫使守制者可推，则是闻丧者可不去也。是为子者可不父，为臣者可不子也。陛下以日月拂经，星辰陵次，辉气违和，尚下诏求言，引躬克治，明示天下以君臣父子，皆受于天，礼乐刑政之所从出，不可替越。而人臣以哀毁不祥之身，飞扬喑咤，彼此相煽，以玷圣明仁孝之治，干天地纲纪之常，是不宜使四方闻见也。嗣昌张网溢地之谈，款市乐天之说，才智略见矣。更起一不祥之人，与之表里，犹狼狈依肩，无益负重，陛下又何以施其鞭策乎？"上切责。

及会推竟以新甲上，道周又疏言："臣不知新甲为何如人，然闻其丁艰，犹未终制也。古儒臣专阃，能任弘钜，垂竹帛者，率皆本道德，敦行义，根柢甚茂，而后枝叶生焉。三代而下，如赵充国、皇甫嵩、羊祜、杜预、裴行俭、高仁厚、韩琦、范仲淹辈，皆卓然自竖，纤毫不苟。其所成就，犹未造古吉甫、张仲之流。今圣主焦劳边境，十年于兹，负气敢谏诸臣，半弃不录，欲使软美容悦者叩头折枝，以幸非常之功，彻不世之业，宁可得乎？比宁锦边遽，东人曾未越边，而宣云警报，辄云九营十营，衣青蟒者无数。中枢且欲以义州马市权畀款边，中外诪张，几易鹿马之形，尽假丛神之意，空破非常之格，以授不祥之人。《传》曰：'天子守在四夷。'又曰：'王者有征无战。'诚使礼乐修明，举错各当，忠谠在朝，贪佞在野，以此守何不固？征何不服？古亦有忠臣孝子，无济于匡攘之用者，决未有不忠不孝，而可进于功名道德之门者也。臣虽孱懦，然自二十岁躬耕，胼胝手足，以养二人。四十余削籍，徒步荷担二千里不解屝屦。今虽逾五十，然非有妻子之奉，婢仆之累。所纂数卷书，已移月可毕，笔札干盾，均为报恩。天下果无人，臣愿解清华以执锁钥，何至使被棘负涂者，被不祥以玷皇化哉？方今荧惑渐次箕尾，是为燕分，九十月交，当南斗口。虽有道儒者所不谈，然思患预防，圣人所诫。新甲闻报，崎岖秦蜀，发表束装，度须百日，比其载道，已垂半载。象升空以茕茕归说之身，待其迟迟援琴之道，所谓乞河神而濡突火也。"疏入，上滋不怿。

九月，御平台召对，谓道周曰："朕幼而失学，长而无闻，赖以讲臣之力，启沃朕心，少知天理人欲两端。夫无所为而为之，曰天理，有所为而为之，曰人欲。尔前疏适当枚卜不用之时，可谓无所为乎？"对曰："天人义利之辨，臣尝闻之矣。臣以纲常名教为心，不以功名爵禄为心，自信无所为也。"上曰："朝推新甲，尔疏夕至，何也？"对曰："前旨云不拘守制，知新甲矣。始嗣昌欲用新甲，臣参疏凤具，适相会耳。"上曰："三疏皆上，而云阻于际会，何也？"对曰："臣同乡御史臣兰友，给事中臣楷已有章矣，恐涉嫌疑，故臣疏未上。天下纲常，封疆大计，若终不言，后将莫及。且言路未有言者，臣之有言，非得已也。"上曰："清，美德也，小廉曲谨，非清也。且汝言辨而多非，前讲所云子思一生以诚明为本，是也；云诚出于清，仁生于诚，非也。"对曰："曲能有诚，此诚出于清之说也。孝弟为仁之本，此诚生仁之说也。夫惟孝弟之人，能理天下，生万物。不孝不弟，本实拨矣，礼义廉耻尽矣，何事之能成？"

嗣昌进曰："道周责臣夺情起复，是也；其谓臣营推营复，非也。臣不幸遭臣父之艰，又遭继母之忧，臣不生为空桑，岂不知有父母。君为臣纲，父为子纲。古者列国之君臣，尚可去彼适此；今则一统之君臣，无所逃于天地。即臣父母皆受君恩，臣于君臣，尤重于父子。况臣乞终制者三矣。至奉明旨，抚按敦迫，自分何能敢复晏然。仓皇奔命，行至保定，犹乞终丧，引成化间修撰罗伦事，意谓今词臣中，必有博通古义，亲切论思，可代臣直言，上回天听。比入京，闻道周品行学术，士类所宗，必有持正之言，可以使臣终制而去。不谓其疏中自称不如郑鄤，臣乃太息而绝望也。古人有言：禽兽知母不知父，鄤杖母，禽犬不如，道周又不如鄤，未知道周之于纲常何如也。"上曰："卿为卿父屡疏，昭然，数年在外，并不携家人，墨衰视事，朕自知卿耳。且道周所言不如郑鄤，朕正欲诘之。"嗣昌曰："臣以纲常名教所关，不容不辨。道周实清介，人望所归。乞罢臣放还归田里。"上温慰之。且斥道周邪说。道周曰："臣平生耻言人过，今与嗣昌争论于上前，非体也。但为天下后世，留此纲常名教，不得不然。"上曰："对君有体，狂詈何也？"道周曰："臣疏中惟'猰狗''枭獍'两语，不无过激，然遭遇圣明，故敢直言。夫立言，甚难也。纲常名教者，朝廷之纲常名教；礼义廉耻者，国家之礼义廉耻。假以臣为一人之私，缄默取富贵可矣。"上曰："尔借题污诋大臣，别有所为耳。"道周曰："司马光有言：'臣若有专司，则有所不言；如为论思，则无不可言者。'臣受论思之职，与嗣昌比肩，当言而言，不得云诋毁大臣。读书五十年，无一言一事不可对君亲告妻子。臣躬耕二十年，手足胼胝，四十丧亲，负土作墓，畚插皆臣自操，故夺情之事，所不忍见。"上曰："尔如是，云不如郑鄤，何也？"道周曰："匡章弃于通国，孟子不失礼貌；孔子自云辞命不如宰予。臣谓文章不如郑鄤。"上曰："鄤自绝人伦，许曦小臣，犹知公论，尔曾曦之不如。"道周曰："宋人恶李定不持母服，拟赐孝子徐积粟帛以讽之。臣奏弹嗣昌，则非救鄤矣。"上曰："少正卯亦称闻人，徒以言伪而辩，行坚而僻，记丑而博，顺非而泽，不免孔子之诛。今之人多类此者。"道周曰："少正卯心不正，臣心正者也。"上曰："朕知尔操守，虽屡进屡退，终欲用尔。不图偏矫恣肆，乃至于此。念以讲官，姑宽尔。"因令之去。道周犹不起，有所陈。上怒，嗣昌曰："道周所言，经也；臣拜命，权也，惟上优容之！"已出，上止诸臣，谕之曰："今者内寇外边，天妖地震，朕不能发诸臣公忠为国之心，宣德化，芟祸乱，所赖诸臣匡朕不逮。而乃党同伐异，沮挠朝廷用人之权，是外寇易治，内寇难除也。今有仍前轸者，立置重典。"明日，谪江西布政司都事。

道周既谪,而名愈重,天下称直谏者,必曰黄石斋。

十三年,福建巡抚解学龙荐闽中人才,以道周为冠。上大怒,缇骑逮学龙及道周,诣北寺对簿。是日,黄雾四塞,日昝无光,各杖八十,下诏狱,入白云库。狱卒曰:"此周顺昌、周宗建毕命所也。"视北镇抚司事滕胤玉给藉草、馈橐馆、作《重生生》诗。监生涂仲吉上言:"道周通籍二十载,半居坟庐,一生学力,止知君亲。虽言尝过戆,而志实忠纯。今喘息仅存,犹读书不倦,此臣不为道周惜,而为陛下天下万世惜也。昔唐太宗恨魏徵之面斥,至欲杀而终不果。汉武帝恶汲黯之直谏,虽远出而实优容。陛下欲远法尧舜,奈何出汉唐主下?"户部主事叶廷秀亦疏救,俱下狱廷杖。

初,上命天下共表《孝经》并《小学》颁行,道周于库中作《圣世颁孝经颂》,颂曰:"粤稽天德,厥贵恒性。于皇师天,永孝配命。师天永孝,乃立民极。明明我皇,允惟天德。"余姚孙嘉绩,亦系白云,从道周受《易》。刑部尚书刘泽深拟瘴戍,再奏不允。泽深上言:"道周之罪,前两疏已严矣。至此惟有论死,死生之际,臣不敢不慎也。自来论死诸臣,非封疆,则贪酷,未有以建言诛者。今以此加道周,道周无封疆贪酷之失,而有建言蒙戮之名,于道周得矣,非我皇上覆载之量也。且皇上所疑者党耳。党者,见诸行事,道周具疏空言，一二臣工，始未尝不相与也，今且短之，既而斥之，乌有所谓党，而烦朝廷之大法耶？去年行刑时，忽奉旨停免。今皇上岂有积恨于道周？万一转圜动念，而臣已论定，噬脐何及？敢仍以原拟上。"上从之，戍辰州。自十四年正月入诏狱，积十有四月始得出，作《再重重生》诗。学龙、廷秀、仲吉亦戍。

道周道南都，至杭州，诸生迎至大涤，析鹅、鹿疑义，示三《易》指归，《诗》《礼》《乐》《春秋》及乐律，论儒派。八月，荷殳入楚，未至。

上议起废锢，礼部右侍郎蒋德璟言："前少詹事臣道周，愚戆之咎，实皆自取，第半生孤苦，子幼家贫，万里投荒，深可轸念。"德璟旋入阁。八月日讲，上与辅臣从容语及张溥、张采之为人。曰："溥小臣，且不免偏，何以负重名？"周延儒进曰："张溥、黄道周，皆为偏，惟是读书博通，所以人人惜之。"上默然。德璟因言："前蒙皇上放道周生还，渠极感圣恩，但子方十岁，得免其永戍，量移内地，皆出怜才好生之德。"上微笑。德璟又言："道周在狱时，写有《孝经》百本，每本作文一篇，是感颂圣德。"黄景昉、陈演、吴甡合言："道周事亲孝，且清苦极不可及。"延儒言："即其读书，亦尚可用。"上不答，惟微笑而已。明日，手敕："曩诸先生面奏，永戍黄道周，清操博学，见今戍远子幼，朕心不觉怜悯。彼虽偏迂，经此一番惩创,想亦改悔。人才当惜,宜作何赦罪,酌用密议来奏!"辅臣上言:"道周向来未经追琢,每有任性率意之咎,自蒙恩谴,裁抑陶镕,闻已甚悔前非。每日在狱,手书《孝经》,极其感佩天恩,颂扬圣德。恭睹皇上勤学好问,稽古考文,臣等自惭固陋,未能仰承万一。因思及道周博雅,遂据臆陈,伏蒙皇上怜其贫苦,鉴其改悔,而轸及于人才当惜,赦罪酌用。斯真造化生成之恩,天地覆载之量。道周原职詹事府詹事,今既蒙恩赦用,似当还其故秩,以备史局编摩,更足资其一得,此又非止从道周起见也。"上报:"可。"命即拟旨。辅臣复上言:"皇上此举,众美俱备,从此知学行之足贵,信廉吏之可为,所裨于作人磨世,君德治象非细。"是日,诏复道周少詹事。都下臣民,中外相庆。

道周已至九江,朝命敦促就道,旋请假归里,以学龙、廷秀等尚在戍所,席藁请命,亦得释。道周既归漳浦,坚卧不出。

明年甲申,三月,京师陷,福王立于南京,起吏部右侍郎兼翰林院学士。时马士英当国,道周入朝,无所为。

乙酉三月,奉命祭告禹陵。舟泊龙江湾,梦高皇帝呼曰:"卿竟舍我去耶?"对曰:"朝廷舍臣,非臣舍朝廷。"时左都御史刘宗周去国,道周祀陵,留连绍兴弥月,三谒宗周,固却不见,曰:"际此乱朝,岂大臣徜徉山水之日？"道周闻之，即行。

南都溃，马士英东奔钱塘，道周逢之江上，痛詈之，士英落靴走。及浙省降，宗周与门人、前史科都给事中章正宸等谋起兵，求道周计事，不获，悔曰："石斋夙有渊思，吾初不宜拒之太深。"

唐王在位，访故臣于张家玉，荐道周，王拱手曰："得此商彝周鼎，当为廊庙羽仪。"道周来自浙，拜大学士兼吏部尚书，位首辅。郑芝龙以公爵班宰相上，道周争之，芝龙不肯出兵，道周愤时事不可为，而荷殊绝之知，乃自请视师，经略江西。芝龙不与一卒，道周亲书告身奖语号召，得百余人，径进出杉关，众至万人，田夫荷锄从之，曰"扁担兵"。开府广信，与杨廷麟、万元吉为呼应。王命家玉出屯金谿，以为之援。道周遗家玉书曰："道周之年，不能致远，为皇上为马；道周之力，不能任重，为皇上为牛；或者左右拾遗，因事靖献，道周其皇上晨鸡乎。"

时鲁王上书福州，称皇叔父，不称陛下。唐王怒，杀其使者陈谦，遂积隙。道周移书浙东大臣张国维、熊汝霖等解之。大略谓：东迁以还，藉力晋郑；葵丘而后，推德桓文。上爱殿下，笃于所生，勿以降阶之问，为博达所笑。其冬，徽州陷，道周提兵赴救。新守婺源令故门士，以书绐约内应，抵明堂里，猝遇大清将张天禄，被执。（天禄，史可法故将，一云道周武闱所录士。致书言：北军欲附，须单骑抚之。公方巾儒服行。）从者职方福州赵士超，通判六合毛玉洁，中书平和赖继堂、龙溪蔡春溶。

顺治三年丙戌，正月七日，入徽州。元宵，见张灯为鱼龙百戏，趋营帐，念民，为之泣下。至南京，置西上门故尚膳监中，先后绝粒十余日，作自挽诗，书后曰："丙戌就俘以来，义在必死，未了诸缘，无所复忆。所忆者为《春秋表正》《诗晷正》二书未就，及未登嵩室，陟华岳之巅耳。《表正》为少时旧书，坠婺源明堂，想已废于兵火，无复能读之者。尝读陈无涯兄弟裁其大略，不知能竟之否。《晷正》必须吾自草，无复能传其意者。如嵩、华二岳，先年欲以黄冠丐此了愿。当遣戍辰州，乞多千里，移去潼关，为林让庵铨部所尼，垂老得此，坐华巅，卧王屋，执笔以事《诗》《春秋》，虽礼北斗，受玉虹，不为过矣。生平所历黄山、白岳、匡庐、九华、浮丘、龙首、穹窿、玄墓、洞庭、三茅、天目、径山、西陵、宛委、天台、雁宕、罗浮、怀玉，一十八翁，要当一一谢之。生死千秋，未必再晤，风雷楮墨，载其精神，亦使众山闻之，谓我不薄也。"又云："武夷天姥，系于维桑，大涤焦桐，为吾讲舍，瘄瘝相绻，未之辞焉。"三月十五日毕命。韩四维子僧某殓而瘗之。凡八旬中赋诗三百十一章，自名《石斋逸诗》，曰："石斋死后，世当传之，以当逸事。"年六十一。赠文明伯，立庙福州及漳浦。所著有《三易洞玑》《易象正》《缁衣儒行坊记表记集传》，司经局进呈诸书，《行业》《咏业》《焚草》《解辽环》《解齐环》《榕坛问业》《逆流草》《骈枝集》《浙闽策问》《洪范月令朗义》《孝经大传》《邺书》《大涤函书》《逸诗》行世。夫人蔡，名玉卿，能仿道周书。尝集兵万人，号夫人军。已而饷乏，解。子四：子中，子成，子和，子平。

论曰：庄烈自信王继统，无腹心股肱之助，不动声色而除魏忠贤，天下欣然以为明王复出。洎临御十七载，忧勤宵旰，终用身殉。后之论者，不欲以亡国之咎訾之。然刚而自贤，莫肯虑下，屡用诏狱，廷杖以待言者。任人理财，每与《大学》平天下之道反其好恶。观黄道周、刘宗周之进退，亦可见矣。其失天下，不可谓已无以取之。宗周粹然儒者，非一代之士。道周说经议事，与匡衡、刘向相类，而直节则李膺、范滂之流，虽才不及济乱，要亦三百年之元气所留也。呜呼！后之人主，无执理任刚，决于违谏，使君臣俱覆，以宗社为孤注，如庄烈者，可不鉴哉！

蒋德璟

蒋德璟，字八公，泉州晋江人，进士。崇祯中，官詹事侍读学士，迁礼部右侍郎。十四年，晋尚书，与黄景昉、吴甡同为东阁大学士，入直。德璟明习国典，晓练世务，立朝持正，和而近情，上甚向之。左都御史刘宗周以救姜采、熊开元得罪，且不测。德璟引唐太宗优容魏徵事微解，上颜改霁，宗周削籍归。又偕周延儒因日讲进言，赦前少詹事黄道周，复其官。

十七年正月，李自成陷山西，三辅震恐，上罪己求直言。科臣光时亨疏陈练饷之害。德璟票本谓："曩来聚敛小人倡为练饷、搜括诸议，以致民穷祸结，危及社稷。"上大不怿，召问："聚敛小人，谁也？"对即前户部尚书李待问。乃极言抽练无实，空增七百三十万之饷，民安得不困。上怒德璟朋比，遂引病出直。三月八日，疏辞去国，舟及沧津，京师陷，时论深惜德璟。福王时，德璟不起。唐王在位，应召入直，位次黄道周下。尝自请行关，相机督战，守关将施福等不受节制。德璟知事去，太息，乞罢职归泉州。大清兵下泉州，不食死。所著有《悫书》行世。

路振飞

路振飞，字见白，直隶曲周人，天启五年进士。崇祯中，官福建按察使，晋金都御史，巡抚淮扬。唐王在凤阳高墙，振飞入见，奇其神宇器识，深相结好，奉私钱周之。由是知府张以谨以下视遇有加，吏不侵辱。福王立，中外汹汹，镇将刘泽清、高杰欲寄家属于江南，左都御史刘宗周劾之，并及振飞。已，廉知振飞公清，寻悔曰："参两镇过责淮抚，是余激也。"乙酉五月，南都败，振飞东走，及其乡诸生韩雄都等聚兵太湖，不降。

唐王思旧恩，使吴江诸生持敕书访之，敕曰："麦饭豆粥，念久欲报。"既至，拜文渊阁大学士，入直。振飞持论有执，不肯阿上。上欲用王期升为总督，彭遇颽佥都御史，振飞及曾樱封还内降，上意未释，曰："方今多事，必循资格，岂得非常之人，恐非休休雅量。"振飞执言："臣等无私隙，遇颽降贼，乞怜马士英，为浙抚搜括激变。期升在太湖，奉剑州知州朱盛徵，始称通城王，继称皇帝，卖官夺女，百姓不容，故尔逃来。若大用此二人，无乃伤新政乎？"卒从其谏。

大清兵至延平，王乘马奔，振飞追扈不及，缢邵武山寺。

曾樱

曾樱，字仲含，江西峡江人，万历四十四年进士。天启中知常州府，时有诏逮高攀龙，攀龙自裁。缇骑欲载尸察验，并逮其子回奏。无锡知县吴大朴依阿其间，樱力持不可，乃免。与李应升为同年生，借官帑以给官旗之逮应升者。时常民集者数千人，欲击官旗，樱再三晓谕而散。

崇祯十六年，为登莱防抚，大清兵破莱阳、栖霞、宁海诸州县，二月廿一日，攻登州，樱御之，乃退。尝为副使，分巡兴泉道。

唐王时，拜大学士，入直。樱忠款恳至，言语委密，处孤主骄臣之间，调护上下，使无疑忤；上亲臣腹心依之。郑芝龙不肯出兵，驾往来延建，樱以为此非持久策，失海内望，请速幸赣州，并力出江西、湖南。卒不决而败。樱至厦门，依朱成功。辛卯春，大清泉州守将袭破厦门，成功还救不及，樱自缢。

傅冠

傅冠，字元甫，江西进贤人。丙戌二月，以行在太子太保兼礼兵二部尚书、文渊阁大学士督师，同忠孝伯朱成功共守永定关。峒兵张安、丘华俱听节制。前军方入建昌境，饷已告匮，后军闻警，辄归。冠见令不行，十二疏乞罢，不许。后敕揭重熙佐冠共事，冠无心任职，日午方起。重熙奏之，乃勒令归。

九月晦，汀州破。大清兵分道自江西入邵武，冠避泰宁之分水村。村人汪亨龙新执贽，缚冠以献，大帅李成栋解缚，进曰："公大臣，释留当取令旨，但去发，保无他。"冠厉声曰："汝知千古有文文山乎？吾乡先进也！吾乡惟有断头宰相尔。"成栋载至汀州，饮食与俱。已而成栋入粤东，使镇将李发卫之。十一月廿一日，对局弈罢，发阅文书，曰："公必不顺，令旨收公矣。"冠欣然曰："早毕我事，尔之赐也。"整衣冠南向拜，曰："负国无状，死不足赎。"复西向拜，曰："祖父暴骨，愧见先人地下。"

初，就执日，叹曰："负国重恩，永惭地下。"以足三顿地，夜半，风雨大作，顿足处崩陷数十丈。其首函寄汀狱，或无故动摇。数见梦于狱，夜尝有光。囚冤滥者，祈卜，皆奇验。家人傅国桢等负其骸，初墓汀之罗汉岭，与忠诚伯周之蕃相望。阅三年，冠子号哭，请合身首，归葬。旧衣二弃故汀墓旁，经年色如新，行道指曰："相公衣。"

卷　四

金声

金声，字正希，徽州休宁人。从父商武昌，以嘉鱼籍中天启甲子乡试。崇祯元年戊辰，成进士，选庶吉士。己巳，王师薄都城，袁崇焕败，上御左顺门问方略。声伏地哭举同馆刘之纶、白衣申甫知兵。申甫者，云南人。初为僧，自言入嵩山遇异人，授以书，中言车战，乃习之。瘗其书嵩山下，脱浮屠服，游京师，与声、之纶善，三人甚相得。至是，上命甫随之纶入对，大悦，立擢之纶兵部右侍郎，甫京营副总兵，声试御史参军事。然实无兵与甫，听召募市人，取民间牛车，加竹盾给之。声疏陈不可状。而忌甫者谋委之饵敌，日夜督战，竟败。

先一日，总兵满桂战殁安定门外。甫继出，死卢沟桥。越日，之纶取遵化，军娘娘山，遇伏，死战一昼夜，援兵不至，流矢贯颅死。金声啮其镞出，以授其母，赙丧归蜀。言者论声书生误国，上遣中使觇声馆，布被萧然，为之太息。舆至郭外，得甫尸，喜曰："甫能死事，虽败，举不失人矣。"声自劾，上察其清忠，赠之纶官，予谥，祭葬，而复声庶吉士。告归。

十六年，流寇蹂蕲、黄，将逼留都。声遭父丧，蹶起，请当事团结乡勇守御。时马士英开府凤阳，募黔兵数千，纤道侵掠饶、徽界。徽人以为贼，纵乡兵格斗。脱者奔告士英，言金翰林实主之。奏闻，逮治，声慷慨就道，曰："吾不出，众无所恃。"再疏申本末，上识声名，特旨修撰起用。会母丧，力请终制。明年三月，都城陷，恸哭呕血，不欲生。

甲申五月，王师下南京，徽民议降。声奋身出，悬高皇帝像于明伦堂，率郡人大临三日，起兵。闽中授金都御史，巡抚池、太、徽、宁，晋兵部右侍郎，假便宜。然池、宁、太已归大清，三面敌境，独用徽城孤撑，当杭、严上流，凡三阅月。会道臣林贞从福州至，主客相疑。张家玉请分严、杭隶贞，令徽得展布，无使一瓠百舆。张天禄自宁国引兵薄徽，声婴城守，黄澍由饶州诈言逃归，开门延之。是夕，城遂陷。先是，声知不济，麾将士曰："徽本不欲守，吾为祸始，义当死。汝曹从吾死，无益。"多涕泣不忍去。

至南京，洪承畴欣然迎见。声张目问之曰："卿相识否？"曰："尔金正希，胡不识？"复语声曰："尔相识否？"声曰："未之识也！"曰："吾承畴耳。"声叱之曰："承畴登甲第，受神宗皇帝、庄烈皇帝深恩，历重任，死松杏，先帝震悼辍朝，与祭九坛，赐荫二子，仍望祭立庙，祀春秋。此我朝忠义之臣。何物幺麽，敢冒其姓名耶？"承畴俯首，已，谓此人老，火性未除，吾不能再见。屡使劝之降，不可。十月八日，死于通济门外。望拜孝陵，端坐受刃，年四十八。子敦涵，间道走闽。赠礼部尚书，谥文毅。从死者参军江天一，自有传。一云天一掖声历阶，每佐声申语，辞气甚厉。稍近承畴，出袖中砚掷之。承畴大怒，牵出斩之，骂不绝口。声亦于是日遇害。

万元吉

万元吉，字吉人，江西南昌人，天启乙丑进士。崇祯中，监大学士杨嗣昌军，扼夔门，与石柱女帅秦良玉合兵击贼。招降关索、惠登相、王光恩，有功。会嗣昌败，薄其赏，稍迁大理评事。李自成陷西安，上命大学士吴甡出师，以元吉充军前赞画。寻召还甡，不果行。元吉在军中久，晓练兵事，诸宿将左良玉、金声桓等皆惮之。元吉亦见天下坏，矢报国。

乙酉，良玉死，子梦庚及声桓等以全军降大清，南都不守。元吉散家赀募兵，与清江进士杨廷麟、同郡进士郭维经起义师于赣州。元吉扼吉安，东西犄角，军容甚盛。

时大清已命声桓开府南昌，所部皆左营骁将，南军不能进。闻福京立君，拜表：请乘舆亲出江西，臣等坚守赣州，以待王师。诏加元吉、廷麟并督师大学士，维经兵部尚书。命郑彩出杉关，苏观生出南安，进恢湖东，援赣。彩逗留不行，而永宁王招峒兵谢志良等复建昌、抚州，数月之间，湖东屡失屡复。

丙戌三月，吉安陷，元吉退守皂口。大清尽下湖东西，杀永宁王，进逼赣州。元吉亦遂入赣，赣人将窜，见督师移眷入署，始定。元吉分兵三营，番休辟、黎遂球等为监军，以兵科杨文荐任城守，而身昼夜督战。下及妇女，皆感其意，曰：甘死无贰。援兵累败。六月，廷麟等又收散亡及滇粤兵，进营城下，共四万余人。元吉欲待水师至方战，王其弘谏，不听。

八月，大清兵迎击水师，乘胜遂破诸军，自是，赣州城下无一厮卒。廷麟等人，与元吉共死守。福州既陷，赣州援绝，元吉断指入函，请救于湖南、广东，苏观生在南安，观望不敢前。大清兵筑长围困之。自五月至于十月，城中食尽，斗米至八钱，饿死载道，人无畔志。元吉子欲缒城请降，斩之，人呼元吉为"万精忠"。

初三日，大兵获向导，夜自小南门上，乡勇犹巷战。及明，大兵大集，城上举炮，皆裂，遂陷。元吉、廷麟赴水死，维经入嵯峨寺自焚死。同死者：兵科给事中万发祥，太常卿彭期生，主事龚棻、林琦子斯昌、王其弘、黎遂球、柳昂霄、鲁嗣宗、钱谦亨，御史姚奇胤，舍人袁从谔、刘孟钧、刘应泗，赣州同知王明俊，推官吴国球，知县林逢春，临江推官胡缜，监纪通判郭宁登，乡绅卢象观，举人马芝，贡生杨述鸿，诸生段之辉等数十人。士气大丧，南中精锐亦尽。时议以为王亟幸赣，则元吉等不死，而赣不陷，福州亦不亡。赣之陷，唐王为之。

杨廷麟（传阙）

曹学佺

曹学佺，字能始，福建侯官人，万历三十二年进士。嗜古博学，天启中，以文字触魏忠贤怒，削籍，名重海内。累官四川按察使。唐藩即位，文臣任事者，首张肯堂、何楷及学佺。而学佺尤饶大略，因事有匡建，郑芝龙以下咸敬礼。王知其宿儒，言无不从。晋太常寺卿，行在礼部右侍郎，署翰林院事，纂修《崇祯实录》总裁，专设兰台馆处之，编修何九云等皆属焉。学佺讨论本礼经，行朝戎祭，封爵，赠谥，并遣词臣咨问。倚以取断。始捐家财助军，肯堂等议用水师，又括万金助海舟。天兴饥，买米以赈。时年已七十三岁。福州陷，沐浴正衣冠，缢于中堂。子女被收，五日始得盖棺，虫流于户。所著有《石仓集》行世。

先是，大清兵至延平，闽县贡生齐巽、中书张份、医僧不空等，阴结众起义。使告学佺，学佺资之千金，始克召募，杀来师之悬民榜者，人心震动。永福人黄瑊密报贝勒，急下福京，遂各解散。闽人皆惜巽等之志，痛学佺。

姜一洪

姜一洪，字开初，绍兴余姚人，镜之仲子也。登万历丙辰进士，累官至广东布政使，所在有声迹。己酉五月，鲁王监国绍兴，毁家助军饷。寻以黄道周荐，诣福州，唐王问："卿来大不易。"一洪伏地脱帻曰："臣发故在也。"上喜，手掖之，除吏部右侍郎。

比大清兵迫，唐王将幸赣州，命一洪兼户部尚书，先行，集援师。未至而汀州陷，赣州亦破。一洪次零都，恸哭曰："吾间关万里，从朱氏子孙，今已矣！"夜赴榔木里水中死。宾从皆散，独两仆不去，哀恸，村里诸生钟国士等为殓。子天植，奔讣，负骸骨归葬。

吴闻礼

吴闻礼，字去非，浙江钱塘人。唐王时为上游巡抚，自请防御分水关。及败，逃入山寺，不肯降顺。人劝之，曰："岂有堂堂巡抚而畏死耶？"复率乡勇赴敌，为乱兵所杀。

郑为虹

郑为虹，字天玉，扬州人。崇祯癸未进士，年少美丰姿。初令浦城，清操爱民，声冠闽中。唐藩入仙霞，下令求遗书，为虹进《大明会典》。及即位，召为御史，浦民交章乞留，具言不可去者十。乃即命为虹以御史知浦城，巡视仙霞关，军人相戒勿犯浦境。寻命巡按上游。郑芝龙标将陈俊夺民船，为虹召而叱责。芝龙密诉于王，王曰："干戈未靖，全赖文武和衷，为虹叱责，亦是代卿为束。"芝龙不敢复言，丙戌七月，大清兵取衢州，将度仙霞，溃兵南奔者焚掠为食，人士流离，家不相保。为虹闭城，发仓米银布以犒，欢呼而去，一郡独全。

八月十七日，大清兵至浦城，百姓请为虹出降，不可；请行，又不可。军人拥见贝勒，迫之跪，不屈。劝令剃发，为虹曰："负国不忠，辱先不孝，我生何用？发不可断也！"明日复见，责输饷。为虹谓："清白吏何处得金。"百姓争欲代输，为虹以民穷财尽，执不可，喷血大骂，乃令斩之。为虹大呼，夺刀刺胸不殊，遂见杀。家仆陈龙、都督洪祖烈、游击张万明父子皆从死。建人为立祠。与为虹同日死义者，给事中黄大鹏。

王士和

王士和，字万育，江西临川举人。唐王时知延平府，居官廉正。大清兵至延平，从龙者咸遁去。士和曰："吾受国命守土，不能持寸铁赴斗，死有余愧，忍偷生哉？"先一日，分理家事，正衣冠缢堂皇，百姓奔哭，鸠金殓之。大清兵亦为叹息。

胡上琛

胡上琛，字席公，其先直隶山后人。永乐中，祖失里，本以功授燕山卫，后升福建右卫指挥使。上琛十八袭职，体弱不胜，折节读书。唐藩加锦衣指挥，从至延平。大清兵至，誓必死，使人求毒草。妾刘氏恚曰："君以我妇人，不知节义，故不使闻耶？吾心决久矣！"上琛喜，并坐饮药酒而卒。时上琛年三十八，刘年二十一。刘有母，亦不夺女志。

苏观生

苏观生，字宇霖，广东东莞人。福王时官户部主事。避兵东至杭州，与郑鸿逵奉唐王入闽。观生见际丧乱，诸王独唐藩贤，可济大业，委心服事。唐王即位，拜大学士。时阁臣多用耆望，而观生新进柄政，自首辅黄道周以下，皆重其才。乙酉七月，领储贤馆，观生以为非时务所急，力劝王幸赣就杨廷麟，毋久留福州。郑芝龙格其议，有诏观生先赴南安，联络江楚。王亲祖之殿门，观生叩头出，登车，慨然有澄复之志。

丙戌四月，大清师围赣州，观生退保南康。五月，援兵溃，观生收散卒，及大清师遇于李家山九牛间，数战皆捷。解围，屯水西，进复围之。十月，赣州陷，廷麟致命，观生弃南安，入广东。

时大清师已破汀州，莫知唐王音息，监纪主事陈邦彦，劝观生疾走惠、潮，以扼东兵，则两粤可保，观生不从。将至广州，闻桂王监国肇庆，观生与丁魁楚有隙，不怿。已，从邦彦谏，遣使肇庆劝进。

会唐王聿𨩁浮海达广，观生意变，曰："大行皇帝亲弟今在，外求君，非义。"遂背邦彦，立唐王，称绍武。召海盗石、马、徐、郑四姓，授总兵，使拒肇庆。桂王即位，颁诏广州，观生颇内惧。兵部侍郎林佳鼎，故监司广东，与总兵林察同姓，相善也，佳鼎信之。至是，督西师与李明忠、龙伦、苏聘等次三水，察令四姓盗迎降，覆佳鼎于三山，行朝大震。观生由是骄。

而大清将李成栋已进陷惠、潮，广州未之知。城中兵西出，十二月十四日，有十七骑且趋会城，谍报曰："北军至。"观生曰："潮州文昨夕到，胡妄言？"斩之。晌午,数骑抵东郭市肉,守门者犹以为招来海上盗,门遂不闭。须臾,传令归顺。时宿卫尚万人,观生急收之,至者仅数百,大清兵击走之,遂执唐王。观生过给事中梁鎏问计,鎏曰:"死耳!"乃大书"大明忠臣义士固当死"九字于壁而自缢。顾元镜先椎髻,号于市曰:"大清天兵至此,汝百姓今安枕矣。"又出示云:"恭惟大清皇帝,应运而兴,天兵临粤,逆藩授首。"大兵之入,咸谓元镜实召之。唐王初走洛城里,元镜家僮迹以献。何吾驺、王应华俱降。

论曰:尝见前辈所纪《东粤遗事》云:观生早立清节,筮仕八载,囊无余金。比镇南安,粮运不继,动辄掣肘,仰天叹曰:"吾年五十未有子,老母七十有八,今岭头几日地,岂不怀归?然身受君命,事苟不免,有死而已。"迨罗明受不揣地利,水师一战辄败,诸军以次溃逃,南康重兵,闻风惊遁,观生遂度岭还粤西。适指挥使王之臣等至,知延、邵俱陷,失唐王所在,观生挥涕曰:"使辇早诣虔,不致有今日。"冯兼三尝投刺谒观生,兼三数为画策,不合。语人曰:"余死报国家。"兼三曰:"岭外绝好死地,已舍却,不知今何地可似赣州也。"观生虽作色,亦辄改容。及大清兵入广州,卒不食其言。然力小而任重,智浅而谋大,昧一统而亏大信,无以安内而攘外,乃其所短也。两粤之陷,戎由观生,独哀其志,故立传焉。

卷　五

张国维

张国维，号玉笥，浙江东阳人。天启壬戌进士，除番禺令。以卓异入为刑科给事中，升太常少卿。崇祯七年甲戌，升都察院右佥都御史，巡抚应天。甫受事而流寇犯安庆，参将唐某受贼绐，全军覆没。时国维方壮年，报至，须发一夜顿白。亲督兵至安庆，见道官史可法，异其才，具疏请益设安庆巡抚，即以可法任之。诸所任寄咸得人。抚吴八年，贼不敢犯境。升工部右侍郎，总督河道。山东饥，米石八两，而三吴石三两。以应天所属河工银，尽籴米输济宁，每石水脚加五钱，得羡米倍赢。遂设粥厂十余所，使官督赈，全活百万计。贼李青山众数万，杀逐官吏，国维讨平之，献俘于朝。荫一子，世锦衣千户。

十五年壬午，冬，大清兵破蓟州，南略山东青、兖，兖府皆陷，德王、鲁王遇害。命推可任本兵者，举国维，星夜驰赴京受事。总督赵光抃战于罗山，大败，亡二万余人。周延儒视师，匿不以闻。是时，兵科员缺，国维题龚鼎孳等六人。蒋拱宸恨不与，及为御史，弹国维，谓西协地六百里，而国维设防止五百里。疏七上，明年二月，与延儒俱放归。

十一月，追论罗山事，被逮。舟过吴门，士民号哭塞枫桥，大声前问孰为锦衣卫官校船者。国维恐有变，解缆急去，众乃散。诏狱拟辟，山东、南直百姓叩阙讼冤，遂以原官募兵浙直。

行十日，都城陷，国维星夜抵浙，图举勤王，得精兵三千，至镇江。会福王立，乃朝留都，欲与史可法合兵北出。以国维为兵部尚书，加太子太保，协理戎政。马士英议不合，乞假归葬祖母。

乙酉五月，南都破，郑遵谦起兵绍兴，国维至台州，迎鲁王。晋少傅，建极殿大学士，兼兵部尚书。归集东阳兵，守钱塘，屯长河头。首参马士英十大罪，士英惧，不敢入朝。时绍兴富家以助饷受累，国维不忍，用东阳世产邻富家者，与原券计值，令出甲士，具衣械，程日给粮，总抵价若干，以土著之家，养不逃之兵，富人得产，而军兴得兵食，人情大欢。

福建诏至，加国维东阁大学士，辅鲁王监国。廷臣多欲开读，国维曰："唐王提兵北伐，老臣当效死前驱；若止一丸封岭作天子，空以官爵縻散浙东将士心，大敌逼江，旦晚欲渡，臣不敢奉诏。"手敕七至，竟不发。国维深堑坚垒，沿江多置木城，激励将士，为取杭州计。而方国安不同心腹，郑遵谦等义兵又多乌合，是以不能成功。

丙戌六月廿八日，大清兵渡江，诸营皆溃，国维归东阳，守陷坑岭。六月，贝勒入闽，过东阳，将抵陷坑。国维请东阳令吴琪滋至，曰："国维今日死，天气方炎，恐腐烂不可辨识，将谓吾逃，贻祸此地，故特相邀，令君视吾死耳。"吴令涕泣。国维殊容暇，取素缯书《负国》《念母》《诫子》三诗，又留诗赠故人，冠带北面稽首。谓仆曰："吾大臣死王事，礼也。兵将在东阳者，因我及难，可舁尸诣门一谢之。对太夫人勿言我死，言遁去。坐我中堂，俟官来见，始可殓耳。"遂赴水死。年五十二。骑围宅，见尸坐厅事如生，或叩头痛哭，问之，则多济宁人，饥年食其粥以活者。夜，有兵数十人，挟妇女宿其殡园，见堂皇灯炬，国维白髯绛袍，南面，刀戟列侍，兵大呼，遂不见。亟起，叩头柩前，避去。

桂王立，谥文忠。长子世凤，挂平鲁将军印，封武康伯，不受。次子世鹏，官尚宝司卿。世凤被杀。张存仁自闽归，百姓数万遮马前，请世鹏命。存仁曰："吾少时即耳若父为人。"遂释之。

论曰：唐鲁之议，以南禀闽朔，而不解兵为正。盖当其时，受兵者鲁，鲁一撤兵，即钱塘不守，仙霞尚安蔽乎？昔人论南北之势，守江不如守淮。闽之有浙，犹江之有淮也。若楚、蜀、江、粤，皆藉唐王名号。维留土无二王，鲁王自当退居重耳之位，诸臣共图狐赵之勋，大邦维屏，三百年宗盟，不正有赖乎斯日欤。故郑遵谦之拜疏迎驾，陈函辉之请杀金堡，或激或诡，二者均蔽。独张国维适老臣谋国之体，《石匮书》所载，似亦未之审也。

徐石麒

徐石麒，字宝摩，浙江秀水人，天启壬戌进士。授工部营缮司主事。魏忠贤有调发，多格之。房师黄尊素下诏狱，纳橐饘，募金抵诬赃，由是削籍。崇祯立，起南礼部郎中，累迁吏部文选考功郎中，佐冢宰郑三俊掌院，范景文主南计，奏免七十八人。是时，主北计者谢陞凡、温体仁，私人皆庇之，南计不少徇焉。迁尚宝司卿、应天府丞，行尹事。时方裁驿递，食缩，而马如故，农里重困。石麒计救之，无若召募，且勾胥吏故所干没，有余资，积患顿解。三俊为刑部尚书，以轻比下狱，黄道周、黄景昉言之于经筵，上怒未回。石麒朝，元旦奏言："皇上御极以来，丽丹书者多大臣朝士，严威之下，蔓引株连，九死一生。今又以轻拟深督三俊，将来必有承顺风旨，以锻炼为能事，以钩距为精神，非复慎狱之本意矣。"疏入，上御门，口传出三俊。用石麒通政使。时治尚综核，放弃者多造言语，妄陈端末，纳言承行不给，石麒剖断严敏，告讦衰息。升刑部右侍郎。会推阁员先后二十四人，石麒与焉。称疾不赴召对，故免陈演之谮。转左侍郎，署部事，寻即真为尚书。言："迩年刑官擅背律条，严文刻深，使吏胥上下其手。侥幸之徒，以贿为市，干和召愆，其失非细。"因条上附会律文之谬数十事，会清狱，石麒尽心明允，理出冤滞近万人，贯城几空。

陈新甲下狱，政府以下皆为营救，石麒独言："俺答阑入而丁汝夔伏诛，沈惟敬盟败而石星论死，惟后此辽沈广宁之陷，诛止督抚，不及中枢。故新甲觊引例自宽。不知此例乃天启间陵夷解纽之政，非祖制所有也。今亲藩膏刃，百城流血，夔星之罪，未若是烈。人臣无境外交，新甲身在朝廷，辄擅便宜通款北境，辱国无君，莫此为甚。"上览疏，新甲即日弃市。

司礼王裕民，私庇刘元斌，并逮狱，上欲杀之。石麒爰上书，言："隐人之恶与身自为恶，终不同。律：内奏事诈，不以实条，止拟一配注，以其欺君也。然则绳欺之法，亦止此矣。加等至烟瘴已极，过此非臣所敢擅。"入，上竟以内廷欺罔隐微，斩裕民而叹谕石麒。

洪承畴救锦州，束马未动。职方张若麒以中枢私人出关督战，遂大溃，精锐丧失俱尽。若麒就理而有奥援，司官迁延不谳，石麒谓："王朴以倡逃诛，陈新甲以误国辟，而倡倡逃误误国者安得减等？"论若麒如律。

左都御史刘宗周以救姜采、熊开元革职。石麒上言："陛下求变通趋时之臣，举朝不乏；若求廉顽立懦，维风易俗之臣，舍宗周无选矣。"上不听。采等自诏狱改刑部，石麒轻拟，失上意，遂罢。

甲申五月，福藩立，起右都御史改吏部尚书。时江左草创，自石麒与刘宗周、黄道周出，始成朝廷。而马、阮用事，率降中旨，铨除不由部推，石麒争之不得。士英冀以定策封侯，中人韩赞周主之。石麒覆疏："昔世宗欲封杨廷和、蒋冕伯爵，并辞不受。今国耻未雪，岂辅臣裂土自荣之时？俟克复神京，成功大定，加恩未晚。"士英气夺。又言："皇考福王殉难，先帝令勋臣、黄门，恭视含殓。今先帝梓宫何所，封树何似？乃遣一健儿应故事，示天下无悲思大行之意，何以鼓励同仇？"不报。御史黄耳鼎，论石麒杀枢臣，败和议。石麒具陈始末，小人卖国情状始露，而石麒亦告去。自宗周、石麒去，南都竟败。

乙酉四月，大清兵渡淮，黄尊素子宗羲劝石麒避地四明山。石麒不可，曰："马、阮已坏天下，虽智者难善其后，惟有死此一块土耳。"

会朱大定等谋守嘉兴，议奉石麒为兵主，事未集而败。闰六月二十四日，大清兵围嘉兴，石麒由村舍叩城下，呼曰："吾大臣，不可野死，请入与城同存亡。"城上人哗曰："我公来矣！"开门纳之，越宿而陷。石麒朝服缢天宁寺，纳其尸椟中，逾三旬始殓，如生。而是时宗周在越城，饥经七日，曰："此降城，非我死所。"出城外而死。海内高二人之死，能尽其义，为作《降城叹》《我公来》乐府美之。

石麒清修绝俗，弘长后进，尤急人之难。吴昌时败后籍没，力言当事，止没田产，他为类免。仇昌时者，又欲窜其子弟于许都叛党之内，复理而出之。孝廉祝渊，上书颂宗周，缇骑逮问，石麒嘱金吾无杀义士，渊得生出。生平强记经史，尤熟明事，章奏精洽，凿然可施行。

石麒年六十八，无子，初以私属尔毂为子，已二十六年，始立柱臣为后。或问后与子异乎？曰："然！子可私，后不可私。子惟父所爱，即子之，后非荐之祖祢，而享告之，宗族而信，不敢后也。故《诗》曰：'螟蛉有子，蜾蠃负之。'是人皆可子之证也。《传》曰：'鬼不歆非类，神不歆非族。'是人不可皆后之证也。"其议礼之精如此。唐王赠少傅文渊阁大学士，谥忠襄。尔毂官御史，与同郡钱旃友善，后并以太湖事牵连死。

熊汝霖

熊汝霖，字雨殷，浙江余姚人，崇祯辛未进士。为户科给事中，直谏有声。贬福建按察司照磨。南渡，起吏科，论厂卫告密之弊及阮大铖不当用。马士英忌之，归里。汝霖雅受知都御史刘宗周，乙酉南都溃，潞王监国杭州，大清兵且至，宗周趣守道于颖守绍兴城，而寓书招汝霖余姚，未得相闻。既而杭州降，事益迫，宗周复令诸生张应烨往说颖，使联络汝霖计事。颖疑未决。汝霖报书："先生诚用霖计，立宗王之才者，藉援未孩，推毂方藩。今闽兵数十艘见屯蛟川，檄令移泊钱塘东岸，敌必不敢问渡。更溯徽宁辽左兵，捣虚建业，彼必退而内顾，东西同胆，恢复可图。"宗周趣之曰："门下有意高皇一线，请急入郡。"

六月十九日，通判张愫赍版，诸生耆老奉牛酒渡江，输降。大清招抚使至，汝霖谋为邑人所觉，避之山中。

闰六月八日戊子，宗周不食卒。其明日，孙嘉绩起兵余姚。又一日，郑遵谦起兵郡中，斩愫及摄会稽令彭万里。汝霖募兵宁波，来会嘉绩，合军，军西陵。

初，宗周临终，谓门人曰："我缓死，以雨殷诸君不忘明室故，今已矣。"弥留，犹取几上砚书一"鲁"字。汝霖叩灵床，恸曰："先生有命，霖何敢忘？霖生于王，事之以死。"比方国安、王之仁等兵集，遂共奉鲁王以海监国，从宗周志也。

汝霖已渡西陵，札乔司，进至海宁。召父老谕以国亡君殉，三百年泽不可负，闻者感动，拜辕门，至万人。以邑进士俞元良指挥，姜国臣主海宁事，忠义响应，所在皆称熊兵。加兵部右侍郎，兼左副都御史，总督义师。

七月八日，海宁复陷，元良战没。阅月，国臣复聚溃众，入守海宁。前定番总兵汪硕德，集兵万人双林，请师期，使移札塘栖。八月五日，遣副将赵清会义兴将郑维翰，赴黄天荡，绕敌背。前锋黄岳，参将诸卢崇、邵应斗四百人伏海塘。监军道孙嘉绩、北洋总兵张名振，并置伏兵，斩首六十级。维翰兵不进，清被矢，失亡十余人。十六日，还乔司，汝霖营于中，嘉绩营于东，钱肃乐营于西，遣卢崇、寿胤昌抵牛头寨，焚敌营。百骑突出，都司张行龙战甚力，骑东去。邵应斗接战北军大至，缀三将，以数百骑趣汝霖。清兵胡升发大炮，毙七骑，骑东冲孙营，孙营炮炸，遂败。争舟坠水，汝霖驰刀砍之，不能禁。诸生赵之坚奋长刀，杀六人；参将卢玮新至，亦奋击。敌辟易，簇骑攒之，与孙光祖、周宗镐、胡升各被数十刀死。汝霖大呼船兵再上，矢及身，帐下强掖下小舟，知戚死者数十人。

九月，诸帅相见于小亹，议大举，期以九日会龙王堂。风雨阻潮，皆失期，汝霖独帅所部至六和塔，助王之仁战于江，大炮杀伤甚众。之仁兵登岸，焚寨执馘，薄暮乃归。十二日，再战牛头湾。时军饷不继，人心离沮，之仁营有逃者。汝霖上言："臣四月江舟，风雨饥劳，遂膺腹疾。自小亹至西兴，延袤六十余里，彼方备舟乔司，潜谋径渡。臣及嘉绩标卒，两家不过千余，缓急何以防御？之仁一腔肝胆，心力相违，宜温言谕留，勉图后效。朱大典部内火器最精，原任总兵尉允昌，文武兼才，岂令投闲诸暨？敕即统大典兵江上。海宁新令已至，宜令张名振速渡，以固浙东门户。"名振违令，竟归石浦。

福州诏至，内外欲开读，汝霖泣阻，不听，避之小亹。鲁王下令返台州，汝霖疏留，以为："今日之事，殿下宜力疾江干，檄闽师刻期来会，使浙西克复，仍藉庙谟。唐王亲来，亦当心折。若恋恋宫眷，遽返旌旆，思为退保之图，久成日蹙之势。传之海内，未为克让。又臣标参将张行龙，以臣令回籍临平，图结义兵，夹攻内应。其家丁陈义，入杭侦听，闻已具舟，旁结草人，思赚我火器。而宁盐义士沈松、查继美、陆鸣时等，同时具来，言起兵家难状。徐出启疏，以近日嘉湖铁骑，尽返武林，但得精兵数千，直捣嘉兴，断其往来饷道，杭城自成坐困，胜于今日阻江索战。我客彼主，劳逸相万。乞优迁松等，以彰激劝。若王必欲东归，臣亦惟就海岛死耳。"鲁王手敕褒美，比之韩愈，乃不果行。

十月，汝霖移泊龙王堂，又疏："今日会稽隙地，竟作京洛规模，诸臣之薪胆未尝，末世之秕政悉踵。内员出司军饷，外戚入典禁兵，骄卒哄于街衢，青衿哗于殿陛。行间文武，动以朝政为辞，文其退缩。惟殿下奋然更始，副远近之望。"十五日，汝霖扬帆渡江，夺遵谦所失大舟以归。十八日，又进军，部将魏良、黄麒、吴彪先登，北骑六百伺南军济，突击，良等且战且退，汝霖亲督军中乘小舟对射，骑死百余。

汝霖麾下多农井新募，徒以忠义激励，在浙中凡一载，大小数十战，累遇败覆，而志气不惰。虽方王骄将悍卒，皆畏待如神明。陈万良、沈羽箙，结寨塘栖临平间，汝霖欲得其兵取北关，遣张行龙招之。万良受书，泣曰："久望熊督师，无途自达，乃今江东亦知有吾辈矣。"后万良西行，复城邑，大清兵断其后，不得出，死于门中。

丙戌六月朔，浙河新溃，汝霖扈鲁王，沿海南次长垣。时唐王已走死，闽地内附。鲁王以汝霖为东阁大学士，因郑彩抵福州，军声大振，八闽皆诣汝霖，请札起兵，先后得三府一州二十七县。戊子，鲁王在闽安镇。郑彩专横，汝霖每折以礼。定远伯周瑞恶于彩，汝霖票拟右瑞。彩故忌人心归汝霖，因是积恨。又与遵谦争商舶，恐其袭己。会汝霖休沐琅琦，彩裨将李茂守琅琦，与汝霖奴子争口，熊、郑两家除夕相问遗，茂以告彩，曰："熊、郑将为难。"五月十七夜，缚汝霖并幼子投海中。越三日，杀遵谦。凡越中建义者，皆尽于彩。惟嘉绩以丙戌六月死于舟山，汝霖之死，后嘉绩盖二年矣。

熊汝霖传后

汝霖初知同安县，有强直声。尝渡海败红毛于厦门。入为户科给事中。辛巳，江南疫，饥人多死，米石直银四两，转运不至。出给事中七人，分行督漕。汝霖当上江，辽练正耗二百四十一万石，如期而集，民不病。时上意廷臣儒懦，不次拔授，左官外附，竞张空虚媒进。汝霖以量才不如核劳，破格坏典，不足以得非常之人，只为幸阶。一切叙功御览名色，皆宜报罢。保举大将，必连举主，庶杜债帅之门。事势艰危，倚督抚为成败。因条列关督范志完、宣督江禹绪、凤督马士英、保督侯恂、顺抚潘永图、宣抚李鉴、秦抚蔡官治、皖抚黄配玄、保抚杨进才守俱弱。合令量力自陈。且襄藩南阳沦陷，惊震天下，而两抚晏然，功罪不明，何以惩后？又力言孙传庭不宜速战，祸败皆验。

大清兵略山东，京师戒严，汝霖分守齐化门，召对，奏："行间诸臣，望敌百里，未有一矢加遗。南去则我随其后，北返则我出其前。兵士一闻督战，便汹汹欲叛。师不用命，将不用兵，督师之肉，其足食乎？"姜采、熊开元下狱，刘宗周去国，皆极谏。寻追论杨嗣昌，讥及执政，上竟恶其切直，降福建按察司照磨。

南渡，起吏科给事中。上言："诸臣争夸定策，罔志复仇。处堂斗穴，始之武与文争，既而文与文争。殿廷之上无人臣体。阮大铖之起，阴阳消长，间不容发。四镇每镇饷六十万，额必不供。即仿古藩镇，亦当建牙大河以北，何遽藩篱堂奥，孤海内兴复之望？先帝十七年忧勤，曾无失德，惟厂卫一节，未免府怨臣民。丁兹天步艰难，正宜大开文网，推诚布公，使人人毕忠效节，胡得尚沿斯弊？"马士英恨新建，使门客朱统镂造飞语于朝。汝霖言："幺麽小臣，为谁驱除指使？不由通政，告密飞章，内外交通，神丛互借，墨敕斜封，端自此始。请严行诘究，用杜将来。"又言："先帝笃念宗藩，而闻寇先逃，谁死社稷。先帝任隆武臣，而叛降跋扈，曾无一战。先帝委任勋臣，而京营锐卒，徒为寇藉。先帝旁寄内臣，而开门延敌，反在禁旅。先帝不次用人，而边材督抚，首鼠两端，超迁宰执，罗拜贼庭。思先帝之何以失，即知今日之何以得矣。"

南京虽立君，未尝一事设施，而汝霖与祁彪佳、章正宸、吴适等犹能强谏守职，推论善败，不失朝章士气。然卒格不用，以门户覆国。

孙嘉绩

　　孙嘉绩，字硕肤，浙江余姚人，崇祯丁丑进士。除兵部主事。杨嗣昌以其知兵，荐为职方郎中。太监高起潜求世荫，嘉绩覆疏不可，起潜恚。侍上观德殿阅军器浸毁，下狱。学士黄道周亦廷杖入狱，襆被药物，俱不得进。嘉绩移服用奉之，且从受《易》。会诸生涂仲吉上书颂道周，上加怒，察狱中与道周通者。众多说辨，嘉绩独曰："昔黄霸受经夏侯胜，史传以为美谈，今复何讳？"刑部尚书徐石麒雅识嘉绩，清狱，出之。逾年，起九江道佥事，未之任，国变。

　　乙酉六月，大清檄下浙东，宁、绍望风迎附。闰六月己丑，余姚摄印官发间左为驰道，抶役者，役者反抶摄官，众哗不能定。嘉绩乘众怒，遂斩摄官，邑绅邵乘节、陈相才，诸生吕章成、沈之泰、邵应斗，率里中从者数千人。孙氏自燧以来，代以文章忠孝显，受累朝恩最深。至是建义，士民无不踊跃，便欲推嘉绩为盟主。辞曰："举大事将须其人，熊雨殷有执持，识兵势，当共请其约束。"会汝霖募兵自宁波至，邑人大安。

　　鲁王监国，晋嘉绩兵部侍郎兼右佥都御史，总视义师。转战乔司、西兴，亲受矢石，号"孙熊兵"。临敌则汝霖当先，嘉绩继之。饷不给则毁家产佐军，每对宾佐泣曰："身先人余也，义同国存亡。惟惧事不集，死无面目以见君亲耳。"由是听者感奋。嘉绩举宗报国，文士知故争为之死。

浙东本以汝霖、嘉绩首义，营立行朝，亡将溃兵，因弛荷担，后来益众，客反居上。方国安拥重兵，孙、熊严意与同济难。国安逍遥殊无意，一年之中，糜饷数百万，皆出八郡民。贫富交尽，卒以是败。丙戌六月，鲁王移跸舟山，嘉绩以军从。六月二十四日，卒于舟山。子延龄，从跸，南至中左所。大兵入余姚，焚嘉绩祖如游第。后二十八年，延龄子讷，渡海求祖父槥，得于状元张信墓道，归葬。

钱肃乐

钱肃乐，字希声，浙江鄞县人，崇祯丁丑进士。知太仓州，以廉清为张溥、张采所重。迁刑部员外郎，丁外艰，归。

乙酉六月，大清檄下浙东，肃乐大会绅士城隍庙，痛哭议举兵。谢三宾不欲，移书定海总兵王之仁，使以兵威胁举兵者。之仁陈兵入郡，反合肃乐，三宾怅然。

会孙、熊已起余姚，甬西道通，遂进军绍兴。

鲁王监国，晋肃乐右佥都御史，升右副都御史，转战乔司及牛头湾。时马士英、阮大铖亡入方国安营，阴制行朝之政。里井邪狯，多缘举义，推戴呈身。部覆台弹，犹沿旧习。富家输饷，动加榜楚。内侍客风仪、外戚张国俊等气倾中外，咫尺大敌。而越城褒衣宽带，歌读宴会如平常。肃乐条列其弊，不能用。及浙河师溃，浮海，隐于福州之化南。鲁王次左所，复入觐。

丙戌十月，鲁王在长垣，肃乐拟诏预颁鲁三年戊子历。浙闽全陷，旧人如刘沂春、吴钟峦皆遁不起，肃乐移书责之，乃就道。唐王遗臣稍稍引出。明年戊子，鲁王次闽安镇，晋东阁大学士。刘中藻起兵福安，攻福宁，州将破，其帅涂登华欲降，不决，谓人曰："岂有海上天子、船中国公？"肃乐致书，谓："将军独不闻有宋末年，二王不在海上，文、陆不在船中乎？"登华遂诣郑彩降。彩欲使其私人守之，中藻不可，彩反掠其地。肃乐与中藻书，不直彩，彩闻衔甚。是年五月，汝霖为彩所害，肃乐忧愤，疾动而卒，年四十三。赠太保，谥忠介。

初，肃乐请挑敢死士尽配彩，则兵力一，竟以彩故死。继肃乐相者，慈溪沈宸荃，字葵中，与从叔履祥，皆成进士。履祥入海被执，不屈死。宸荃从鲁国次南日山，覆于风。后鄞人屯兵浙海，死义有张煌言。

论曰：嘉绩子延龄，自闽海归，言鲁王入闽事颇悉。四镇兵受命南征者，散守闽郡邑，郑彩以重兵攻之，皆乘陴，语外人曰："吾故明人，岂无意？但郑彩剽杀，非吾帅，得熊吏科来，即释甲耳。"汝霖肩舆屏从往，众不信，有故识汝霖者，曰："果是也！"喜，罗拜。城上开门降。凡得新附二十万人。当是时，使汝霖能布其威信，率之守战，岂独八闽可全，岭以北亦可出矣。顾乃分隶诸将，致义士解体，驽帅益势，事无成而身随丧，可悼哉！昔颜真卿以军权移于贺兰进明，仁柔之过，儒者有之。然蕞尔越州，孙、熊协心，孤撑一载，卒不负其言，而同死岛上。比于宋之文、陆，义何忝焉！肃乐欲依彩成功，亦坐短智。而议者谓与杀汝霖之谋，不可不为之白也。

朱大典

朱大典，字未孩，浙江金华人，万历丙辰进士。以章丘知县行取兵科给事中。历升至兵部右侍郎，总督漕运，巡抚凤阳，督剿流贼。大典饶有才，而性奇贪，多行暴虐。崇祯庚辰间，督师庐凤，守护陵寝，括取财贿，四府僚属，囊橐皆尽，人拟其富且敌国。御史姜采等交章劾之，下法司勘问，大典不敢对簿，自请捐资募兵，剿寇戴罪，诏许之。得脱归里。

福藩即位，起原官，御左兵上流。乙酉五月，王弃留都，奔黄得功军，大典诣军朝请。得功被刺自刎，王北去，大典归里，募士为城守计。而方国安率土汉散卒，由杭州东渡，拟牧马金华，大典不纳。国安纵兵焚劫，近郊四十里人烟几绝。闰六月，越城师起，守道于颍檄国安江干共事，国安遂舍金华勿攻。大典欲据有全婺，婴城保家，故终鲁王在绍兴，止一遣其孙入朝，未尝发一兵至江上。

丙戌，大清兵渡钱塘，贝勒遣马士英招降国安，令其立功自赎。国安从贝勒协攻金华，大典坚守三月。国安辇九牛铳昼夜攻城，大典知不可为。先数月，遣其子孙潜遁。及期，开宅使婢仆各出逃，止推堕爱妾一人及幼女井中，而自走火药局，纵火死。

吴邦璇者，山阴人，大司马兑之曾孙，在大典幕中。甲申，以万金托邦璇营干，中途，闻北京陷，即橐金而归，自旅费外，分毫无私。大典骇服，谓邦璇不特有行，而且有才，题授副总兵，同守金华。邦璇善骑射，城守倚之。及将陷，归视其妻傅氏，傅氏曰："城守事急，尚顾我耶？我惟一死以报君家，君可亟去。"乃以所积金付其子，匿之民家，候城破，潜遁。并令诸婢仆急走逃死，皆厚赍之，自服绯衣缢死厅事。邦璇已知妻死，不归，急走火药局，见总兵何武曰："阁部火药库，今日不能击敌，而留与敌用，甚为非计，不如烧之。"武曰："固也！"少顷城陷，大典至，呼曰："二将军何不急走？"邦璇曰："璇世受国恩，惟一死得随明公，幸矣！"问武，武曰："武意已定，愿与将军同日死耳。"大典笑曰："三人同心，何复不足。但顷见二将军所商何事？"邦璇曰："火药如许，不甘资敌，竟欲烧之方死耳。"大典出火绳袖中，曰："所见略同。"乃尽出火药三百桶，堆一所。大典尚有从人十余，麾之曰："去！"从人皆愿同死，不应。大典大声曰："速走！吾将有事。"乃与邦璇、武环坐于椅，投火绳药桶，顷刻人屋皆烬。大兵遍求大典尸，不得。盖浙东死事之烈，未有如大典三人者。

论曰：张岱言昔年在淮扬，亲见朱大典之贪横，真如乳虎苍鹰。后复见其婴城守婺，破家从忠，继之以死，又未尝不叹息其为人也。夫人固有性之一偏，彼其嗜名义，与嗜财贿无以异，于大典曷怪焉。然其时大典将卒颇练，又有厚赀，不能图一长虑，而闭门坐毙，其智短也夫。

余煌

余煌，字武贞，浙江会稽人，天启五年乙丑进士及第第一。累官翰林院修撰，左春坊左中允，右庶子兼侍读，日讲经筵。尝与修《三朝要典》。崇祯中，给事中韩源追论其事，煌疏陈本末，免归。乙酉，王师下杭州，檄召越绅渡江，煌独不往。鲁王莅越，起户部侍郎、礼部尚书，皆辞不就。陈时政：马士英卖官误主，兵未至而先逃，国已亡而复用，为失刑之失。丙戌，起兵部尚书，言："藩镇各自成军，久不相属。顷田仰与郑遵谦争饷，喋血禁庭，臣冒锋镝，幸而解散。司马职统六师，今行朝之官，特缀旒也，岂能绳以平世法哉？"煌见越事益急，而诸臣文恬武嬉，请乞纷然，上疏争之，谓："请祭则当思先帝烝尝未备，请葬则当思先帝山陵未起，请封则当思先帝宗庙未享，请荫则当思先帝子孙未保，请谥则当思先帝光烈未扬。"人读之叹息。

江上失守，郡城不闭，有议守陴者，煌叹曰："临江数万众不能一战，乃欲以老弱守孤城乎？"亟开九门，纵民避逃，自出东郭，赴水死。后数日，贝勒渡西陵，下绍、宁郡邑，不戮一人。

陈潜夫

陈潜夫，字玄倩，浙江会稽人，崇祯丙子举人。授开封府推官。南都录守豫功,升监察御史,巡按河南。陛见,陈恢复策,为马士英所持。寻以童氏妄称元妃,潜夫前在道私谒,无人臣礼,并逮诏狱。南都破,脱身航海。至越,上书愿假臣兵五千,直渡海宁,断武林左臂。加太仆寺卿,监浙西军,募得三百余人,与孙、熊三家兵列舟江上。明年军溃归山阴之小赭里,呼妻孟氏曰:"行矣!我为忠臣,尔为烈妇,相保泉下,无悔也!"同上化龙桥,赴水死。

陈函辉

陈函辉,字木叔,号寒山,浙江临海人。崇祯甲戌进士。好酒色,事著述,日与客沉饮,出酒文倾吐,讥切将相误国,扼腕。谈至夜分,啮杯碎。尤能倾赀急客、先人之忧,海内称文章风流豪荡者,推天台陈君焉。筮仕靖江令,以不谨罢职。鲁王莅越,为兵部侍郎,伤二都沦没,哭泣至喑失声。入对行朝,出酬同列,必悚言痛哭。闽诏至浙,众议开读,函辉与熊汝霖俱持不可。金堡自福州出监郑遵谦军,函辉密疏请杀堡,堡奔衢州。丙戌夏,叹曰:"八郡敝矣!诸军犹诛粮无厌,是重弃民也。北来生兵,日益一日,不知此身何所耳。"

江上溃,有劝鲁王婴城者,函辉哭曰:"民去将孰与守?君为社稷亡,臣请从亡。"乃从王还台。王自石浦浮海,竟相失。函辉不抵家,哭入云峰寺,即几上书六月十六日申时卒。遍去别友,不及家人一语。至其时,遂投环。作绝命辞八首、自祭文一、埋骨记一,流传江表。二子臣谦、臣诗,能识父志,不交当世事。

论曰:余公开越城纵民出避,所谓天下之阴德也,未可以曹彬渡江不杀之义掩之。玄倩始与仁和进士陆培争名,交恶,既皆以义死,其大致同矣。寒山宫室之美,妻妾之奉,得我穷乏,盖兼有之。既而临大节,视平日嗜好,如蝉翼之振露,洒然自得其本心,非见道明而去累疾者耶?姚江吕章成,有《告北园文》数千言,其声呜咽,曰:"北园吾西台也。"盖以谢翱自方,以文山方寒山云。

张肯堂(传阙)

吴钟峦(传阙)

卷　六

郑遵谦

郑遵谦，字履公，余姚临山卫人。父之尹，进士，官山西提学佥事，徙家会稽。遵谦少为诸生，任侠，斗鸡击剑，不为绳墨之士所礼。始与东阳许都交好，都蓄异意，遂与绝。自南都多故，遵谦阴养健儿，市好马，意指莫测。阉人屈尚忠逃至越，遵谦笞杀之，曰："吾闻诸刘先生，凡系逃官，皆可杀也。"郡人义之。

杭州失守，遵谦决意起兵，之尹屡禁之，不可。乙酉闰六月辛卯，结郡中少年刘翼明等，合众水神庙，告以国难，众皆哭。遇会稽令彭万里受新命归，招摇过市，众怒，杀之清风里。遂攻郡署，获署守通判张愫，传首。即日檄守道于颖，以五百人西扼钱江。诘明，遵谦戎服坐新司堂，悉召缙绅入计事。自吏部尚书商周祚以下，皂衣由角门入，遵谦立语举兵赴难状，咸悸伏，莫敢正视。士民环辕门呼曰："郑将军今为国，诸公觍受大禄，有贰议者，剑斩之。"是日祠旗。余姚孙、熊之使者已至，遂断江流，声震杭州。

鲁王拜遵谦义兴将军，合技勇出屯小亹。朝议分方国安、王之仁等为正兵，遵谦、孙熊等为义兵。义兵新募，多市井农贾小民，不素练。正兵常陵义兵，食正饷，饱嬉江头；义兵则食义饷，率告输富人，常乏食。客将陈梧、高鹤鸣等寇抄越城、余姚，一年之间，公私交尽，百姓愁困。

八月廿五日，义兵渡江，遵谦战甚力。副将郑维翰抵太平门，被炮死。九月，及督师汝霖、武宁伯之仁期会龙王堂。旦，大风雨，阻潮，遵谦后期，之仁等独进，大有斩获。十四日，陈潜夫、张名振败于观音堂；遵谦亦失利，夜归小亹。冬，鲁王劳军西兴，以遵谦首义，特封义兴伯。丙戌三月朔，杭州开堰放舟，遵谦从之仁迎击，获铁甲八百，与军资。五月，师溃于江，遵谦将家属浮海，从鲁王至舟山。

大清兵入绍兴，之尹死之。鲁王南次中左，诸臣家琅琦，晋遵谦义兴侯。郑彩专政，以同姓弟畜遵谦，使领陆兵牛田。闽郑氏以商舶富，遵谦强取二舶，由此交恶。及彩杀大学士汝霖，遵谦恚形言色，彩故扑部将吴辉，使扶伤就遵谦求书，投郑鸿逵，遵谦信之。过辉船，被擒，辉伏不出。遵谦呼曰："汝郑彩厮养，杀我岂出汝意，而惭相避乎？"辉出，就求只鸡盂黍，奠汝霖，跳海死。

其妾金四姐，故倡也，以杀婢下狱，遵谦破千金出之。遵谦死，四姐束藁象彩，每馈，斩藁哭，并沉海中。军中慕其义，称金夫人。始与遵谦同起者，有刘穆。

刘穆

刘穆，字公岸，浙江山阴人。貌修伟，善大刀及射，宽而爱人。崇祯中，以武进士授上海把总。南兵部尚书史可法知其才，补应天副将。穆虽为将，家贫，推食士之有气节者。邑人刘翼明、余姚邵应斗、萧山朱伯玉从知府于颖转运南都，穆深结焉。

乙酉五月，南都败，归里，与颖及郑遵谦谋匡复。闻方国安溃而东，抄掠宁国、广德，可急抚为用，穆身往迎之。未还，遵谦已起郡中。武进士沈振东说遵谦悉取江北船，系南岸，由是杭州兵不得渡。国安至，义师亦集，鲁王备物典策，筑坛西兴巘，拜国安大将军，封镇东侯。诸帅櫜鞬列山下，以次上，旌旗数十里，戎卒十万，发令声动江谷，杭城望之震骇。浙东军倚以自强，由穆始议也。

穆封威北伯，受王之仁节度。明年丙戌，晋侯爵，用翼明左军都督。翼明亦善大刀，忠果敢战，尝为军锋。国安爱翼明才勇，欲请致之，翼明不肯，曰："吾终不负威北恩。且同国事，何分彼此？"穆深得将士心如此。

穆子九，短而悍，有胆义，得徽人毕昆阳枪术，穆自以为不如。及兵起，九枪所向无敌，战于清风岭，独杀锐兵数百人，应枪辄倒。后骑益集，合围取九，乱矸死，南军为之夺气。乙酉六月，穆东奔舟山。是月六日卒，葬于岑港口。

王之仁

王之仁，字□□，直隶保定人，太监王之心弟也。累官定海总兵。崇祯十五年壬午，海盗顾荣、廖二掠崇明，知县守备出战死。贼将窥江淮，断漕饷，诏之仁会应抚黄希宪讨之。遇贼高家口、大安河，连胜，贼北窜，漕督史可法迎击，贼复折而南，降于苏松兵备程珣，之仁功为多。

大清兵下杭州，之仁初议迎降，既从钱肃乐之约，首师所部入宁波，会孙熊兵俱西。东南承平久，民不识兵事，诸义师多纨袴及市井田野儿，众疑惧。比之仁麾下过，部伍明整，兵甲犀利，众心大安。

乙酉，鲁王莅越，封武宁侯，晋宁国公，壁西兴。江上宿将推方国安与之仁。国安惑于马、阮，拥强兵不能用,纵其下行剽,主客患苦之。浙西因是守益坚。郑遵谦、熊汝霖等所合义兵,无敢抗国安。国安兵常陵义兵,独惮之仁严,支吾依附。鲁王倚以为重。之仁愤军政不一,上疏言:"事起日,人人有鼓行渡江之志,历今半载,逍遥游戏,便欲以钱塘为鸿沟,天下事何忍言?臣愿以所隶沉舟决战。今日欲死,犹战而死;他日即死,恐不能战也。"会杭人开堰入江,之仁统水师邀袭之江中。是日,东南风大起,南军扬帆奋击,碎其舟。

贝勒以重兵下浙江。乙酉五月,江涸,贝勒试马,用大炮击南营,碎方军甑灶,国安遂遁。夜趣绍兴,劫鲁王南行,江上军遂溃,独之仁一军犹在。督师张国维议挑兵五千,分守诸垒,之仁泣曰:"国安坏天下事,今生兵数千万在北岸,且晚毕渡,孤军何以迎敌?之仁有船可入海,公兵无船,当速为计。"国维追从鲁王去。

之仁度事不支,乃载其妻妾子女妇孙共一大舟,沉之蛟门。独至松江,峨冠登陆,百姓传骇聚观。之仁从容入见内院洪承畴,自称前朝大帅,不肯身泛波涛,特来就死。八月二十四日,死西市,时人皆为泣下。

论曰:郑遵谦无渊谋长虑,遭国大变,江干临敌,尚不废声妓,故积为乡间所轻。然以全盛南都,将相师济,长淮为边,未终一期,邦其沦丧。绍兴远介东表,雅无备御，遵谦肉袒挺剑，八郡云合，系名号亦讫一年。唇齿江广，屏翰闽浙，此顾可忘所自哉。刘穆雅量有儒臣风，父子一心，同死兵事，谋虽不就，不可谓不幸矣。董玚评江东人物，官兵将领以王之仁为首，义师则熊汝霖为首。盖其心之刚烈，余子不如云。

王正中

王正中，字仲抚，直隶保定人，宁国公之仁从子也。崇祯丁丑进士。游高唐州，会大清兵南下，转运银杠亦避入高唐。大军围高唐，州守以银杠旦晚敌物，不若鬻，免一州士女屠戮。正中与押状，事平论死，数年得出，除知长兴县。

浙西失守，避地绍兴。鲁王莅越，以兵部职方司主事知余姚。余姚当绍、宁山海冲，军将往来剽夺，市贩朝得札付，暮入根括民舍。正中设兵弹压，约各营取饷必经县，否者以盗论。总兵陈梧败于嘉兴，渡海掳掠乡聚，正中遣兵击之。乡聚犄角杀梧，朝议罪正中。黄宗羲力争梧见杀，盖众怒，正中无罪，乃止。张国柱掠定海，乘潮而西，纵兵入姚城，围大姓，正中计折谕止之。田仰、荆本彻先后蔽江下，皆帖息去。一年之中，屡经悍将，而邑免大祸，民戴之如父母。升监察御史。

正中短小敏练，喜任事，而措置甚当。益募骁勇将，从海道取海宁、海盐，通浙西路。于是尚宝卿朱大定、太仆卿陈潜夫、主事吴乃武皆自浙西来受约束，坛山烽火，连于武林，北门藉无恐，隐若敌国。又通律吕、星象、壬遁，喜读实用书。乙酉冬，进鲁王丙戌年历。及败，逸于民间。姚邑遗民沈国模、史孝咸、韩孔当、陈天恕、吕章成、邵会可等咸共往来。深衣幅巾，假医卜续食。大清康熙六年八月，卒于山阴之陈常堰，年六十九。

于颖

于颖，字瀛长，江南金坛人，崇祯辛未进士。累官工部主事、员外郎。知西安府。削籍。起工部郎中，知绍兴府。截江之役，升按察副使，分巡宁绍道。间道归里，杜门终老。颖在绍兴，甚有威惠，越人至今思之。

吴易（传阙）

卷 七

王翊

王翊，字元勋，浙江余姚人。为人朴重，年四十，邑无知者。丙戌，浙河师溃，翊见邑中孙、熊起义者，皆弗就，意感愤。独行舜江干自语，因私求士。家贫授经，以所得馆谷，量赀分给，人感其义，不为轻侠行。丁亥，结壮士十八人，起于四明之下管，奉鲁王年号。浃旬，得千余人，乃东傍海抄掠，发辩士至舟山，说黄斌卿同攻宁波。宁波诸生华夏以帛书来告内应。无何，夏等谋泄，斌卿至宁波后期，敛军退，翊遂入四明。

先是，丙戌之役，浙东溃兵散走山泽，率以布代胄裹首，号为白头兵。归安茅瀚、晦溪汪涵首以五百人入四明，屯于杖锡寺。山民苦输饷，夜半焚寺，二帅死，麾下无一免者。及翊至，军令明肃，见者皆悦，遂结老砦休兵，求将简练。

戊子春，入上虞，杀摄令，战胜而卧。大清兵夜乘怠还袭城，翊出走。己丑三月，再破上虞，走其知县，得县印。是时浙东山寨，萧山有石仲芳，会稽有陈天枢、王化龙，台州有金汤、俞国望，奉化有袁应彪、吴奎明，所至民多亡避。而平冈张煌言、上虞李长祥单弱不能成军，惟翊一旅，蔓延于四明八百里之内。

任褚九如、沈调伦、邹小南等领五营，毛明山等领五内司。九如用法严，而屈己让能，忧时愤发。帐下士或战伤矢，即以所乘马载之，己执鞭以从，故最得人死力。调伦为沈国模兄子，夙向义。小南亦书生。以故翊军中多故家，相聚讲求义烈。亲故在邑不愿留者，礼遣之。明山戆而敢死，搴旗摧锋，议事翊前，侃侃面折，军中呼为毛金刚。

大清督抚提镇以乡兵四起，大军不能久相持，且山险未易攻也，下檄环四明绍、宁、台三郡村落团练，自为战守。于是民始携贰。大兵逾清贤岭入，乡兵屯丁山以待之，待久而弛，大兵骤驰之，死者四百人。有孙悦者，闻丁山败，救之，中流矢死，直立不仆。御史冯京第自湖州军败，间行至四明，入翊军，屯于杜岙，为团练所破。别部邵一梓见获，缚致上虞，寸磔，仰首骂不跪，刳及臂胫，乃倒，独呼高皇帝及关亭侯。一梓胆勇冠军，既死，山中夺气。翊以四百人走天台。翊谓诸将曰："是皆团练之罪也。镇兵虽健，我视其锐则避之，懈则击之，非团练为之导，敢走险如平地乎？吾卒虽残，破团练尚有余力。"自天台返，入四明，击团练破之。随道乡兵，民荷锄从，至万余，京第亦出，势复大振。

翊谓京第曰："吾始事托此，将以待天下之衅，而势不可猝出。今与我掎角惟舟山，我灭则舟山无援，而舟山危，我亦无援。欲去经略中土，此固大言，人不信。前余公煌书生，黄斌卿又无谋国诚，故沮乞师日本之行。今诚得包胥其人，痛告日本以讨乱复仇，兴灭大义，使发兵二道，一趣南京，一指天津，则天下扰动，我悉山中、岛中军以扫江东西，淮扬以南，可坐有也。日本事成，割诸岛与之。夫大海天堑，孰与长江，彼岂能与我争中原哉？且今之地，譬如博，人以人为注，于我何失？"

京第如其计，往说斌卿，斌卿使弟孝卿同京第走长崎。长崎岛王初以西洋天主教人为乱，不纳，京第即舟中哭拜不已，哀动唐夷。又因东京行部官，致血书撒斯玛王。王与大将军言之，议发各岛罪人，师起有日矣。会京第返，而孝卿假商舶留，耽官妓，见轻其国，日本卒不发兵。京第恐斌卿兄弟败成谋，遂与绝。

翊渴冀贤将为攻取，陈天枢荐前威北侯刘穆故将刘翼明武勇绝伦，重币卑词往。知其急义，乃绐拘其友。翼明一来，翊布腹心。弗敢遽留。明年，辞母妻入山，凡在山中一年，屡为翊击退大军。翼明游历诸营，曰："俞将军文而有礼，陈将军勇而义，然俱不及王公厚有大将才。"又曰："惜王公后时，脱以此军战曩日西兴江上，岂不能奋飞取杭州哉？"翊众号一万，实八千，任战者三千。以王江司饷，履亩税，富民皆乐输，无强。诸所决罚，人人称快。自翊起，浙东列城为昼闭，吏莫敢下乡，守令争荐诚讲解。

己丑，自上虞东出徇奉化。大清兵方攻吴奎明，追奔至河泊所，翊猝遇之而战，大军退。其年，鲁王次健跳，授翊河南道御史。翊朝行在，升右佥都御史。已跸舟山，再入朝，升兵部侍郎，寻晋尚书。

大帅患山海久不宁，有为谋曰："此皆失职人逋窜，若招以官，可立解。"会稽严我公，鸷猾士也，闻其说，亟造为告身银印，曰："请自隗始。"遂授都御史，招抚湖州柏襄甫、会稽顾虎臣，皆降。我公将渡海，发使者入明山，翊之前营黄中道曰："严我公动摇山海，宁可使之达行在哉？"烹其使，分羹各营，敢受招抚，视此。我公踉跄去。

庚寅八月，翊合俞国望、陈天枢之师复新昌，北越余姚，拔浒山，绍宁道梗。诸帅议大举，将取舟山，恶翊反内地，乃分二道。金砺自奉化，田雄自余姚，会捣大岚，游骑四出搜伏，旗幕三十里，翊避之于海。京第病不能行，匿鹳顶山，为降将所致，死于宁城。翊兵日蹙，犹大治海舟，期身往崇沙，而以西事委翼明。从东阳、义乌收合金衢严豪俊，顺流下钱塘。会褚九如从弟素先乘翊小败，劫饷金北去，众心摇散。翼明及裨将陈虎侯、朱伯玉，亦间行亡抵家。九如逃入天台为道士，气结死。

辛卯秋七月，翊还山中，所留诸将，降杀且尽。二十四日，大星坠地，野鸡皆鸣，为团练兵执于北溪。过奉化，赋绝命诗。在系日，束帻掠鬓，修容，谓守者："令汝曹见此威仪也。"

八月十二日，大清帅毕集定海，陈督讯之，翊坐地上曰："毋多言，成败利钝，天也。"刘帅注矢射之，中肩，田帅中颊，金帅中胁，不动，如贯植木。绝其吭，始仆。牙将二人，亦不跪；掠之，则跪而向翊，见者为泣下，曰：王公忠，宜从者义也。

王江之母为金帅所得，以招江，江削发为僧，见金帅于杭，问讯而已。安置省城，母以天年终。江买一妾，其妻日夜勃谿，江怜妾而遣其妻，妻攘袂数江，登肩舆去，闻者无不薄江为人。后江出，人以其妾在，不疑。既而不返，始知向者以术脱其妻也。

江既得逸，遂与张名振引师入长江，登金山，遥祭孝陵，题诗痛哭。丙申，复兴沈调伦聚众明山，调伦见获，江亦病创死。小南亡命，后二十年，有遇之于金山寺为僧者。自翊被执后一月，大清陈锦遂围舟山，舟山破，鲁王出奔厦门。

论曰：金堡言江北不知有弘光，江南不知有永历。甚矣！人之识小而蔽也！尺寸之外无睹，悲夫！以王翊之贤,而乡间呼以为贼,夫又何怪焉?翊头悬宁波城楼,为毛明山所盗,祀于鄞人陆周明书架。周明死,其弟开箧乃见,此与人求王琳首书其义甚烈,又何以异哉!

刘翼明

刘翼明,名光世,以字行,浙江山阴人。佐王翊者一年,后老死于家。王翊善下士,能立纲纪,有监军道五人。其健将为黄中道、毛明山,团练兵望此两人旌旗皆退走。褚九如号耆旧,为翊延接宾客。翼明初入山,夜过九如宿,九如逡巡立窗外不去,语遂彻旦,尽举所部兵属之。诫其下曰:"刘将军勇无敌,第听约束,必有功。"翼明由是得展所长。统兵千人,出屯嵊之东坑,及陈天枢同复新昌,天枢视火药焚而投水,翼明迎谓曰:"得不死否?"天枢曰:"兄但急入城,理战守,无忧我。"月余而死。

山中兵初畏镇兵,翼明用忠义鼓舞训练,旬月间遂得精卒。一日平明,冲大营,踊跃进。大兵见进退行列,殊异前日,知刘大刀在,遂溃。士卒感翼明威信,无犯民舍,每移军,民攀挽曰:"公去则他将来,无幸矣。"

裨将陈国宝，余姚人，勇而义，父奉翼明，且夕侍卧内，战则率其下齐致死。尝至鹿头颈，就粮于平西侯王朝先。他部有刘朝先麦者，朝先来，诘其人，语不逊，国宝自营中抽刀前，曰："谁谓我公盗麦者？宝请身当之。平西无主人礼，岂能为国乎？"众皆愕顾，使者已遁矣。翼明将归，先遣国宝，挥泪。翼明立山头送之，见国宝行数里尚回顾。王翊死，国宝不能忍，复以数十人起，败，死之。

王江

王江，字长叔，余姚人，名位亚于翊。有智谋，卒死山中，不负其志。

邵一梓

邵一梓，字端木，余姚人。从军江上，还屯四明山，有众万余，势锐甚。郡邑相戒毋犯邵不林锋，不林，其别号也。后战败被执，叹曰："不可破我网巾，使我无以见君亲于地下。"兄一柱、一槐，弟一楠、一栋，先后并战死。

俞国望

俞国望,字□□,浙江新昌人,宽惠长者。有众一万,然不简练,少选锋,尝以鸟铳败田雄兵于山涧,故田兵畏新昌鸟铳。一日战,被矢,仆道旁篁棘间,追骑数千过,无觉者,因得免。裨将持尺书入王翊军,越关走,翼明棒而遣之。诘日,国望诣翼明,谢军政之肃,其贤如此。国望起武生,封新昌伯。

陈天枢

陈天枢,字□□,会稽樊江里人。丁亥,与高宜卿等结壮士,走平冈,兵少而精,张司马煌言、李进士长祥皆依之。时宁绍义士屯聚四明山,左右推王翊为盟主,天枢不欲属翊,自为一部,翊亦敬天枢,如兄弟欢。先是,海舶数艘舣山阴之白洋,遇田雄兵百余骑下堤来攻。陈虎侯发鸟铳毙其一骑,众争上,骑皆陷于淖,盘旋往来,觅堤口不得,下马叩头乞命,杀八十余人,天枢实左右之。

翼明至白洋,天枢与深相结。比山中兵起,人多有道刘大刀名于翊者，天枢尤不容口，因是必欲致翼明。翊规模远，赏罚明肃，其部卒视郑遵谦、刘穆时精练。是时，天目有姚志卓，四明有王翊，鲁王得迁延南田、舟山者数年，依二人为右臂焉。副将常进功，引兵入山，天枢乘其初至，夜袭之。先盗其马，马惊，众扰乱，山中军纵击，进功仅以身免。

王善长

王善长，字□□，山阴人。少有绝力，长而豪荡，乡里患苦之。尝同少年游禹陵，见空石，大言曰："我固不学，闻大禹治水，有玉简金书埋会稽，岂兹地乎？"则以手撼之而动，意得甚。

甲申，闻煤山之变，奋臂言曰："京师公侯将相，岂皆妇人耶？"逾年，郑遵谦起，善长为部将，及败，归里。又逾年，王翊、陈天枢起，善长亦合骁果得数百人，起会稽山，受鲁王命为威武将军，往来山海间。因曰："吾闻古之立功者，不遇异人，必见异书。往吾撼空石能动，意金书待我发乎？"乃以大索贯石，与数十人转之，莫动也。善长则攘袂独挽索，使数人旁助，随手折，掘地及泉下，竟无所见。

善长每战摧阵，郡将戒其下勿与善长遇，而使人好语诱以官。善长不肯，曰："吾志图兴复，岂假建义为博官地哉？"

舟山破，山海之师皆溃，善长间归。为人所告，捕者数十人，善长拳仆之，卒入狱。告狱卒曰："吾数月人耳，山中颇有所积，置之何用？当奉为诸君欢。愿去桎梏，得醉饱待尽。"遂痛饮，日益狎，亲故亦时留饮狱中，间置刀斧瓶罍以进。

越城东南有稽山门，人希往来。一日，有大舟载草而溺者，以草积城下去，门者以濡故，弗问。是夜，善长饮狱卒，侑以琵琶而歌西音，皆大醉。遂缚狱卒，而告诸囚曰："能从我者第先出。"诸囚皆出，善长斧狱门，奔稽山门，乘城投草而下。道四明，航海，追骑四出，不能及。善长从定西侯张名振，战崇明有功，为朱成功所忌，见杀。

章钦邻（传阙）

冯京第（传阙）

卷 八

王毓蓍

王毓蓍，字元趾，浙江会稽人。性至孝，方婚，遭父丧，三年不居内。母没，哀毁伤目。年十六，始为文，即工。好交天下才士。时海内以文誉擅元礼、有道之目者：苏州有杨廷枢，太仓有张溥、张采，松江有徐孚远、陈子龙，江西有陈际泰，而绍兴有毓蓍。辈虽在诸生，群推人宗。刘宗周讲学于古小学，毓蓍及刘世纯、陆曾晔、秦弘佑、王朝式、秦承显、钱永锡等皆执贽，宗周甚器毓蓍。毓蓍顾豪迈，不为曲谨小节。每燕集，坐客常满，风雅谐笑，旁及丝竹。

崇祯十七年四月，闻北都之变，奔告宗周，相视流涕。慨然曰："毓蓍之死始此日。"及明年乙酉，南都溃，浙东归款。毓蓍不欲生，作《愤时致命篇》述意，草成而歌，歌而恸，凡数日，两兄难之。毓蓍髯且竖，已笑曰："是不难，圣贤书人读之，此日扬扬里巷，不忍见也。它日死更难耳。"

生平不理家，儿乳名亦不记。是日，问儿名，抱持之，曰："以属兄。"越数日，府县具牛酒迎犒，毓蓍方食，投箸起，大书其门曰："生员王毓蓍不降。"复榜诗文于唐卫士祠及文庙。夏旱，出视泮水浅，乃之柳桥下，坐而死。时六月二十二日，求其尸，色如生。留书上宗周曰："毓蓍已得死所，愿先生早自决，无为王炎午所吊。"

是时，宗周既不食十日矣，见书伤悼，曰："吾讲学十五年，仅得此人。"门人私谥正义先生。后鲁王赠简讨，死后十三年，友人蒋平阶、魏简等葬之于梅里尖西阜。其后毓蓍四日死者，有潘集。

潘集

潘集，字子翔，浙江山阴人。学不喜章句，诗文立就，纵横绚烂，若不可止。王毓蓍延吴下名士，为文酒会，集方就童子试，试又不利。每弹驳诸名士文义，毓蓍恚，绝不与通。比闻毓蓍死，狂走大叫曰："集故人也，必死从王子！"走哭柳桥上，曰："先生往乎？尔友来矣！"有解之曰："子布衣，无庸然，天下甚大，岂少子？"集厉声曰："天下人自生，集自死，集不以愧天下，天下亦不以集愧也。"袖巨石，沉东郭渡东桥死。

集负才任气，酒酣即骂其座人。父为边郡小吏，以城陷死，每语及，辄涕不止。尝参沙门雪峤，云有所悟。死时年方二十三岁。里中私谥义成先生。鲁王赠礼部主事。葬于城南谢堡。集后十三日，又有死者周卜年，亦布衣。

周卜年

周卜年，字定夫，山阴人。父孝子文郁，水漂母棺，七日不食，入水负母尸出，得疾死。卜年少孤，尝赴府试，不利，愤誓于神曰："卜年不得科第扬吾亲者，死而雷击其尸。"越城降，卜年哭曰："终吾年无以报亲矣，吾宁赴海与鱼鳖处乎！"作五歌以自哀，碎所佩玉雷圈曰："宁同玉碎，勿瓦全。"翌日，白衣冠哭诸市，从邻妪乞一针纫其衣，而遗书弟曰："吾死矣！嫂有遗孤，不可不守；无，则不可不死；不能死，不可不嫁。滔滔大海，不复寻吾尸也。"遂赴海死。尸浮白洋之龟山，衣纫如故，遗一履。鲁王赠礼部主事。卜年死后越数日，郑遵谦等兵起。

朱玮

朱玮,字鸿儒,山阴人。乙酉六月朔,随父避兵墓所梅里尖。间语其舅曰:"人畏兵,吾不畏也。吾将得所往耳。"家人谨提之。比大清兵下乡,人皆剃发,玮亦故称从剃,于是提防稍懈。玮既出,遽返舍,以壤书案曰:"志不可夺。"家人虑失玮,索之,得壤书,曰:"噫,死矣!"逢野父叩之,则见玮望墓而拜,投河渠死。玮父号于塘曰:"兵且至,吾守汝以及于难乎?抑捐尔骨以去乎?"三终,踊而出,角巾而立。稍引之,并岸不仆。时年二十四。

倪舜平

倪舜平,字□□,山阴人。家贫不娶,尝往来诸暨,授书自给。或趣之府县试,笑不答。大清兵渡江,则以一航载大缸二,之祖墓,以缸坎墓左。置酒,召村邻饮墓下。毕,拥所携书卷,趺坐其中,曰:"覆吾缸,度吾瞑,瘗吾土。"有顷叩之,尚嘤嘤有声,呼曰:"舜平,舜平!"终不答,及夕而响绝。

高岱

高岱,字鲁瞻,会稽人。世袭历海所百户,而岱为崇祯庚午顺天榜举人。数上公车,不得志,返越。闻城下,遂不食。及瞑,呼子朗诀曰:"吾世受国恩,国亡与亡,义也。"朗跪而请曰:"大人教儿忠孝,国不可无臣,家亦不可无子,请先大人死。"遂奔称江。兄澄追之曰:"弟止,止!余长子当随父死,汝次当奉母。"朗厉声曰:"兄!死与养孰难乎?弟为其难者。"跃入水死之。

沈之泰

沈之泰,字鲁瞻,余姚人,弱冠通二十一史。忠孝内结,同邑孙嘉绩、邵之詹、吕章成、邵以贯皆与为挚友。乙酉恩贡第一。鲁王时为中书舍人。江上败,之泰郁郁不得志。里中人持其阴事,谓入海朝鲁王,系会城狱。海道王天锡欲出之,之泰不可,言:"蹈海固夙志,得死无恨。"在狱赋诗,临尽,神气暇适。

先是,有菜佣负巨室逋,痛掠,以之泰救,解。至是，佣在武林，职纳馔食；将刑前一日，泣语之泰曰："吾为君了后事。"乞其尸埋之。妻吴氏家居，闻之叹息。顷讣至矣，将收家属，吴氏曰："吾吏部曰倪沈公子妇，曰铸吴公孙也。不可以辱。"立自缢。弟之益，以兄故逃禅，间还家展墓，邻里无识其面者，后之泰三十余年死。

徐复仪

徐复仪，字汉官，浙江上虞人，崇祯癸未进士。丙戌后，哭泣失志。所居下管山中，日夕贸贸环山行，竟废餐寐。投崖落深谷死，乡间哀之。

赵天麟（传阙）

华夏（传阙）

卷　九

张煌言

张煌言，字玄箸，宁波鄞县人。崇祯壬午举乡试，时年二十二。隽迈自喜，常着绛衫。已闻寇势迫，更刻意勤苦澹泊，求论兵事。乙酉五月，南京败，与同郡钱肃乐、沈宸荃、冯元飏等倡义，奉鲁王监国绍兴，授翰林修撰，掌敕令。丙戌，师溃，归别父母妻子，扈王石浦。明年，以右佥都御史持节监定西侯张名振军。援吴胜兆于松江，龙飓覆舟，陷敌中七日。再战黄岩，北军射而围之，以数骑突免，于是益习骑射。

又明年丁亥，移节上虞之平冈山，与王翊等犄角结寨。庚寅，以平冈兵授刘翼明、陈天枢，率亲军朝王舟山，屡请益兵当定关。辛卯，父艰讣至，晨夜痛哭。大清提督田雄、海道王天锡，以书来说，使解兵。煌言复书，不屈。其年，舟山破，及名振奉王南入金门。闽政自郑氏出，煌言和谨调护，王赖以安。

壬辰，监名振军，过舟山，抵崇明沙，指金山，江淮响应。癸巳，上洋山，再驻崇沙。冬，破崇明步骑万余于平洋。甲午，再入镇江，观兵仪真。夏，逼吴淞，战捷，皆与名振俱。乙未，延平王朱成功遣阮骏、陈六御与名振复舟山。台州守将马信举城降，使煌言以沙船五百迎之。名振卒，信弃台州，明年丙申，舟山再破，煌言移军秦川。时鲁邸旧臣皆尽，而孤军流寄穷岛。郑氏部曲陵暴，煌言惟御之以忠诚。阮美、陈文达争饷地，为婉解曰："大敌在前，何暇私斗？"美军有犯，辄曰："我大臣，宁与麾下争曲直？"获内地逻谍，亦好语酒食遣之。由是主客浃和，边澨感悦，遗黎亡卒，多为耳目者。戊戌，大清两江总督郎廷佐以书陈说天命，晓谕利害。复之，略曰："夫揣摩利钝，指画兴衰，庸夫听之，或为变色。而贞士则不然，所争者天经地义，所图者国恤家仇，所期待者豪杰事功，圣贤学问。故每毡雪自甘，胆薪弥厉，而卒以成事。自古以来，何可胜计？若仆于将略原非所长，只以读书知大义，痛恨灾氛，左袒一呼，甲盾山立。区区之志以济，则赖君灵；不济，则全臣节。遂凭陵风涛，纵横锋镝之下，迄今逾一纪矣，岂复以浮词曲说，动其心哉？来书温慎，故报数行。如斩使焚书，适足见吾意之不广，仆亦不为也。"

煌言劝成功取南京，日与偏裨较射鹿颈头，神气勃厉。罗致中土名士，商度方略。山阴叶振名三渡海从煌言。其年，奉桂王命以兵部尚书视师浙直，同成功北举，复抵洋山，遇风碎舟，还。故廷佐等急招之，而煌言措置开广。成功亦以是重之，谓其知江上形势，使前驱。己亥六日，成功师至崇明，煌言议崇沙江海门户，悬洲可守，宜先定之为老营，不听。

大清于金焦间用铁索横江，夹岸置西洋大炮。煌言次浦口，风急流迅，且战且却，露香祝江神，遂鼓棹而入。诘旦，成功克瓜洲，欲取镇江，虑南京援骑至。煌言议舟师先捣观音门，则建业震动，自守不暇，何能分援他郡。即属煌言西上，至仪真，吏民赍版图迎进。次六合，闻成功已拔镇江，即作书致五军张英，谓兵尚神速，由若水道，迟拙非策。煌言已抵观音门，令轻舟数十径抵芜湖，身为殿。自浦江口转战而前，七日掠江浦，入之。次日，成功抵七里洲，先所遣芜湖诸将捷书至，芜湖已降。成功趣煌言急趋芜湖，以遏江楚之援，于是江南北相率来归。太平、宁国、池州、徽州、广德及属邑皆下；无为、和州、含山、舒城、庐江、高淳、巢遣吏请降。凡得府四、州三、县二十四。

时煌言兵不满万，船不满百，惟以先声号召，大义感孚，腾书缙绅，驰檄守令，所过秋毫无犯。入谒先圣，坐明伦堂，长吏故官，或青衣待罪，或角巾抗礼，考察黜陟，如州牧行部事，父老望其衣冠，莫不流涕。江楚鲁卫豪雄，多诣军门，受约束，请归旓旗相应。方部署诸军，思直取九江，而南京败书闻。

先是，瓜镇既下，不出兵攻略旁邑，丹阳、句容皆虚无堠，苏松援骑平行，陆走南京。成功师围南京二旬，郎廷佐、哈哈木、管效忠等守益坚。煌言驰书成功，谓："顿兵坚城，师老易生他变，宜分兵尽取畿辅诸郡；若金陵出援，可邀击歼之。"大兵尽出，再战，成功大败。煌言在宁国，得报，急返芜湖。思弹压上游，与瓜镇犄角。镇江书生罗子木，亦劝成功乘败，出不意，转帆复西。成功遽退师，并弃瓜镇，上游兵因遂溃。太平守将首变志，煌言遣兵复取太平，斩其将。

大清军水陆邀煌言，楚将罗八战舰数百，已渡安庆。煌言恐众寡不敌，勒全军指繁昌，欲以艨艟径趋鄱阳，合召义旅，回旗再取四郡。进次铜陵，众散，与麾下数百人至无为州。焚舟登岸，历桐城黄金棚入霍山界，以书通于阳山贼帅褚良辅，求借屯，不纳。移扎东溪岭，思走英山，为追骑所及。将士疲困，皆窜山谷。煌言突围，得土人为导，乘月变服，夜行两日，至高河埠，投逆旅。有徽豪金某、徐某，揣知煌言，入见，曰："江上未解严，谁能为芦中丈人者？"乃匿煌言于家。数日，由枞阳出江，渡黄溢，走徽、严，山行道东阳、天台，以达海壖。海滨人传张兵部得生还，相与悲喜久之。

先是，罗子木在江中遮说，道路属目，遂奉其父从大军入闽。庚子，煌言收烬于浙，驻师林门，子木复奉父北行，至三山，父被执去，子木诣林门，以家国之难，恸哭，告煌言邀成功再举兵。煌言曰："我力不独克，彼意似不欲本朝复兴，徒以我素谨弱，为彼御定关，通中原音息，故不我图。且彼无爱民之心，来亦正毒百姓，姑待之。"子木遂留事煌言。及大清迁界，海上饷绝，佐煌言开屯南田。

顺治十八年辛丑，成功攻台湾，煌言以书力谏。是年，移军沙埕。康熙元年，壬寅，闻缅甸信，欲复拥戴鲁王，上启言："莽移汉祚，光武中兴；丕废山阳，昭烈践祚；怀愍北狩，晋元称制；徽钦蒙尘，宋高继立。以视今日，谁曰不然？顾岛上勋贵，罔识春秋大义。而臣实兵微将寡，饷匮援穷，既见宗国之亡而不能救，犹幸旧主之在而不能扶。所以中夜椎心泪尽，而继之以血也。谨遣官赍献膳银，南望仓皇，罔知所措。"

时成功已入台湾，僭帝制。王在金门，不免饥寒。煌言以旧从岁时供亿，又虑郑氏见疑，十年未敢入觐。成功死，海上解散，煌言益不振。众议入鸡笼岛，煌言谓："偷生朝露，宁以一死立信。"卒不行。癸卯，王殂于金门。

甲辰，移营桃花山买米，船为普陀僧所获。降人孙执法引张杰兵袭煌言，遂被执。从者罗子木及守备叶云、王发，侍童观毓。七月十九日至宁波，方巾葛衣，轿而入，观者如堵墙。张杰举酒属煌言曰："迟公久矣！"答曰："父死不能葬，国亡不能救，死有余罪。"常进功谓子木："海上知我名否？"子木曰："但识张司马，何知常进功？"他有问，大笑，不为语。至杭州，总督赵廷臣礼以上宾，听故部曲来庭谒，司道府县至者，但拱手，不起，列坐于侧。士民赂守者求视，煌言翰墨酬接无虚日。九月七日，死于弼教坊。有绝命词曰："我年四十五，恰逢九月七，大厦已不支，成仁万事毕。"候卒致词请坐，与子木同毕命。观毓大声曰："我亦不跪者。"云、发面煌言跪。是日，骤雨昼晦，杭人知不知，皆恸哭。同郡万斯大、仁和张文嘉与僧超直葬之西湖南屏山。

夫人董，与嗣子先羁管杭州，防久而疏。煌言遣力士引嗣子出，曰："母可偕乎？我独往，母必死。"敬拜力士而辞。有劝煌言纳媵者，曰："吾妻子如是，何忍。倡义以来，未尝一近女色。且死生成败殊未料，多累何为。"马信将陈木叔女奉煌言，谢曰："忠臣之裔，不可以辱。吾义不再娶。"厚赠遣之。病不饮药。大洋中能自运舵。每叹曰："沿海膏脂尽矣！幸其出战胜，则进取，否则一跳海中，毕吾事耳。"

尝与叶振名论古今人物，曰："绍兴死节者多，吾慕之，清夜尝愧之。"历十九载，卒践其言。故其《经故里》诗有"苏武管宁，求仁得仁"句云。

自煌言仗节，宁波士风振起，同时如诸生华夏、杨文瓒等,皆以死殉义,知名当世。子木名纶,尝为书责成功,浙中传之。振名字介韬,以只鸡哭煌言于越王岑,其文累数千字。死于康熙壬戌,穷无子女,寿七十余。有《张司马二客传》。

论曰:王文成公有言:"死天下事易,成天下事难。"此责成于可成之日,不以一死塞也。若以律文天祥、张世杰,岂其然哉?世传己亥长江之役,有壬午举人方会试下第归,对其家人如醒如呓,咄咄仰天曰:"同年生作何等事,而我自顾尔乎?"信由斯言,煌言固死而不死,不成而真有成也。余未得见先生,而曾读《冰槎集》《奇零草》,悲其志。又从介韬、翼明两君悉先生生平。乃乡人尚有不为徐庶加之罪者。于乎,九原可作,其何敢辞?

附录逸事

煌言,壬午举人,出山阴令吴淞钱世贵之门。□朱夏夫兆殷曾受知于知府于颖。颖迁宁绍台分守,与煌言同谒颖,以意气相许。谈朝政得失、朝臣覆𫗦状,不胜发指。劝颖招技勇,备不虞。亡何,有东阳许都之变,事宁,肄业驼峰。

十七年秋,至南京,交刘伏阳孔昭子永锡,见伯温先生《遗书秘记》。

金陵不守，于颖移檄浙东，煌言来会，同盟于学宫，誓以死卫社稷。

至杭，候巡抚张秉贞议所立，上潞王玺绶。王长斋绣佛，无帝王气概，大失望。煌言归，别祖庙，联络绅士，痛哭于王之仁、张名振，散家财，俟大举。田雄导大军东下，潞王率文武降。闰六月七日，煌言合钱肃乐，沈宸荃，冯元飏、元飚同之仁、名振举兵宁波，移檄远近。九日，孙、熊举兵姚江；十一日，郑公子举兵绍兴。

先是，于颖命徐允升募兵金华，使夏夫募船沿海。会内臣高起潜引所部五百余，辎重数万，自海道至白洋，夏夫留之不果。得其副将余应元，都司王有功，守备孙勇等数十人，与遵谦约日举事。

于颖驻兵西郭，使夏夫促遵谦出兵，曰："公在驿候进发，今张憖、彭万里已授首，事至此，宁可缓乎？杭城一苇，朝发夕至，何以处之？"遵谦以事未集，需后期。夏夫曰："若尔，浙东鱼肉矣！"于颖自率团练兵五百，道陆至西兴。而夏夫水师由海道会，遂统应元等并乡兵百余，船百艘，薄暮抵钱塘。值大军半渡，邀击，斩其前锋六十余级而退。于颖至，又调萧山团练五百，配以中军郎文明、任朝晋、张弘兆，宁波义师亦来会，乃定守江之计。

于颖晋督师。丙戌，移屯三江，夏夫以护军从。时大军在前，内多悍将，众叹，悲时事不支。煌言独慷慨，必矢兴复。酒间歌啸，义形词色，侍者莫不发指冲冠。迨五月，富春窃渡，士卒不战而溃，于颖疾驰留方国安、王之仁固守。不可。煌言与张国维护鲁王过曹江，归别父母妻子，从驾石浦。越日，孙、熊、郑三家继至，闻于颖以船溺，微服去。鲁王至舟山，黄斌卿曰："臣受先帝命守舟山，主上犹的也。的所在，思射之矣。"乃幸普陀。夏夫同王有功、孙勇间道归。戊子，越中乡兵复起，夏夫使鲁恂至舟山，候定西、肃北二藩进止。煌言以定西护军，同肃北护军曹从龙、将军黄朝先入三江。煌言复大会诸将于驼峰。亡何，二藩构隙，阮进护鲁王至闽，曰："迎定西至林罿。"曹从龙大掠而归。煌言不得已，上会稽山，列营平冈，与王完勋、王虎等唇齿，以书招夏夫。会鲁恂被胡锦首死狱中，不果行。庚寅夏，鲁王至舟山，有旨召煌言归山中，诸将以不相统摄，散亡。

辛卯，吴淞定关分道入海，煌言同定西护鲁王亲行，先退大军于崇明。以阮进守大泥湾，刘世勋守舟山。陈锦、田雄觇知精兵北去，乘雾而出，进不之觉。及至接战，仓促掷火球，遇桅，反击自焚。下水被擒，舆之以说城中。进至，言煌言等已大捷，旦夕凯旋，令城中死守。被围十日，炮火俱尽，定西中军金允彦逾城降,具告虚实,遂百道攻城。夜分,星陨如雨,九月二日,城遂破。定西太夫人全家自焚,定西闻报急返,至火烧门,止隔两潮,无及。遂护鲁王入闽。

明年春,讨舟山,守将巴臣兴降。乘胜入长江,煌言同英义将军阮骏先登陷阵,崇明、镇江二战俱捷。为文望祭孝陵,三军缟素,哭声雷震彻城中。会以闽师被撤,无援而退。大军以巨舰铁锁横金山遏之,大战,沉舟截锁而出。是役也,以少击众,士气百倍。明年,复统师入江,江北豪杰聚众来归者接踵。适谍者间于郑,撤回闽,来归者俱恸哭别,事遂不可为矣。及至,与郑极陈利害:谍不可信,和不可从。郑趑之。乃再引兵北上,驻舟山以图恢复。密檄四出招徕,人必响应。

乙未,马信以台州降。值定西以鸩卒,信闻讣,大恸,遂弃城入海。以煌言在鲞,挟陈木叔女奉之。曰:"忠臣之裔,不可以辱。且室人董为我陷狱,义不再娶。"厚赠而遣之。葬定西舟山之沈家亹,由是权归陈六御,而将士解体。

煌言屯鹿颈头,以书招夏夫,田临山航海至,咨以军旅宜帅出海。八月廿四日,大战于蛟亹。阮骏恃勇轻敌,陷阵失水,自辰至未,大军番休叠战,遂不支,并丧刘永锡、张晋爵、陈六御、张弘德,降顾忠、王有才,舟山复破。夏夫从煌言,至沙埕而还。

叶、罗二客传

越有志节士曰叶振名，字介韬，山阴湖塘里人。少方迁，行六，人呼六腐气。独喜自负，家贫，居坏室，敝帷结席，不能拒蝇蚋。旁一土垆，尝冷不燃；几欲朽，杂叠烂编数本。目不远瞩，行持一短橛，藉邻火煨柏叶代茗。儊饼啖客，不废酒，客不饮则自尽之。外扉粘心丧谢客，实无丧也。柱上署联，大约以死为乐，择死之最首者迅雷。事亲孝，母吴垂革时，泣曰："使名终身困穷可也，否则此心之痛何如耶。"尝娶妇，妇逝即不续。过人即索酒，取架上书遍读，读竟辄哭。能古文，谓自周秦至今，不八九家，而自诩充其数。书法解学士，前无古人，己书足绍之。冠道士冠，行道上穆穆如无人。

张煌言屯军鹿颈头，渡海访之。煌言曰："比年无一端人至，君来，吾辈其有兴乎。"携之观射，酌以大觥，因叹息人才难得。振名谓煌言，取人当以守为尚。煌言曰："军中须才智，不须道学，道学何与兵事？"振名曰："患道学不真耳。真道学必善用兵。且昔烈皇帝尚才，刘子尚守。其后国破君亡，未见才者之效。诸殉难者，悉有守清节士，岂非明鉴？"时振名以煌言委信非宜，左右或缘奸伪，故语及之。煌言作《留侯》《李陵论》，讥切时辈。又欲作《陶潜论》，以斥逍遥泉石，无意当世者。振名曰："人心胥溺，幸二三遗民，高尚其事，留此面目。公论出，无乃激使往乎？"乃止。

己亥夏，候煌言金堂，陈三策，大约欲暴延平之罪，擒斩之，夺其兵，以图兴复。言多阔迂，不可行。其秋，师溃安庐，岛上未得煌言消息。符文焕遣官延请振名，暂护视师之署，振名至，会煌言返，晤于鹿颈。辛丑正月，又谒煌言林门，至秋而归。

其后郑氏东入台湾，煌言竟被执，死杭州。振名持只鸡黍酒，独登越王岭哭祭，为文六千五百余言。时京口罗子木随侍煌言，同殉节。君为作《行略》。振名官翰林修撰，兼兵科给事中。生万历戊午，卒年六十有八，无子，友人王某为之殓葬。

罗纶字子木，镇江丹徒人，或曰应天溧阳人。性尚义，家贫，授徒苏州。一日，读史可法《安攘疏》，大恸不止。延平王朱成功师度金焦，亟往观变。谒张煌言于仪真，一见器之，命草檄谕江南北。煌言欲留之。子木曰："亲在，未敢许人也。"族叔罗蕴章，时为成功左镇，乃入其营。不数日，成功东奔，子木在金山，犹疑阳败。已，望见大艑过焦山，乃乘小艇径奔成功船，大呼曰："我罗总兵侄也。"超登曰："公何以费十年之力，辜天下望？"成功不答。子木大恸曰："公兵势尚强，奈何以小衄挫志？彼战胜而惰，转帆复进，南都必破。失此事机，后欲再振，其可得乎？"持成功手顿足号恸不已。成功默然，竟令左右扶去。

乃急入镇江，扶父随蕴章至温州，寻到厦门中所。知成功不可恃，复奉父北行，至三山，父被执去，恸哭。诣林门叩煌言告难，请邀成功北出。煌言曰："彼力惫而神眊，不来也。"子木曰："小子以书请，何如？"煌言曰："可。"遂自作书奉成功，不报。

在煌言帐中，遇事直言，左右皆忌之。会迁界，禁下饷绝，佐煌言开屯南田。甲辰，煌言移桃花山，宾佐多散，子木朝夕敬护，不去左右。已同被执，入定关，常进功款宴，问子木曰："海上知我名否？"曰："但识张司马，何知常进功？"他有问，大笑不为语。至杭城会议府，不跪，次煌言席地坐。煌言与总督赵廷臣语次往复，子木抗声曰："公先后死耳！何必与若辈絮语？"煌言初欲绝食，子木笑曰："大丈夫死忠，任其处置可也。"饮啖如平时。九月七日，死于弼教坊。

论曰：张公恭以礼士，士不惮险阻归之。然所得客，独叶、罗二人为最。罗之从死，天下业见之矣。叶先生无日不以死自处者，偶不死也。余三过先生湖塘，被其容接，出浊醪酌余。语及兴亡之际，言隐而虑深，同坐者不知也。朝议方事台湾，先生辄上姚督书，劝其缓攻。事虽不行，然于故国之义，亦已尽矣。附舟人遥示书稿，署其函曰《叶六腐气》，受而展之，滔滔万言，不可穷竭。其意气之盛，固与罗生同其壮哉！

卷 十

黄斌卿

黄斌卿，字明辅（一字虎痴），福建莆田人。其先以御倭功，世千户。父死奢崇明之难，又晋世袭。崇祯末，为舟山参将。福王时，升九江总兵，改广西征蛮将军，未赴。唐王即位，擢水陆官义兵马招讨总兵官，封肃鲁伯、太子太师，赐尚方剑。治兵舟山，王御门亲饯，郑鸿逵解玉带以赠。敕书曰："一统未全，即朕不孝；三吴未复，即卿不忠。"斌卿乞周崔芝自副，至舟山，益募丁壮，营田。故臣遗民南来者，皆护导入闽。凡北方出兵及吴中有建议，辄先奏消息，一时倚斌卿为重镇。然性贪啬，而崔芝慷慨得士，由是二帅不合。崔芝去，别领水师。

是年八月，斌卿败于崇明，以周瑞救还军，夺伯爵。会定西侯张名振自钱塘归石浦，斌卿与婚，为通表福州。及名振奉鲁王如舟山，不纳。既又诱击定海总兵王鸣谦，并其众。张国柱因是藉言为鸣谦复仇，攻舟山，大战三日夜，斌卿不胜。名振裨将阮进以四舟冲国柱，乘涛举炮，所向糜碎，国柱大败，以身免。斌卿得其楼船，军益振。

阮进者，故海中小盗，名振拔领水营。斌卿计间进，取战艘数十，军资数万，脱归闽海，名振以故望斌卿。鲁王次长垣，封进荡胡伯，与名振并列五等。进亦薄斌卿暗大义，复与名振合，松江吴胜兆谋归，以蜡书请援岛上，斌卿犹豫未决。时斌卿已晋威鲁侯，其肃鲁伯印故在，名振议即用封胜兆，率舟师抵崇明为援。值海啸，踉跄归。胜兆事泄，及陈子龙等皆死，远近失望。其冬，宁波诸生华夏使人走舟山，约内应，斌卿不时发，事又泄。岛师泊桃花渡，闻宁城举炮遽退。夏等被杀，收及亲党，甬人皆咎斌卿。

斌卿故无攻取图，徒以嗜利诺夏约。既返，悔其一出，愈急计保聚。配民年十五以上皆为乡兵；男子死，妻不得守制，田即入官；六十无子，收其产，别给口食；内地大户，不敢渡海，尽藉其田为官田。合计舟山之田，二属官，一属民，并欲收其一如土司法，为不侵不叛之岛民而已。喜戕贼气类，内无亲信。初年，杀荆本彻，是年，贺君尧来自温州，利其赀，使盗杀之中途。名振丧师归，每事侮之，又失欢于平西将军王朝先。名振去屯南田，朝先屯鹿颈，两人皆恨斌卿，以孥帑在舟山，未得间。

戊子秋，鲁王自沙埕还泊健跳，令阮进以百艘叩舟山，告乏食。斌卿不应，亦不使人诣健跳，于是名振、进、朝先上疏，合军讨舟山。斌卿累败，求救于安昌王恭㰁及大学士张肯堂，上表谢罪。又谋和诸营，曰：

"彼此王臣,无妄动。"九月二十四日,会于海上,各敛兵待命。斌卿部将陆伟、朱玖,背约出洋。进谓斌卿遁去,遂纵兵大掠,斫斌卿,投之海中,二女皆死。王始移跸舟山,赏名振等有差。

周崔芝

周崔芝,字九元,福清榕潭人。少年读书不成,去,为盗于海。尝往来日本,以善射名,与撒斯玛王结为父子。日本三十六岛各有王,如诸侯;其国主曰京王,在东京,而大将军主国权。撒斯玛雄诸岛,首尾大将军。崔芝既熟日本,故在海中无不如意。微行至家,为有司迹捕,系狱三年,贿吏得解,变姓名为盗如故。

久之,就抚,授黄华关把总,稽查商舶。乙酉秋,以水军都督副黄斌卿,屯舟山。其冬,即遣人入撒斯玛,诉中国丧乱,愿假一旅,以齐之存卫、秦之存楚故事望之,将军许诺。约明年四月,发兵三万,一切战舰军资器械,自取其国之余财。自长崎岛至东京三千余里,驰道桥梁,驿递公馆,重为修葺,以待中国使臣之至。崔芝大喜,益备珠玑玩好物,遣参谋林籥舞为使,期以四月十一日东行。

籥舞将解维,斌卿止之曰:"大司马余煌书来:此吴三桂乞师之续也。"崔芝怒而入闽，斌卿奏崔芝多盗火器舟楫南来，有诏趣还舟山，归斌卿军实，诸镇皆不平。会张肯堂复荐崔芝善用海，有兵千人，船五十余号，乞隶臣麾下自效。乃加崔芝平海将军，分统水师，以赵玉成、朱永佑监其军。

大清兵入福州，郑芝龙将降，崔芝泣谏曰："崔芝海隅亡命耳，无所轻重。所惜明公二十年威望，一朝堕地，为天下笑。请得先死公前，不忍见公之有此也。"抽刀欲自刎，芝龙起而夺之。

丙戌正月，鲁王次长垣，崔芝以兵来会，封平鲁伯，复镇东、海口二城。以籥舞及总兵赵牧守海口。四月，海口陷，籥舞、牧死之。崔芝退保火烧岙，更遣义子林皋从安昌王恭㰐如日本乞师。秋，从鲁王攻福州，张名振、阮进等已破黄斌卿，迎鲁王居舟山。崔芝亦引而北，与周瑞率楼船三百艘，分屯温州之三盘。二将不协，王命杭人吴明中往解之。明中返，益构隙，瑞遂南依郑彩，崔芝去北依进。崔芝、进怨瑞，乃会名振击破彩于沙埕。舟山既陷，诸从鲁王者多溃散，崔芝不知所终。

张名振

张名振，字侯服，□□□□人。崇祯末，为石浦游击。从鲁王战钱塘，加富平将军，命率兵规取海宁。不进，竟归石浦。因黄斌卿拜表福州，加捧日将军。后以舟师扈王，投斌卿，不纳，乃更与斌卿有隙。王南入闽，次中左所，名振留舟山。丁亥正月，自舟山引兵朝王于长垣，封定西侯。大学士熊汝霖等以舟山指崇明，当金、焦，北门之管，非名振不可，趣还旧镇，再出兵援松江。值海啸，亡失楼船。翰林张煌言、御史冯京第间道得脱，斌卿因其败，侵侮之，名振去，移军南田。会郑彩杀熊汝霖、郑遵谦，闽地尽陷，名振与阮进共迎王至南田，寻复健跳所居王。

大清兵围健跳，进率楼船数百至，金鼓动天，大军解去。九月，名振、进及鹿颈屯将王朝先会师同讨斌卿，沉之海中。斌卿据舟山凡五年，自以福州所授，不禀奉王约束。既与名振为儿女婚，更怀虞诈，故及于难。

朝先故土司，尝受调立功塞上，后从王之仁出海，斌卿留之麾下，失职郁郁，自请南徇地。至奉化之鹿颈，聚兵得数千人，请命健跳，封平西伯。

斌卿喜收海盗，资其剽掠。有王大振者，善掠，获番舶数万金以馈斌卿，未餍，逃匿朝先营，用危言悚朝先，其谋始合。名振等于是合疏，奉鲁王居舟山。寻周崔芝前议，复乞师日本。遣澄波将军阮美载普陀山寺慈圣李太后所赐藏经为质，卒不定约。

郑彩与朱成功争中左所，大败，泊沙埕，具表舟山请援。名振以彩杀汝霖、遵谦，罪大，且欲结欢成功，遂击破彩之余兵。庚寅，名振袭杀朝先。初，破斌卿，阮进收其水师，朝先收其步卒，独名振无所得。及伐郑彩，朝先不会。至是，名振由南田猝至舟山，值朝先散兵居民舍，不及集，手格杀十余人而死。

秋，大清兵攻舟山，松江张天禄出潝阙，金华马进宝出海门，陈锦出定海。名振南御进宝，使张煌言等断北洋，当天禄。北军势盛，名振度不支，乃与煌言及英义伯阮骏，扈鲁王发舟山，舟泊道头。阮进诣海门求和，北军欲诱之，进以数舟脱归。值大帅金砺之舟，火球投砺，风反转击，进创甚投水，大兵刺取之。进骁捷称飞将，舟山所恃惟进，进死，城遂陷。大学士张肯堂、礼部尚书吴钟峦等皆殉。名振以先出得免，如朱成功营。成功居王金门，名振别屯岩头。

郑芝龙之北也，遗书戒成功曰："众不可散，城不可攻，南有许龙，北有名振，汝必图之。"及名振至，成功不为礼。袒背见"赤心报国"四字，深入肤寸，乃呼老将军，下拜，与兵二万，承制诸军，期以收复南京。

壬辰九月，率大艅过舟山，逼金堂，获逃卒金允彦，斩之。祭死事者，将吏皆哭。进屯崇明沙，破镇江，登金山，题诗而还。癸巳，成功以谗撤名振还厦门，因煌言及宁靖王和解，益兵，刻期北伐。抵洋山，飓风失亡，勋镇多溃归福宁，名振一军独全。冬，再驻平沙，崇明步骑万余，乘冻涉平洋，名振欲避其锋。煌言曰："此用步地，急击勿失。"且，王善长、姚志卓以数百人冲其左，煌言统裨将以数百人冲其右，鸟铳火器犯其中，塘如矢，左右皆深沟，骑不可退，北师大败，免者止一骑，江东响震。成功终忌浙人，以事执善长，杀之。

甲午春，名振再入镇江，观兵仪真、留壁六日。五月，逼吴淞关，获级四百，战艘三百七十，告捷于金门。乙未秋，成功取舟山。十二月廿八日，名振卒于军。或云成功鸩之。

先是，舟山之陷，名振母兄妻奉其父主俱赴火死。比复舟山，名振缟素入城，求母尸大恸。既遇毒，遗语煌言曰："吾于君母恩俱未报，若母尸不获，毋收吾骸。"起坐击床而卒，军中怜之。自是浙中建义者皆尽，惟煌言以文士科得免。东海由是不直郑氏。

论曰：浙海之事，以舟山为终结。崔芝之乞师日本，名振之三抵金焦，皆所以存舟山也。古之思保江南者，必北守淮，西守襄；都成都者，必趋祁山，争长安，况区区悬岛如舟山哉！崔芝泣阻芝龙，最有奇气，惜不得尺寸之柄，肝胆无所用。名振扑斌卿，歼郑彩，掩朝先，或以为趋利转圜，挟诈背本。然事鲁王始终一节，出入环卫，夷险无贰，比于郦寄之卖友，义存君亲，非阿论也。

卷十一

郑芝龙

郑芝龙，字飞黄，福建南安（石井巡司）人。父绍祖，为泉州库吏。库接太守官舍，芝龙十岁时，戏投石子，中知府蔡善继额。捕治，见姿容秀丽，笑曰："孺子贵而封。"释之。不数年，流入海岛颜振泉党中为盗，颇桀黠。振泉死，代领其众，屡抗官军。会闽浙饥，芝龙截商民船，多得米粟，求食者竞往投，贼众至数万。天启七年六月，遂犯铜山，入中左所。然芝龙故与他盗异，常念求抚。所过戢麾下，禁侵掠。放还所获军将。每战胜，追奔，辄止兵。

崇祯元年九月，因巡抚熊文灿请降。时方征天下兵聚辽东，不能讨芝龙，用抚羁縻之。芝龙复入海物奇珍，赂中贵人及福省达官，多为之言，授游击将军。流寇起，中原多事。而刘香、李魁奇等弄兵横海外，芝龙始皆与深好，既假朝命讨之，俱授首。芝龙兵益盛，独有南海之利。商舶出入诸国者，得芝龙符令乃行，八闽群不逞归之。后又承诏讨红夷，累功升总兵，由是起降将如小诸侯，权倾督抚矣。

松江兵败，大学士蒋德璟言于朝，欲令芝龙以海师援辽。有言其人庸鄙不可遇大敌，而芝龙亦恋闽惮行，复辇金京师，议遂寝。

芝龙有弟三人：芝虎、鸿逵、芝豹。芝虎勇，前与刘香搏战死。而鸿逵亦积劳得总兵。福王嗣位，宿将皆例封，芝龙为南安伯，鸿逵为靖鲁伯。鸿逵会师京口，明年，奉唐王聿键奔福州，卒立唐王。以乙酉七月为隆武元年，论翊戴功，晋南安伯为平鲁侯，靖鲁伯为靖鲁侯，封芝豹为澄济伯。未几，复晋平鲁侯为平国公，靖鲁侯为定国公，并掌戎事。而封芝龙子森为忠孝伯，赐姓名朱成功。又有永胜功伯彩，彩弟联，郑芝龙支族。

芝龙距泉州五十里筑城安平镇，置第，海稍直通卧内，积财宝甲兵，充实其中，人物丽盛，专务丰殖。至是，开府福州，坐见九卿，入不揖，出不送。尝与大学士黄道周争班，嗾诸生劾道周。又逐左都御史何楷，使盗道截其耳，朝士噤喑。唐王为坛，拜彩、鸿逵分道发兵，芝龙辄辞无饷，行数里罢。蒋德璟告病去，道周竟死徽州。杨廷麟、万元吉等屡表请驾幸赣，卒制于芝龙，不得出。

丙戌七月，王师下浙江，芝龙密遣使请降，尽撤守关兵。师度仙霞，芝龙弃唐王，保安平，唐王陷于汀州。九月，师入泉州，芝龙恃撤兵功，意得厚赏，复犹豫虑以立王为罪,乃自安平引兵逃入海。

贝勒令芝龙所亲持书招之,略曰:"所以重将军,为能立唐藩也。若不辅立,吾安用将军哉?人臣事主,苟有可为,必竭其力,力尽不胜天,则投明而事,乘时建功,此豪杰事。今两粤未平,令铸闽广总督印以待,吾欲见将军者,欲商地方人才故也。"芝龙得书,大喜,决降。临行,成功力谏,不听。安昌王恭㯷、吏部尚书张肯堂、侍郎朱永佑、忠威伯贺君尧、武康将军顾乃德具言不可。平海将军周崔芝泣诉芝龙曰:"诚惜明公二十年威望,一朝堕地。"贝勒接芝龙,大饮三日,极欢,忽夜半拔营,挟与北去。芝龙哀请子弟不肖,在海上恐为患。贝勒曰:"此与尔无与,亦非吾所虑也。"

芝龙已入朝,芝豹奉母居安平。而成功遂起兵鼓浪屿,郑彩亦扼厦门,鸿逵会攻泉州,闽海震动。大清顺治九年,成功进围漳州。芝龙恐祸及,阴遣亲信回闽,劝成功就抚。朝廷冀招成功,封芝龙同安侯。已知成功果无意降,遂下同安侯高墙。及己亥,成功围南京,败归。辛丑冬,斩芝龙。

郑成功(上)

朱成功,本姓郑氏,名森,字大木,平国公芝龙子也。其母日本女,天启七年,生于日本。幼读书,为南安诸生。福王时,入国子监,师礼钱谦益。唐王立,召见,奇其状貌,赐国姓及今名,封忠孝伯。贝勒入闽,芝龙谕成功降,成功不从,曰:"父教子忠,未闻以贰。"比行,又欲与俱见贝勒,叔父定国公鸿逵阴令逸去,得免。遂谋举兵。时诸郑溃散,咸集厦门中左所,而成功部旅单弱,乃往南粤召募。其冬,永胜伯彩至舟山,迎鲁王次中左。两广督抚大臣,奉桂王嗣位肇庆。

大清顺治四年,成功自南粤回。会故臣将吏设高皇帝位,矢盟恢复,以故受唐王封,赐姓。仍尊隆武年号,自称招讨大将军罪臣。以洪政、陈辉为左右先锋,杨才、张进为亲丁镇,余宽、郭新为左右镇,移军鼓浪岛训练。成功年少有文武略,拔出诸父兄中,近远皆属心。于是鲁王改次长垣,晋永胜伯彩为建国公,彩弟联为定远侯,诸附彩者皆奉鲁王,惟成功自为一军。夏,成功、彩合兵,及招讨将军杨耿入海澄,援兵至,岛人却,洪政中流矢死。

其秋七月,郧西王常湖起兵,袭据建宁。鲁王兵攻福州,失利。定国公鸿逵攻泉州,成功引兵会之,军于桃花山。提督赵国佐率数百骑冲成功垒,张进、杨才迎战,鸿逵遣林顺等夹击,遂抵城下。别遣小师破溜石炮城,杀参将解应龙,军声大振,所在蜂起,泉城外号令不行。乡绅郭必昌子谋内应,举家被戮。并系前阁部黄景昉。国佐在城中，多杀立威，泉民日夜惴息。会漳州副将王进救至，围解。鸿逵入据揭阳。

冬十月，成功从大学士路振飞、曾樱议，颁明年隆武四年大统历。是年，大学士刘中藻起兵福安，取福宁州。戊子春正月，鲁王兵取兴化。三月，建宁、兴化皆破，鲁王改次沙埕。成功取同安，以叶翼云知县事。夏，建国公彩杀大学士熊汝霖、义兴侯郑遵谦。秋八月，总督陈锦大军至，同安城陷。守将林壮猷、丘晋一军皆没，叶翼云死，遂屠同安。

成功募兵于铜山。己丑，遣施琅、杨才、柯宸枢、康明等攻拔漳浦，遂下云霄镇，抵诏安，移屯分水关南冈，留宸枢守盘陀岭。王师进攻岭，宸枢死。其秋七月，张名振、阮进迎鲁王居健跳所。成功遣光禄卿陈士京朝于肇庆，始用桂王年号。九月，名振等讨斩黄斌卿，鲁王移屯舟山，遣阮美如日本乞师。庚寅春正月，桂王自肇庆西奔梧州。成功入潮州、南洋，剿杨广、许隆；渡达濠，诛张礼；剿新墟、金田等寨，皆平之。夏六月，进攻苏利下碣石卫。施琅来奔。秋八月，成功袭取厦门，杀郑联，并其军。张名振、阮进、周崔芝击破郑彩兵于沙埕，彩引余众逃南海。数年，军人星散，舟楫损坏，成功招之以书，喜曰："今不归，后无期矣。"遂还厦门，卒于家。

辛卯春，成功南次平海，闽抚张学圣使泉州守将马得功乘虚袭厦门，入之，前大学士曾樱自缢死，诸绅咸避于浯屿。学圣与漳泉道黄澍登山，望岛孤悬海外，汪洋万顷，怃然曰："此绝地也！脱缓急，岂望救乎？"遽引还。未数日，鸿逵自揭阳来，得功欲退，不得渡，乃好语鸿逵曰："我不出，岛必不全。且公家在安平内地，请熟虑。"鸿逵纵之出。四月朔，成功还至岛，得功去已二日，大悔恨。按失岛罪，斩其叔芝莞，诸将股栗，军势复振。

五月，入漳州南溪，败镇将王邦俊。提督杨名高自福州步骑来救，迎战于小盈岭，名高大败。乘胜徇漳浦，守将杨世臣、陈光策降。

是年九月，陈锦克舟山，定西侯张名振奉鲁王南奔，谋取海坛驻师，致书劝成功会师迎驾。鲁王亦与之书曰："余与公宗盟也，平居则歌行苇之章，际难合赋脊令之什，公其无吝偏师，拯此同患。"成功乃令兵科给事中徐孚远前至鲁王行宫，面启永历见正位粤西，宜去监国号。王复书，叙所以勉从监国意。乃使奉迎，居王金门，如寓公焉。名振、阮骏等兵皆属成功。

壬辰二月，成功进取海澄，守将郝文兴以城降。陈锦来援，成功简精锐待江东桥北。锦狃于同安之役，意甚轻敌，及战，大败，奔回泉州。六月，成功取诏安、南靖、平和，遂围漳州，兵至二十余万。同知张箬、推官石玮坚守不下。金衢总兵马进宝来救，成功纵之入城，数日，出战而败，复退守陴。南军昼夜百道攻城。距漳三十里有镇门，两山属岸，筑断激水灌城，复列棚围之。城中升米银数两，草木之实俱尽，啖弩掘鼠。陈锦在凤凰山，为其下库成栋所刺，以其首奔成功，全闽大震。

漳围至八阅月，中外困隔。浙江固山额真金砺，固山大温都力敖童、梅勒章京徐大贵总满洲乌金超哈兵，与提督名高由长泰间道直抵漳城北，成功营城南凤窠山，乘高压垒。王师锐甚，为两翼击，岛人久敝坚城，皆无斗志。十月三日，解围，退屯古县。合战，崩溃，追奔四十余里，积尸布野。成功入海澄，婴城守。守道周亮工收漳城骸骨七十三万，焚瘗一大穴，碑曰"同归所"。

是年秋，张名振北，师次崇明沙，破镇江，登金山，江南北戒严。

癸巳夏，金砺进攻海澄，成功与诸将饮酒敌楼，指挥治军。夜，大将王秀奇、郝文兴闻空炮发，曰："师临城矣。"令其下皆用斧，令曰："敌至而斫。"有顷，师尽锐渡海，秀奇等大呼登城，斧齐下，先登悉填濠，砺连夜拔围去。

是年，西宁王定国自武冈还，入广西，围肇庆。新泰侯郝尚久以潮州应定国，平南王尚可喜救肇庆，定国退。靖南王耿继茂、将军哈哈木急攻潮州，尚久以鸿逵前入揭阳有隙，至是因郝文兴来乞师，成功遣陈六御救之，竟疑，不敢开城纳兵。九月，潮州破，六御乃攻鸥汀坝等寨，引还。

定国之在肇庆也，以书抵成功，请会师。成功得书，往报师期，并上诸将战勋于行在。是年，张名振复退大军于崇明之平洋沙。西宁王定国进封晋王。

八月，平国公芝龙遣家仆李德归闽，讲抚，成功缪诺，因以休士观衅。故朝命金砺撤兵还浙，而封芝龙同安侯，学士郑库纳赍诏及海澄公敕印授成功，封鸿逵奉化伯，芝豹左都督。成功宴使者安平，辞以未裂土，不受爵，而遗书总督刘清泰，谓数十万众按甲待和，岂能枵腹？欲就漳、泉、兴、福各属，权宜借饷。不待报，遽遣官四出。清泰密谕诸城守敛戍避。郑虾还言成功三议：一先割四府，二不奉调，三不受部抚节制。又比高丽不剃头，恐如姜瓖、金声桓等降后激变。芝龙恐其子不受诏，复为书与弟鸿逵，使劝之。鸿逵复书述：大侄在中左，弟在白沙，兼渠行师所居靡定，相见尤罕，其肯听弟之言乎？芝龙怅然，无可奈何。

甲午，成功伪设六官，改中左所为思明州，以邓会知州事。月上鲁王豚米，及泸溪、宁靖诸宗室，礼待乡绅王忠孝、沈佺期、郭贞一、卢若腾、华朝荐、徐孚远等，军国大事，辄以相咨。考诸生学秀者入储贤馆。

是年，张名振、阮骏再入崇明所，夺北舟及归者至五百余艘。别将顾忠至天津，邀粮艘百余。名振登金山，望哭崇祯先帝，哀动三军。及议和，成功以不便劳师远征，使人召还，义师多不欲南，半引去。其后名振遇毒，议者皆咎成功，以故失浙海将士心。

岛上军以科饷为名，纵横衍蔓，上游延、建俱有海兵出没。闽抚佟国器密疏成功异志，恐以抚始，终自误。上密勒福省督抚镇将，严饬守备，毋堕彼计。

其年夏秋，晋王定国自廉州出师，下高州，拔高明，围新会，广东震动。定国遣使成功请婚，且趣师。十月，使辅明侯林察总督南征，会晋王攻广州，闽安侯周瑞悍不敢进，于是西师大败。成功怒，欲斩瑞，诸将为请，杖八十，革其职。

十一月，漳州守将以郡城约降。成功自思明州入海澄，夜勒兵，诸将未知所向，四鼓直抵漳城，开门迎入。守将朴世用、魏标、魏其志，知府房星辉，知县周琼、李奇生、范进等降，泉州诸县望风溃。成功复取同安。未几，甘辉攻仙游县，开地道入之，屠掠几无遗，和议遂绝。

大清命乌金世子统大军入闽。乙未夏五月，成功遣忠振伯洪旭、北镇陈六御取舟山，守将巴臣兴举军降。以六御守舟山，洪旭攻台、温，召臣兴归思明。六月，堕安平镇及漳郡，惠安、南安、同安城撤兵，聚思明。以贝子将至，权清野敛戍也。晋王定国复致成功书。

十二月，乌金世子至泉州，遣人赍谕至思明招降，不纳。易函称书，以祖大寿、洪承畴为辞，成功依违答之。丙申三月，贝子会泉州水师攻两岛，成功遣林顺、陈泽以炮舟出御。大舟先为飓风所飘，多登而遁，十余人浮至金门，断手劓耳鼻遣之。别将攻白沙，不克而还。

六月，前冲黄梧以海澄来降，封海澄公。海澄军储多，成功使王秀奇统黄梧、苏明同守。明兄茂先为施琅副将，琅之得罪也，茂实逸之。及茂从黄廷、黄梧入揭阳失利，遂军按法诛茂，并梧戴罪，故梧、明皆怨成功。贝子之入闽也，漳、泉属邑皆下，惟海澄未复，梧、明惮秀奇，不敢动。适秀奇出计事，二人遂举城降。

时贝子重兵在漳，成功议率众北向以肄之，克期解缆。闻海澄变，诸将皆失色，成功奋然曰："吾欲图大，岂以澄邑阻事？有不行者斩！"遂扬帆下闽安镇，省会震动。督抚出王进于狱，使治守具。南军屡攻不利，乃城牛心塔，以陈斌戍之。梧封海澄公。明母犹在海上。召明入京为内大臣，梧因献平海策，请发郑氏冢，诛求亲党，设五商及迁海等事。

成功用法严，其下常惧诛，礼官陈宝钥、黄开泰先后出降，大清辄贵显之，以招岛上人，岛上人多动心。然降将亦慕成功赍予殊渥，第宅供帐，与己无异。以故郝文兴等迄死不贰。

是年，台州镇将马信、宁波镇将张私德降于成功。各予白金五千两，蟒衣玉带一；信母妻各白金五百两，珠冠霞帔一。是年，晋王定国奉桂王入云南。八月，大军复舟山，总制陈六御、英义伯阮骏死。丁酉春正月，晋王定国率兵讨孙可望，可望来奔。三月，定国公鸿逵卒于金门。大军复闽安镇，岛将引还。陈斌孤军守牛心塔，不得出。遣人招降，至福州，杀之，屠其军。甘辉等还自闽安，攻宁德，满将阿克襄赴援，恃其骁勇轻进，马蹶，裹创步战，为辉所杀。

戊戌，成功议大举取南京，曰："据长江，则江南半壁皆吾囊中矣。"诸将多言南京道远城固，须数万人，不如近攻完利。惟马信力赞，乃以黄廷为前提督，洪旭为兵官，郑泰为户官，居守思明。自率中提督甘辉、后提督万礼、武卫林胜、统领余新虎、卫左镇陈魁，水陆甲士五万，号十万，举帆入浙。攻陷乐清诸县，将进长江，次洋山，暴风覆舟，亡数千人。退泊舟山，整固舟楫，以图再举。

桂王遣周金汤由广东龙门航海，至思明，封成功为延平王，诸将升擢有差。成功以未有恢复功，辞王爵，称招讨大将军如故。是年，大清师入贵州，李定国、白文选等皆败。

己亥五月，成功全军北出，抵崇明，以兵部尚书张煌言尝从定西侯名振三入长江，知虚实，用为前驱。煌言请定崇沙为老营，不听。金焦沿江置炮，岛人乘南风盛，径抵瓜洲城下。我师出御，死者千余，乘胜克其城。以柯平为同知，守瓜洲。成功留攻镇江，令煌言先捣观音门、仪真，官民迎降。六月廿四日，镇江军阵江口，成功登陆击之。战未合，周全斌率所部先登，陷阵。时大雨泞，骑皆陷于淖，海上军徒跣击刺，往来剽轻，我师竟败。提督管效忠走，朱操江被执，江南北大震。成功入城，以全斌违令先动，将杀之，诸将力请，乃免。于是全斌带伤守镇江。七月，成功进围南京，移檄远近。

张煌言至芜湖，庐、凤、宁、徽、池、太守令将吏日纳款军门，凡得府四，州三，县二十四。金陵守御虽坚，亦欲议降。煌言将向江西，驰书劝成功急攻南京，而分兵下旁县。成功因累捷，不时发令。初至，马信即欲挥兵登城，成功不许。

崇明副将梁化凤先已降，又不时调，化凤侦丹阳无备，遂引兵突入南京，乘南军怠，夜开城出，大有斩获。次日，满汉军倾城出战，袭破余新军。诸军皆溃，争赴舟，溺死无算，成功仅得登舟。获都督甘辉，杀之。

成功收溃军，犹数万人，扬帆出海，并弃瓜镇。镇江书生罗子木，抱成功足涕泣请留，不听。奉其父以从。成功攻崇明，不克而归。上江军闻之，亦溃，煌言跳身间行，得达台州。诸纳款者屠戮无遗，江右义旅陈九思众数万，保南饶山中，闻金陵之败，乃降。

是年，大军尽取云南，桂王出奔缅，李定国攻缅，迎桂王，不克。庚子，台州守将张承恩书诣张煌言请降。明安达理出浙海，士卒病死大半，不战而归。达素两道指思明：大船出漳州，小船出同安，许隆、苏利等皆以兵会。成功使陈鹏守高崎，遏同安；郑泰出浯屿，御隆利；自率周全斌、陈辉、黄廷次海门。五月十日旦，漳州兵乘风顺流迫海门，成功传令按舟勿动，俟大军齐出乃击。呼吸间漳船已至，击破闽安侯周瑞船，瑞与五府陈尧策皆死。遂攻陈辉船，辉举火药烧之，满兵跃起，且战且却。近午，风作潮涌，成功亲率巨舰冲之，郑泰自浯屿引舟合击，大军败，横尸浮海。有满兵二百力战，遣马信招降，乘夜沉之同安。

满兵向高崎、陈鹏约降，戒所部无动。满兵恃有内应，未及岸，弃舟争前。鹏部将陈蟒请曰："事急矣，岂可待死。"及殿兵镇隆璋齐出。大军皆指言鹏降，争赴之，比至，战遂不支，蹈海死者十七八。收鹏凌迟，以蟒代之。许隆等闻败引还。是役，成功空岛出御，相持月余，师不渡海。

辛丑，成功取台湾。初，红夷欲城浯屿，依粤澳互市。数以巨舰入犯，因泊湾筑二城：一曰赤嵌，一曰王城，余皆土番。立法严，土番咸奉约束，历三十余年，无敢犯者。成功积苦海上，自南都败回，无经略中土之志。又虞厦门单弱，谋所向，红夷译何斌进曰："公何不取台湾？台湾沃野千里，四通外洋，横绝大海，得其地足以应国，取其财足以饷兵士。番受红夷凌侮，每欲反噬久矣，以公威临之，如使狼逐群羊也。"陈可取状甚悉。是年正月，成功决意取台湾，诸将谓夹板船多炮火，难近；鹿耳门水浅，不可渡。成功引舟径进，三月，次澎湖，至鹿耳门，则水骤涨丈余，舟大小衔尾而渡，红夷惊谓自天而下。先取赤嵌，红夷走王城死守，复烧其夹板船，尽歼之。围至十二月，红夷出降，生存者仅百数十人，纵其归国。

乃改台湾为伪东都，王城为安平镇，赤嵌号天兴府。以郑省英为府尹，省英辟草莱，兴屯聚，犯法者亲故不假。有谏用法宜稍宽者，曰："子产治郑，孔明治蜀，皆以严济事。立国之始，若先尚宽，流弊不可胜极矣。"遂勒诸将移眷。

时东荒初辟，人不服水土，多死，又惮法严，皆迁延不行。于是铜山守将郭义、蔡禄，前知思明州薛联桂同入漳州降。义、禄将挟忠匡伯张进偕行，进曰："吾守土，有死而已。"密置火药署中，欲俟二镇来并焚之。二镇遣人促行，遂举火阖室自焚。进在铜威惠颇著，人甚惜之。

冬十月，芝龙死燕市。芝龙屡以书谕抚，否则必见诛戮；成功复言设有不幸，儿当缟素。至是死。

大清患闽海久斗兵，从苏纳海议，尽迁山东、浙江、福建、广东、滨海居民于内地，立边界，著令寸板毋入海，粒米毋越疆，犯者死连坐。

春燕来，巢于海舟。岛上食尽，各鸟兽散。成功又听周全斌谗，使击忠勇侯陈豹于南澳，豹仓促不能自明，举军入广州降。又忽命户官郑泰监杀长子锦，泰愕恐获罪。又参军蔡鸣雪自台湾来思明，声言将尽诛诸将，于是合谋拒命。值全斌从南澳还，素与诸将不协，恐其为变，诱执之。

壬申五月，成功死于台湾。成功感风寒，月朔受谒，尚坐胡床，诸将不知其病。数日，卒，年三十九。成功在军，每善处败，素自厉气，庋夫宿将，避骇不如。及南都挫衄，辄经营立国，气颇不振。遥传桂王遇害，张煌言每劝成功尊立鲁王，以存明后。成功不欲，惟奉永历年号终身。

锦在思明，称嗣封世子发丧，郑袭在台湾有异志，锦自将击袭，与归思明，又以嫌杀郑泰，泰弟鸣骏及诸宿将皆惧，先后北归。靖南王耿继茂、总督李率泰遂大举攻破思明、金门。甲辰春三月，世子锦退守台湾。

论曰：余游吴淞，遇梁化凤部将管姓者，述己亥战事颇悉。其人身在军中，自石灰山转战而下，声如崩山,然犹按步鼓收兵,至后乃大溃,延平师有纪律如此。化凤西安人,武进士,以破姜瓖先登,立功,总兵崇明。化凤亦言:"当劲敌多矣,未有如郑家之难败者。"

化凤始入城,固山等以汉兵轻之,悉夺其马骡给满军。其部卒往往与满军哗而争,辄得鞭缚。其部卒自恃其勇,不肯下。化凤亦怒,以是愿决胜,一示满军。先一日,出城揭死人以投敌,固山等坐城楼,啧啧称叹,由此遂敬化凤,益与交欢。既退郑军,名其门曰"得胜门",今之东南门是也。又言甘辉之死,北人咸谓烈士,其从郑始末,则未详云。

卷十二

郑成功（下）

大清康熙元年壬寅，六月，郑锦入居思明州。靖南王耿继茂、总督李率泰遣信史招抚思明。思明大臣郑泰、洪旭等议曰："先王东征之日，犹欲权宜通好，今濒海迁移，惨至此极，可不为桑梓计？"众意皆合。锦下伪教曰："先王开国东都，草创未半，遽尔厌世。余将东承遗绪，诸君苟能息兵安民，无堕先王一生孤忠苦节，幸甚！"泰等乃议照朝鲜例遣杨来嘉同入京待命。朝廷以锦灰烬垂灭，不许。于江、浙、闽、广，各设满汉兵户郎中一员，专司招辑。岛上人望风投款，多张大其事，真伪蒙贸，文武官降者，俱降四级用。又有武改文之例，都督、副总改副使、佥事，参、游改同知。其冬十月，锦入台湾，讨郑袭，执以归。

初，郑芝龙有子六人：长曰森，即成功，次曰渡，三曰恩，四曰荫，五曰袭，六曰脉。恩，夫人颜氏出，及渡、荫、脉，俱死燕市，惟袭在家。今年春，入台湾，以其生事安置之。成功殁，诸将以锦在远，推袭护理。袭谋自立，引黄昭、萧拱宸为腹心，诸将多不附。锦闻知，即引兵东出。周全斌为领军，以陈永华为咨议，参军冯锡范为侍卫。十月至台湾，昭约诸将出御，皆阳诺。会大雾，东军迷，后期；独昭先至，冲锦营，锦营多新募，战小却。全斌率亲兵数十人力战，昭中流矢死。俄雾开，则日午矣。众惊曰："吾君子也！"并投仗。锦入安平，遣人请袭，袭委罪于仆蔡云，云自缢死。收杀李应德、曹从龙、萧拱宸等数人，余悉不问，反侧乃安。

康熙二年癸卯，正月，锦自台湾还思明，以内难既平，祭告先王，申固守。

汛六月，杀其伯父户官郑泰。泰弟鸣骏、子缵绪来奔。泰先有与黄昭书，昭败，得书。及杨来嘉自北还，锦疑泰有异谋，泰不自安，称病金门。锦率兵将入海澄，泰觇知，以为图己也，举家扬帆出金门。有劝泰勒兵入自明者，泰泣曰："今日救死耳！称兵重吾罪也。"或又劝之来降，曰："先王已误，岂容再误？"舣舟待命。锦使吴慎赍印论之曰："两岛之地，一以委伯，余棹欲东矣。"泰犹豫受印，未敢入谢。鸣骏劝之入，锦待泰如旧。明日，置酒，伏甲执泰，泰自缢。鸣骏大哭曰："乃吾杀兄。"即引军跟跄遁，周全斌等追之不及，以船二百，兵八千，文武官四百人，入泉州降。封鸣骏为遵义侯，缵绪为慕恩伯。由是蔡鸣雷、陈辉、杨富、何义先后举军降，锦势益衰。

是岁，鲁王殂于金门。其世子及宁靖王诸宗室悉避乱奔依台湾。十月，大清耿继茂、李率泰大发兵攻两岛，出同安；令提督马得功统新降将及红夷，出泉州；黄梧、施琅出海澄。锦命周全斌当泉州兵，十九日，遇于金门乌沙。泉州船三百，红夷船十四；全斌以二十舟深入北鲸，往来冲击。红夷炮无一中者，余舟望见悉披靡，不敢进。得功殿后，为全斌所破，赴海死，众兵遂溃。而同安、海澄兵大胜，直走岛中，锦见不敌，退守铜山。大清师堕厦门、金门城，焚掠而还。

甲辰正月，铜山粮尽，周全斌、黄廷复率所部降。亲旧多散，惟洪旭与陈永华、永华兄子绳武侍卫左右不去，引余众东保台湾。

伪改东都为东宁，僭置天兴、万年二州。委永华统庶事，分土列屯，征租均役，兴鱼盐，申法禁，立学校，通市外国，安抚土民。然自后郑氏之甲，竟不能出东宁，闽、广、浙濒海中外殊绝，民少安枕矣。是岁，前兵部尚书张煌言移桃花山，被袭，槛车致杭州，不屈，死之。南海悉平。

明年，大清以施琅为靖海将军，督水师进攻台湾，周全斌、杨富等皆隶之。出外洋，飓风大作，群舟漂没，引还。未几，琅征入京，撤降兵分屯各省，严戍守界，不复以台湾为意。后四年己酉，乃复遣明珠、蔡毓荣至泉州，加兴化知府慕天颜卿衔，两入台湾，许以如朝鲜封贡。锦遣柯平、叶亨报使，议卒不成。

康熙十二年癸丑，靖南王耿精忠怀逆谋，内畏太妃周氏，未发。密遣番译黄镛使台湾，请兵援，锦舣舟澎湖待之。冬，吴三桂反，上诏平、靖二王留旧封，精忠谋益缓，乃辞锦，旋师。甲寅春，靖南太妃周氏薨，反计遂决。复遣镛聘台湾，许归全闽戈船，曰："王将水，吾将陆，江浙不足平也。"

三月望日，精忠坐府，召督抚以下计事。执总督范承谟，杀福州知府王之仪。巡抚刘秉政请降，遂据福州。驰檄属郡，自为总统兵马上将军，称甲寅年。提督王进功以泉州，总兵刘炎以漳浦，赵得胜以海澄，各举军降。加进功平北将军，炎宁远将军，得胜威远将军。海澄公黄梧已降，病疽死，封其子芳度为平和公。遣曾养性取福宁，略平阳，平阳总兵蔡朝佐降。潮州总兵刘进忠密请兵，使刘炎会之，攻续顺公沈瑞，并其军。以进忠为平粤将军。

吴三桂至衡州，僭伪号，国号周，纪元昭武。

夏四月，锦遣礼官柯平如福州报聘。精忠始虑下游不服，故藉锦声援。已而旬月之间，全闽皆下，浙之温处，江之广信，粤之潮州，继踵风靡，意更骄倨，乃欲负约。语柯平曰："师来不恶，当分地自战耳。"由是两家兵端起矣。

精忠多忌，以王进功在闽日久，恐其为变，诱留福州。征诸镇兵出关，惟兴化马惟兴先行。黄芳度遣其兄翼率千人从。复征赵得胜兵，不应，以海澄待台湾。锦遣侍卫左都督冯锡范督诸军入思明，得胜深交锡范，会取同安。五月，至同安，守将华尚兰降。泉州守将张学克家在同安，絷之以招学克。学克闻变，趋赴不及，遂以军降。施凤亦率舟师降。下游人心摇动，精忠大恐，以王进旧将有声，擢为都尉使，镇泉州。

是月，郑锦入思明，以郑省英知州事。叙海澄、同安功，赵得胜为兴明伯，张学克为荡涤将军，华尚兰为神武镇，杨威为尾宿营，施凤亢宿营，邓麟采知同安县。舟航始集，部伍始成，旧人乡戚，咸来问劳。而耿精忠闭福州，会城称帝。卤簿警跸，修饰仪卫，铸"裕民通宝"钱。马九玉出仙霞，为制府李芝芳所遏，不得进。疆众日蹙，方与郑氏构兵，如两鼠斗于穴中，识者知东南事大定矣。

王进至泉州，步卒仅千人，与城守赖玉厚结，专行威福，任戴国用为牙爪，勒王进功家属入福州。进功子藩锡与杨青等计曰："翁被留在省，闻福州兵又至，吾无噍类矣，盍先发？"六月九日，诱玉、国用、李尚文入军门，执之。遂攻王进，进意气自若，走登南门，竟死斗。提标无统帅，相持竟日。暮，进遥望扬帆，恐海舶来攻，乃夜溃围。得省中援军，整甲徐还惠安，守将邀走之。杀赖玉于市,百姓脔其肉殆尽。绞戴国用,泉民德李尚文,为请,乃释之。迎岛师入城,以藩锡兄弟为指挥使,假理提督军务,余官皆复旧职。

黄芳度在漳州,闻风欲降,念其父罪重,惧不免死。锦使告之曰:"时际光复,事属尔父,果抒诚悃,当弃前愆。"乃杀城守刘豹,奉启泉州承制,封德化公。前提督有请,靡不从。芳度终不安,间道密表于朝,锦亦羁縻之。漳属皆下,独漳浦为刘炎所据。于是郑氏据有漳、泉二州,及思明、金门。平南兵围刘进忠于潮州,潮、福路断,进忠由海道献款思明。锦使后镇金汉臣舟师援之,以进忠为定北伯,兼右提督。

秋七月,精忠两遣使至思明,行和求泉州。九月,遣王进自兴化,别将由上游,会刘炎协攻泉,锦使右武卫刘国轩出御。进素轻南兵,泉州之役曰:"是众寡不当,愿益兵。"期取泉自效。步骑二万,鼓行至惠安,恣焚掠。国轩严阵以待,相守越旬,进退屯枫亭,连营二十余里,军势甚盛。国轩率轻骑觇之,猝遇于涂岭,许耀少却,国轩分诸军搏战,自辰至巳,两军殊死斗,进兵遂溃,追奔至兴化,军郭外,三日夜乃还。

十一月,锦以刘炎在漳浦,为右臂患,遣兴明伯赵得胜、侍卫冯锡范由海澄进师。炎与云霄镇刘成龙、福州亲军都尉徐鸿弼合师迎战于罗山岭。右虎卫何祐挥兵击之,炎等大败,走入漳浦城。岛师环阵攻围,三将皆出降。遂引兵西救潮州。

先是，金汉臣救潮州，一军尽没。会耿、郑祸结，外援不至。城坏百余丈，刘进忠悉力守御，中外隔绝已半载。至是，赵得胜统军入潮，与广兵战于黄冈，破之。广兵烧营而遁，潮围始解。得胜班师。

先是，三桂初反，遣帛书一入福州，一入台湾会兵。锦使监纪推官陈克岐、副将陈文焕报之。三桂复遣礼曹员外钱黯通问。值岛师入泉，再遣礼曹周交骥来解兵，曰："天下事重，无操同室戈，贻敌笑。"及精忠闻鸿弼等败，乃使潘曰兴修好。锦报曰："耿王能如约者，听。"竟未决。

郑氏自成功时，即置六官，多僭席制。锦再出思明，更多设伪官。以陈永华为御史总制，留守台湾，以六官协理，洪旭子洪磊吏官，杨荣户官，郑斌礼官，柯平刑官，杨贤工官，惟不设兵官。置六科都事察言，承宣宾客。诸司亲军曰侍卫，以冯锡范为之；曰勇卫，留守永华摄之；曰左右武卫，薛进思、刘国轩为之；曰虎卫，何祐、许耀为之；曰五卫，施福为之；曰銮仪，艾祯祥为之。又有果毅、折冲、五常、五行、五兵、左右先锋、前锋、后劲、中权、戎旗、二十八宿营制，听五提督节调。凡文武事宜，皆赞画参军陈绳、武侍卫锡范主之。前取饷于东宁，比得漳泉，转运不继，始用六官征催富民绅士。以郑省英为宣慰使，统督各郡钱粮。

前昌密道吴慎为屯田道,清收屯租。诸县令以六科都事为之,皆台湾来者。人月输银五分,名曰毛丁,船计丈尺,名曰梁头。督造采船料,盐司分管盐场。以陈达章司泉州,冯锡圭司漳州,郑珍英司潮州。盐石直二钱,征饷四钱,饷司科杂税给军。

康熙十四年乙卯,春正月,精忠遣张文韬如泉州贺年,以五艘如约。遣郑斌报使,立条誓枫亭为界,自是耿、郑交好。

二月,锦杀永春民吕花。花恃马跳地险,不服征索,避科敛者依之。锦使左武卫薛进思攻围,三月不下。永春知县郑时英遣人招谕,许以不死,花出降。钉之,没其家产。

是月,续顺公沈瑞以饶平降台湾。瑞叔母尚氏,平南王女也,降耿时迁至漳浦,瑞尚留诏安,广兵围潮,瑞趋饶平。及潮州围解,刘进忠移师攻之,不克。广兵来援,左虎卫何祐遇于百子桥,败广兵,瑞乃降。改封怀安侯。

五月,锦率师次于海澄。饶平之捷,刘进忠密启于锦,请讨黄芳度。锦亦以黄氏必死之寇,终无降理。是月六日,发泉州,入海澄,实图漳州。留驻二十日,芳度不敢入见,遣其中军朱武奉启,意觇军势。锦使郑斌入漳宣慰,或率兵从征,或束身自诣,终不至。且召黄翼于关外,密使归漳。耿移书来征,又以病辞。遂定计攻城。

是月，刘国轩大败广兵于鲎母山，国轩自涂岭之役，率所部入潮，同刘进忠行徇属县。诸县坚守，国轩兵老粮乏，欲退守潮州，后图，平南挥步骑来追，国轩及何祐等设伏以待。会吏官洪磊宣慰广东，厚赀增募，骁勇迎战鲎母山，伏发，广兵大败。

六月，黄芳度据漳归朝。锦自海澄移军万松关，芳度剃发守陴，使弟芳泰入广告急。赖升守平和为之声援，岛人攻漳城不克。后镇万宏中炮死。何祐自潮州攻平和，赖升降，漳属皆复为台湾。芳度孤守漳城。

是岁，番舶互市于思明。先是，中左所为诸洋利薮，岛破，夷舶不至。甲寅，郑氏复岛，英圭黎万、暹罗、安南诸国，皆献方物互市，中左烟火市里，几复其旧。

康熙十五年丙辰，大清兵入福州，耿精忠出降。王师进克泉州，黄芳度以漳州兵来会。刘国轩复来争泉州，攻围两月不下。芳度遣兵复平和，屡攻黄瑞镳于漳平，不克。七月，将军喇哈达师次漳平，瑞镳无援，始出降。喇哈达间道永安，援泉州，湖头李光地练乡兵自守，为乡导。巡抚吴兴祚自仙游复永春，提督杨捷自兴化下惠安。林贤、黄镐、陈子威以舟师出闽安镇，克期救泉州。国轩水陆布御，恐分兵力薄，乃引退，趋长泰，诸县皆弃还。林贤等进复定海，岛将章元勋战死，萧琛退泊海山。锦召琛还，斩以徇。遣左镇陈谅、后镇陈起明、督朱天贵等御林贤。

九月，大清师败刘国轩于漳州之溪西。国轩自泉退师，堕同安城，进兵溪西。满汉尽锐迎战，至午，国轩步卒饥乏，铁骑横冲，首尾不相顾，遂弃长泰，出江东，扼守三叉河、玉洲、水头、镇门。王师军垒相望，督造江东桥。

冬十月，督抚遣漳州进士张雄如思明议和。时漳、泉郡县皆复，独海澄未下，度岛人必争，难猝攻。乃为公书以生民涂炭，劝令息兵归台湾，如先王时。雄还，又遣泉绅黄志美入议约，必得海澄，始可成好，锦不听。

康熙十六年丁巳春，大清师攻救海澄，锦复破之，遂围泉州。锦下伪教叙诸将功，以中提督刘国轩为武平伯、征远将军，后提督吴淑为平远伯、宁北将军，左虎卫何祐为左武卫，前虎卫林升为右武卫，右虎卫江胜为左虎卫，俱授左都督。余镇营各加级有差。

某月，大清师克复海澄，击破郑锦兵于泉州，锦撤兵还思明，闽地悉定。十二月，诏复迁各省沿海人民于内地，置戍，禁出入。甲寅之乱，闽省迁民悉还故地，至是闽平，复议迁界。康亲王疏称迁界累民，请罢之，已，报可。后岛人就掠内地，督抚提镇请仍从顺治十八年例迁，值破海澄，围泉州，事暂停。及泉围解，遂行迁界之令，益不聊生。惟广东尚王力请不迁，得已。

康熙十八年己未，春正月，诏筑沿边界寨，自福宁及诏安，率一二十里置寨。量地险要，截内外，滨海数十里无复人烟。

二月，郑锦复取海澄，以张廷辉知县事，刘国轩使吴淑率诸军据果塘寨。廿九日，大军败于定海。是日旦，朱天贵、陈谅自海坛乘南风进泊定海，北舟大小百余艘，由五虎门衔尾而进。天贵与陈启明率烦船先登，启明船遭风失舵，还泊海山。

三月，郑锦旌思明义输寡妇辛氏。两岛地狭，数战征输繁重，丁巳之役，州民人月输米一斗，至是月输米三斗，不堪命。中提督刘国轩辞月俸，自饷辖兵三月。吴淑、何祐等皆效之。水师五镇蔡仲雕守惠安，驾小舸逃入泉州，投巡抚吴兴祚降。漳州守备吕韬降于台湾。韬守江东桥，败归。刘国轩进军海澄，阴以漳郡通款事泄，羁候将入省待理。韬遣人要英毅镇林彪请援，行至同安界，彪伏兵取之以归，以为折冲左镇，移其家入台湾。

初，蔡寅诡称三太子，起兵，耿逆故将纪朝佐、同安武生郑奇勋从之。后同归台湾。未几寅死，二人请再举，入山召募，为大军所困，不能出，诣总督姚启圣降。郑氏南北汛防，多以缺船饷为辞，征调不至。于是上及普陀，下及广东、平海大蓬，皆遣官监纪，归卤获妇女宁民。

夏四月，郑氏以长子克𡒉居守台湾，总制陈永华言："克𡒉长成，莅事明达，请循君行则守之典，立为监国。"锦从之。时年十六，伪号监国世孙。

六月，以屯田道郑时英监理盐法，驻东石。大清师筑灵水寨以逼东石，右武卫杨忠率兵趋浔尾南北场掘盐，忠贪利，舍舟开至深沪。阅两日夜，泉州大军侵晨骤击，忠殊死御，不敌，中炮没于海。

秋七月，郑氏筑浔尾寨。浔尾在同安，咫尺直厦门、高崎。癸卯之役，大清师从此过岛，刘国轩请筑寨其地，一夜成之。同安出兵争，不得，筑石城一，土城一，复筑两洲城。

八月，水师提督万正色至福州。初，施琅督水师，琅征入京，官亦裁。丁巳冬，以海澄公黄芳世兼水师提督，及湾腰树战败，病死。督抚请琅复任，朝廷不许。擢镇江将军伯王之鼎，以尝任漳浦知闽事也。之鼎入闽，屡疏不谙水战，更授四川提督，以正色代之。正色，泉州晋江人，顶投诚衔札，累升岳州总兵。及湖南平，乃有是命。

初，漳浦江机与杨一豹结，约聚兵江右，耿精忠以为左军都督。耿败，置垒江西浙闽交界，据深险，时出酷掠。江西制府董卫国屡遣兵讨之，不克，走款台湾，授征夷将军。机跛，号江拐子。浙江制府李之芳悬重募解散其党。机引余众奔闽中建宁，城守刘起龙御之，阵伤而死。

九日，大军取东石塞。丁巳春，郑氏使右武卫林升守东石。明年，移升攻海澄，以杨忠代之。及大军设兵防界，又欲筑灵水寨，忠惧兵单难守，请檄升回汛。忠死，升复出征。以施廷、陈申守之，才余疲卒二百，精锐皆挑以行。有降人入泉，言东石空虚可取状。发满步数千，以廿六日平明填濠，四面环攻，廷被创，申力战死，遂夺东石。增筑三寨。

于是郑氏失险，议守思明。调州中乡兵团练，州经残破，新复，入籍甫千许，以康熊、吴桂统之。桂北人，归郑为亢宿营，故守同安、思明。丁巳之役，桂独敛兵完，岛授建威中镇。以姻亲陈恺叛，引嫌辞兵，归其子箕宿营吴天禄。至是复起，授协理五军，与总监营康熊分督州兵。

北人畏刘国轩如虎，两军相持，阅岁，互杀伤。大军十万，国轩才万人，营垒咫尺，指挥自如。国轩以果堂地要，夜于其后版尾加筑一寨。督抚提镇将军率满汉数万争之，国轩、吴淑以二千人依寨进，且战且守，害章京巴石兔等。十一月，台湾后提督平远伯吴淑卒于营。淑前战创甚，版尾新筑，诸卫镇畏不敢守，淑毅然请自守之。大军筑垒环攻，炮日夜不绝。淑神气自若。会霖雨墙坏，淑挥左右使避，自据胡床寝，竟压死。尸至思明，锦亲临哭，尽哀。以其子天驷为建威右镇，统其兵。

是年，诏封贺兰国王，请夹板船图思明。初，红毛失台湾，常思恢复。癸卯间，李率泰使人招抚红毛，许以先平两岛，后取台湾归之。红毛喜，自备舟仗粮肉助战，且请于厦门互市。率泰为后防，不许，第令数年一贡。至是，总督姚启圣请如癸卯借红毛合攻事例，报可。乃遣知府刘仔偕通事林奇逢、黄镛等，往封贺兰。并请夹板船会攻。

十二月，郑氏遣右武卫林升督舟师出思明。时福州造战舰四百余艘，会江浙船各一百，潮州碣石船一百，克期大举。郑氏悉发官私及洋艘炮船，以升为总督，江胜、朱天贵为副总督，配兵北上。

先是，耿精忠之变，漳南道陈启泰密启陈耿阴事于范承谟。后耿搜得书，启泰惧祸，杀其家属十余人而自缢。郑氏入漳，葬之。丁巳，大军复漳，启泰子汝器将入城负骸回京，为东石守将所获，羁台湾，赎以万金，乃始得归。郑氏之贪利失大体，多类此。

辛酉壬戌，总督启圣、巡抚兴祚会提督琅、正色攻克厦门中左所。郑锦退守台湾，复进兵攻之，锦卒。癸亥，锦子克塽奉表以台湾降。

前四日，宁靖王术桂谓宫眷曰："此地已破，更无他往，吾以身殉，若等可自为计。"夫人袁氏、王氏及侍姬三皆对曰："愿从死，请予尺帛。"冠笄先缢，王具含殓。明日，五棺出葬于郡南山。校隶扶榇至，王翼善冠，衣衮，腰玉系绶，以宁靖王宝持付克塽，拜辞天地祖宗。郡人士无幼老皆入拜，王答拜。乃登帛自绝，面无变容。

诸宗室随克塽内迁。诏存先代后，给屯田种牛，占籍河南。鲁王世子得许州。术桂无子，继益王后宗位于俨鋡，年七岁，屯杞县。术桂死，年六十有六，与元妃罗氏合葬竹沪。

郑鸿逵

郑鸿逵，字高仪，芝龙亲弟。以崇祯三年武举，隶天津巡抚郑宗周为坐营。转属都督孙应龙，登州反，应龙失机，从系天津狱。已，辨释，隶大同巡抚张拱廷麾下。用兄芝龙平红夷功，得锦衣卫掌印千户。复与计偕，十四年庚辰，成进士。故事，勋卫射策武甲科加三级，进都指挥使。十六年，授副总兵，设南赣兵三千，以鸿逵统之。十七年正月，前兵科都给事中曾应麟荐鸿逵缓急可用，诏益南赣兵二千配鸿逵镇守。

福王嗣位南都，檄守采石，以左军都督领水师挂镇海将军印，封靖鲁伯。邂逅唐王聿键京口，心相善。及南都败，退走，又遇王钱塘江干，奉之入闽。以王贤明，可继大业，遂与兄芝龙及巡抚张肯堂等戴王建号。爵鸿逵侯，寻晋定国公。

时八闽由郑氏，鸿逵不以家势陵耀同列。然性雅懦，不能与芝龙立同异。唐王筑坛，具殊礼，命与永胜伯彩督师，分道出关，竟不进。芝龙亦不发饷，乃黜鸿逵爵。彩数败退，又好掠，时议多罪彩，颇恕鸿逵。大军度仙霞，芝龙竟卖关，且招子成功同北行，鸿逵阴逸之。成功建义，鸿逵有力焉。

大清顺治四年八月，会成功攻泉州，已，引兵西据揭阳。明年，还厦门。会马得功袭破厦门，鸿逵军适至，得功不得退，以好语来说鸿逵，因纵之。居二日，成功自平海还，按失岛罪，斩守将叔芝莞。鸿逵愧谢，退居白沙，筑寨名曰华角。芝龙京师屡寓书，使劝成功归朝，否者家属见屠。鸿逵复以"养病退闲，无与人事，大侄意坚，劝之无益"为说。鸿逵有足疾，修园亭，种花木，高吟度曲，品笙自娱。丙申，贝子入泉州，别将攻白沙，鸿逵移榻金门。明年三月十六日，病甚，卒，年四十五。子耀基，亦隆武赐姓。时称成功国姓，而耀基为小国姓，死台湾。芝莞子省英，为伪天兴尹。

跋

明人读书能尚气节，辨义利。当南都沦覆，鼎命已移，故老遗臣，藉闽浙滇粤残局，奉屠王以支撑山陬海澨，且念年。虽跋涉逃窜，疲于奔命，而忠义感发，不计成败，固足以维系纲常矣。

明季野史虽多，非限于见闻，即取材庞杂，其间善本盖寡。国朝纂修明史，自有体裁，不暇详为纪掇。

余姚邵念鲁先生，康熙时人，距明季未远，尚有一二耆老，可资咨访。又海内平一，故其见闻亦非限于方隅者可比。撰《东南纪事》十二卷，以存鲁王、唐王；《西南纪事》十二卷，以存桂王。辞尚体要，无惭作者。

昔常璩著《华阳国志》，崔鸿著《十六国春秋》，马令、陆游皆著《南唐书》。载记一类，实辅正史并行，轶事遗闻，赖以不泯，邵氏此书，亦其次也。惜书成未刻，仅钞本流传，往年马端愍公抚浙，拟刻此书，悬百金求其本，不可得。干幸得见之，遂刊诸梨枣，冀胜国诸臣忠义之烈，久而弥新，且与《华阳国志》诸书并传不朽，亦艺林胜事也。

光绪甲申九月，邵武徐干识

江南闻见录

[清] 佚 名

江南闻见录

顺治乙酉五月初十日

连日警报叠至。是日赵忻城有演放大炮之示，不果。夜分北风甚急，北兵渡江，由七里港进迫神京。时日将晡，弘光计无所出，召内臣韩赞周问策，韩云："此番势既汹涌，我兵单力弱，战守和无一可者。不若御驾亲征，济则可以保社稷，不济亦可以全身。"弘光然之，即刻束装跨鞍。时将二鼓，从通济门出，携带惟太后、一妃及内相几人，文武绝少。或云往武林，或云云贵，或云太平，纷传不一。是举也，旬日之间，啧有烦言，未尝不叱其伪，至是果焉，知其作计已非一日。究所从来，则马士英实始之也。

十一日

昧爽，哄传弘光已出城。京中文武一时隐遁。有不去者，将门首封示尽行洗去。男女蜂拥出门，扶老携幼，不可胜数。间有妩媚少艾，金莲踯躅，跬步难行，见者心恻。既出而复返，十有八九，以路上兵多也。已而闭门，欲返不得者十居二三，莫竟其终矣。

辰刻,忻城出示安民,有"大驾播迁,本府死守此土,已致大清大帅,自有斟酌,尔民不必惊惶徙避"等语。

副院杨维垣朱示云"天子出巡,乃古今暂避常理,本院惟有尽忠殉国"等语。然维垣实逆案中人又降流贼者也。

各门既闭。百姓数百人往中城狱,拥太子上马,从西华门入宫。尚未栉沐,闤中人悉自出。奸悍兵民乘机入大内,抢夺金帛甚多,大半为强者所得。太子虽为百姓拥入,文武元老无一至者。百姓遂擒相国王铎,禁中城,拔须挦发,极力殴打。旋入其家,抢劫一空。

两月以来,天气阴霾凄惨,日色罕见。是日天清日朗,昼夜明畅。

图迁虽马士英主之,其实弘光埋怨士英劝其即位,今值多难,仍令士英设法,故以出奔之说进。且士英之赀,浮于弘光,士英之欲去,亦甚于弘光。弘光存,士英不能独去。迨既出,置弘光于靖藩黄得功营,士英乃扬鞭挟赀,兵从拥护,竟作天外冥鸿矣。先是,士英调川兵三千,为出奔捍卫计,去而不尽者若干人作祟于城。方勇协力一心,竟夜巡警,兵怒而不敢肆。秦淮两岸,灯光烛天,达旦如昼。

十二日

开太平门,驱川兵出走,门外之民逐杀之,伤及一二十人。铳炮之声,自朝至午不息。川兵尽为所杀,无一存者。

城内栅门盘诘甚严，获奸细及马士英军中兵共八人。忻城立刻斩之。

阮大铖家被抢一空。

冯可宗、陈盟演、王一心、周之玙、冯梦祯、蒋鸣玉、张元始、姚士衡、沈应旦、吴希哲、陆康绩、申绪芳、葛含馨、罗志儒、黄衷赤、陈济生、申演芳、吴适、顾绎诒、陶廷煜俱遁去。张捷、高倬、张有誉俱死。

午后，太子传出朱笔告示，用黄纸书之，曰："泣予先皇帝丕承大鼎，克壮前猷，凡诸臣庶，同甘共苦，播著中外，罔不宣知。胡天不佑，惨罹奇祸，凡有血气，裂眦痛心！予小子分宜殉国，思以君父大仇，不共戴天，皇祖基业，血汗非易，忍耻奔避，图雪国仇。予惟先帝之哀，奔投南都，实欲哭陈大义，身先士卒，不意巨奸障蔽，致撄桎梏。予虽幽城狱，每念先帝，无一日不再三痛绝也！如今日闻兵远避，先为民望，其如高皇帝之陵寝，亿万苍生之性命何！泣予小子，将历请勋旧文武诸先生念予高皇帝三百年之鸿烈，先皇帝十七载之旧恩，助予振旅，扶此颠沛。何期父老小民，围抱出狱，拥入皇宫。予见宫殿披靡，踉跄祖业，不胜悲涕，奈诸父老，焉知予负重冤，岂称尊南面之日乎！谨此布告在京文武勋旧诸先生士庶人等，念此恫瘝，勿惜会议。予当恭听，共抒皇猷。勿以前日有不识予之嫌，惜尔经纶之教也。不念旧恶，垂诸训典，非敢云赦。惟愿即临，匡予不逮。谨此。"

十三日

早开通济门，放勇卫营兵入城中。乘间而出者甚众。栅禁稍宽，店肆颇有开张者。文武臣僚集中府会议，安民城守，各有告示不等，然俱不及立新主事。太子敕封中城狱神萧王，用龙匣差官持敕，二人执金棍前行，至禁中，开读。兵马司素服迎之。以其所居之室改为殿宇。傍晚，有云间贡生徐瑜、萧某谒忻城，面陈太子宜即位，忻城立叱斩之。

十四日

北兵至城，忻城缒出，见于营，会议进城事。保国朱镇远、驸马顾齐俱在。豫王问："尔等勋戚为太祖？为成祖？"——问答有差。豫王喜忻城城守有功，加位兴国公，手携立保国右，赐金镫银鞍马、貂裘、八宝达帽等物，送牛酒，席地共饭，问太子何在。忻城次日送至营。

李乔携进大清告示二道，遍挂通衢，民心稍定。

"大清国摄政叔父王令旨晓谕河南、南京、浙江、江西、湖、广等处文武官员军民人等知道。尔南方诸臣，当明朝崇祯皇帝遭难，陵阙焚毁，国破家亡，不遣一兵，不发一矢，不见流贼，一面如鼠藏穴，其罪一也。及我兵进剿，流贼西奔，尔南方尚未知京师确信，又无遗诏，擅立福王，其罪二也。流贼为尔大仇，不思征讨，而诸将各自拥众扰害良民，自生反侧，以启兵端，其罪三也。惟此三罪，天下所共愤，王法所不赦。予是以恭承天命，爰整六师，问罪征讨。凡各属文武官员，率先以城池地方投顺者，论功大小，各升一级，抗命不服者，本身受戮，妻子为俘。倘福王悔悟前非，自投军前，当释其前罪，与明朝诸王一体优待。其福王亲信诸臣，早知改过归诚，亦论功次大小。檄到之处，民人毋得惊惶奔窜，农商照常安业，城市秋毫无犯，乡村安堵如故，但所用粮料草束俱须预备运送军前。兵部作速发牌出示，令各处官员军民人等及早互相传说，毋得迟延，致稽军务。特兹晓谕，咸使闻知。顺治二年五月日。"

"钦命定国大将军豫王令旨谕南京等处文武官员军民人等知悉。余奉圣旨，统领大兵，戡定祸乱，顺者招抚，逆者剿除。大兵到处，兵不血刃。官员赍捧敕印来降，不次优擢者有之，照旧供职者有之。民间秋毫无犯，产业安堵如故。昨大兵至维扬城内，官员军民撄城固守；予痛惜民命，不忍加兵，先将祸福谆谆晓谕。迟延数日；官员终于抗命，然后攻城。屠戮妻子为俘，是岂余之本怀？盖不得已而行之。嗣后大兵到处，官员军民抗拒不降，维扬可鉴。夫人皆天地所生，逆命之徒，欲死则宜自尽，何得贻祸生灵？本朝承天之眷，遇战必胜，攻城必克，谅尔等闻之熟矣。虽然，耀德不观兵，仁义招抚。天时人事，洞然可鉴。今福王僭号称尊，沉湎酒色，信任金壬，生民日瘁。文臣弄权，只知作恶纳贿；武臣要君惟思，假威跋扈。上下离心，生民涂炭。予念至此，感叹不已。故奉天伐罪，救民水火。合行晓谕。"

十五日

太子出洪武门，入营。豫王敬礼甚厚，留之营中，衣以锦紫袍，云其真假不能辨，须带归于北以明之。百官始朝贺豫王。

十六日

百官递职名到营，参谒朝贺如猬。时将午，礼部尚书钱谦益引大清官二员，兵使五百余骑，从洪武门入。谦益向帝阁四拜，因泪下。北兵问故，谦益曰："我痛惜太祖高皇帝三百年王业一旦废坠，受国深恩，能不痛心乎！"北兵叹息。候开正阳门进，索锁匙不得，引进东长安门，盘九库钱粮，官兵俱住于内。忻城则贯抢掠大内兵丁八人，游于街市。传令百姓设香案，俱用黄纸书"大清国皇帝万岁万岁"并"风调雨顺国泰民安"等字，又大书"顺民"二字粘于门。午后，拨达兵五十，守通济、洪武、聚宝三门。刘良佐兵为崇南门，百姓诉于豫王，发北兵三百赶杀，立刻降之。

十七日

文武各官争趋朝贺,职名红揭堆至五尺者凡十数处。其生监、候选、候考无不至。豫王不见。

十八日

文武官员及乡保、方长等,送币帛、牲醴、米面、熟食、茶叶、糖果、烟酒等物于营,络绎塞道,举国若狂。

忻城约各勋戚喊戏班十五班进营开宴,逐出点演。正酣畅间,塘报各镇兵至。忻城手递报于王,王阅之漠然。又点戏四五出,方撤席。发兵迎敌,即刻启行。

内相进鲥鱼两大箩,用龙旗龙袱,卑礼小心,王不受。

十九日

达兵八人抢小物于神乐观,道士禀王,王即命绑斩之。

差御史王慷、少卿黄家鼒、御史刘光斗等往淮安、宁国、苏松等处讨取降顺册。

达兵搜不朝贺现任官陈盟等家,有收其家属者。豫王出示,令前日入内抢劫金银、缎疋、腰刀等物,自行交还武英殿或江宁县,免其前罪。仍令总甲逐户搜查,有藏匿者枭示。

二十日

令文武各官将印信札付，尽数交纳武英殿，听换给。又令大开南门，放出城三日。忻城剃头起，是后徐魏国、柳安远、徐永康、汤灵璧、李临淮等以渐俱剃头。文官惟李乔、孙櫑、叶应祖等实为出家，适合时尚。

二十一日

合城百姓既苦搬移，又恐五镇兵至，难免杀戮，惴惴不宁。三日之间，路不能行，而露宿与暴棺城市者不可胜记。

二十二日

豫王念史阁部忠烈可嘉，令建祠坊旌扬荐馨，仍令礼部尚书优恤其家眷，以示异数。

二十三日

中书龚廷祥义不臣服，投武定桥河死，浮尸三日。

二十四日

豫王进城，穿红锦箭衣，乘马，入洪武门。官员红素服不等，分班两旁迎贺。预一日，礼部红榜遍粘城市，故无不至。

二十五日

寻到弘光，暂停天界寺，豫王往接。异以无幔小轿，首蒙包头，身披蓝布衣，以油扇掩面。百姓唾骂。太后及妃俱随后，从正阳门，弘光易坐马，衣一把挝。乘马至灵璧侯家，设宴。太子上座，弘光昭坐，豫王穆坐，从容向弘光曰："不为先帝报仇，反将太子监禁，此是何意？"弘光穆然。又曰："我大兵尚在扬州，为何弃了陵寝土地先去，以失民望？自主之耶？抑左右教之耶？"弘光答语支吾，汗出浃背。余言尚多，不能尽述。唤乐户二十八人歌唱侑酒。席散，发还，仍限二十日内着教师开戏一本，以便供应。

黄虎山兵约万余人，俱自剃头，随达兵进城，向豫王求用。不收，止收其衣甲兵刃。

二十六日

点印官及二十四衙门，内相三人到迟，要打一百棍，没其家，告到乃止。

二十七日

发兵三千往苏杭，催讨降册。此时尚未知杨文骢杀黄家鼐等官也。

二十八日

豫王往南门报恩寺拈香，男女观者如堵，甚有挤死者。

黄端伯抗节骂詈，左右欲兵之。豫王不忍加刑，忻城送之狱。

传说清朝八政：一曰求贤，二曰薄税，三曰定刑，四曰除奸，五曰销兵，六曰随俗，七曰逐僧，八曰均田。互相传说，尚无颁示。

二十九日

中、南、西三城百姓幸免迁徙，归功忻城，踵门叩谢。忻城劝令三城百姓醵金犒兵，以绝窥伺，民皆从之。

附　跋

　　右《江南闻见录》一卷，不著撰人名氏。此书记顺治乙酉五月南都迎降事。旧钞本与刊本颇有异同，如副院杨维垣朱示降末云"已即自经"，而钞本无此四字，有"维垣实逆案中人，又降流贼"二语。考维垣之死，或云偕其妾朱氏、孙氏自缢；或云蹙二妾死，置三棺中，题"杨某之枢"而窃其下，夜遁至秣陵关，为怨家所杀，传闻异词。疑旧钞本系当时舆论，而刊本乃由后人改定者。兹悉校从钞本，而附论其牴牾于后录中。传疑者惟弘光奉太后同出通济门一事，《小腆纪年附考》谓太后乃马士英挟之出奔，不与王同出城。然乱离仓促，目击为真。《纪年》叙福王蒙尘、太子出狱事，多据此书，而不信士英所挟之太后为伪，则亦一偏之见也，嗟乎！屠王衔璧，上将投戈；世胄如忻城，绲城而迎谒；党魁如蒙叟，执笏而前驱，尚得为有人心哉！陈康祺《郎潜纪闻》谓《柳南随笔》载豫王下江南，残明诸臣咸致重币，以虞山钱牧斋所献为最薄，盖自表其廉洁也。其所具柬帖第一行细书"太子太保礼部尚书翰林院学士臣钱谦益"，尾亦如之。其贡品乃鎏金银壶、珐琅银壶各一具,蟠龙玉杯、宋制玉杯、天鹿犀杯、葵花犀杯、芙蓉犀杯、珐琅鼎杯各一进,珐琅鸽杯、银镶鹤杯各一对,宣德宫扇、真金川扇、弋阳金扇、戈奇金扇、百子宫扇、真金杭扇各十柄,真金苏扇四十柄,银镶象箸十双。以是为薄,则厚者可知!此亦南烬余闻,贰臣秽史,惜作者闻见之尚有遗也。剑心跋。

东江始末

［清］柏起宗

东江始末

平辽总兵官毛文龙者,浙之钱塘人也,起家行伍,当辽左失陷时,聚众二百,夜袭镇江城,遂踞海岛,创为牵制之说,媚逆珰为奥援,岁縻金钱数十万,滥秩都督,满门封荫,举朝无不患之。

而旧督师袁公崇焕闻召还京,见九列诸公咸举此事相商榷,袁公应以当徐图之。华亭公造袁寓,屏去左右,低徊再四。袁公曰:"入其军,斩其帅,效古人作事,某饶为之。"华亭公闻而奇之。袁公召对出,秘陈方略,大称上意,赐之蟒玉上方,予以便宜行事。

袁公陛辞莅任,收拾关宁兵马,未暇及此,每章奏必及之,收其心,冀其改也。至关宁,营制已定。于是始议文臣以监之,其不以道臣而以饷司者,令其将若兵有所利而无疑也。又严海禁以窘之,以张继善横截旅顺,不许一人入其军,而改贡道于宁远,皆所以图文龙也。

袁公安排已定,文龙有死无生矣。为文龙者,束身归命于朝廷,一听督师节制,其为今是昨非,则有生无死。无奈其毒之所积,殒及厥躬,自作自受,无足惜也。且自速其死，如驳廷臣之疏，信口焱然，进登索饷，肆行劫掠。

袁公于是决意东行，深入其地。遂于崇祯一年五月二十二日发牌仰旗鼓司查东江官兵见在清江者给赏。随登岸，乘轻骑，标下各官当有龙武后营都司金鼎卿带船二十八只接应，俱列坐赐酒。二十四日，赏东江官兵每名行粮二斗。登岸试放佛郎机，远者闻五六里，近者三四里。登岭指画形势，云可议屯。二十五日未时分，东北风起，自北汛水开洋，历大王山。风转。是夜大雾，诸船从大洋飘一夜。次早，收泊中岛。二十六日，齐泊双岛。二十七日，南风大，未开船。见本岛白骨暴露如荠。抵岸，立散与诸将酒饭。有登州海防左游击尹继何叩见，蒙调兵船四十八只已到。二十八日午时风顺，船历穿松等岛，小里山、大里山、猪岛、蛇岛、虾蟆岛。将船泊双岛，此处离旅顺陆路十八里，水路四十里，旅顺游击毛永义叩见。登岛岭谒龙王庙，督师向众将云："昔我国初，中山王、开平王诸君子始战鄱阳采石，继战于沙漠北，众军水战胜，马步战亦胜，始得驱逐胡元，以成一统。今水营止以船闲守，岂能连骑入水战乎？本部院若复河东，不以水汛了事，且要用之陆地。各将毋得虚冒。"赐各将酒饭。快船禀报毛帅已至，因夜未见。

六月初一日，毛帅见，上下交拜。毛帅亲进礼帖三封，小饭二桌。传入毛帅，侧坐茶叙，止收小饭。毛帅出。回看毛镇茶叙云："今辽东海外只本部院与贵镇二人，务必同心共济，方可结局。本部院历险至此，愿相商为进取计。军国大事，在此一举。本部院有个良方，不知患者肯服此药否？"毛帅云："文龙海外人耳，也有许多功，只因小人之说，钱粮缺少，又无器械马匹，不曾遂得心愿，若一一应付，要帮助成功也不难。"辞回，传免谢，分付船上不便供应。毛帅帐房留饭，督师屈体待之，杯酒款之，毛帅若有所不屑者。督师宣谕："皇上神圣，与尧舜汤武合为一君，当勉尔疆场。"而毛帅若怏怏不得志，且谓熹宗皇帝恩逮之隆。袁不觉失色。及叩其方略，则云："宁远兵马俱无用，止用东江二三千人藏之隐处，一把火遂了东夷。"袁愈讶之。二更方散。初二日，毛请袁公登岛，礼毕，东江将官叩见，又夷丁叩见。赏夷丁每名银一两，米一石，布一疋。毛姓兵丁带刀环绕，袁公叱退。与之言节制及更定营伍以道厅为监临。毛悍然不乐，而咬牙切齿恨阎鸣泰、武之望二人，其意在袁也。三更方散。初三日，差官谢毛帅，又置酒请督师，袁公便服登岛，密讽之曰："久营边寨，杭州西湖尽有乐地。"毛应之曰："久有此心，但职惟知灭奴孔窍，灭了东奴，朝鲜又弱，可袭而有也。"袁公曰："朝廷念君勤劳，当有代君者。"毛曰："此处谁代得！"有傲慢不悦意。酒散，袁公传令副将汪翥叙话，反复婉谕，再四开导，欲其亲信左右提醒也。二更方出。初四日，赐东江兵三千五百七十五员，赏银三五百两不等，兵每名一钱。又将带来银十万两交卸东江官明白。传令徐旗鼓、王副将、谢营将叙话。出行文，毛帅自旅顺以东行毛帅印信，西行督师印信。又行文定营制。又行文恢复镇江、旅顺事。俱未遵依。

遂于初五日袁公授计随行将官谢尚政等，布置已定，传令登岸摆围，较射颁赏。先设一帐房于山上，袁公坐以待之。毛帅果来谢，与之坐。毛帅曰："老大人何日起身？"袁公应曰："宁远重地，本部院来日便行。今邀贵镇岛上盘桓，观兵角射。"毛帅领从。袁公又云："明日不能踵谢，国家海外重寄，合受本部院一拜。"并相约减从往岛山，谢参将陪传号令各营兵四面摆围，毛帅随从官百余员俱绕在围内，其兵丁截在营外。袁公问东江各官姓名，俱应姓毛。毛帅云："这都是敝户小孙。"袁公云："你们那里都姓毛？是出乎不得已。这样好汉，俱人人可用。我前的官有许多俸，兵有许多粮，尚然不能饱，你们海外劳苦，每名只得米一斛，甚至家有数口，俱分食这米。乏亿至此，情实痛酸。你们受我本部院一拜。为国家出力，自后不愁无饷。"各官感泣，叩头再四。随问毛文龙云："本部院节制四镇，清严海禁，实恐天津、登莱受腹心之患，今

东江始末

请设东江饷部，钱粮由宁远达东江亦便。昨与贵镇相商，必欲解银自往登莱籴买，又设移镇，定营制，分旅顺东西节制，并设道厅稽查兵马钱粮实数，俱不见允。终不然，只管混账过去，费坏朝廷许多钱粮，要东江何用？本部院披肝沥胆，与你谈了三日，只道你回头是迟也还不迟。那晓得你狼子野心，总是一片欺诳，到底目中无本部院犹可，方今圣天子英武天纵，国法岂容得你？"语毕，向西叩头，请皇命拿下文龙，剥去冠裳。文龙尚有抗意，督师又责云："你道本部院是个书生，本部院是朝廷一个首将，你这毛文龙有应斩十二罪，你可知么？兵马钱粮不经查核，夜郎自据，横行一方，专制孰甚，一当斩！说谎欺君，杀降诛顺，全无征战，却占首功，欺诳孰甚，二当斩！刚愎撒泼，无人臣礼，牧马登州，问鼎白下，大恶不道，三当斩！每岁侵饷银十万，每月给米三斗五升，克减军粮，四当斩！私开马市，潜通岛夷，五当斩！命姓赐字，不出朝廷，走使舆台，滥给札付，犯上无等，六当斩！劫掠商人，夺船杀命，积岁所为，劫赃无算，身为盗贼，七当斩！部将之女，收而为妾，民间之妇，没而为奴，好色诲淫，八当斩！逃难辽民，不容渡海，日给碗米，令往掘参，畏不肯往，饿死岛中，草菅民命，九当斩！拜魏忠贤为父，迎冕旒像于岛中，至今陈汝明一伙盘踞京师，交结近侍，十当斩！奴酋攻破铁山，惨杀辽人无数，逃窜皮岛，掩败为功，十一当斩！开镇八年，不复寸土，观望养寇，十二当斩！这都是你的罪案。今日杀了毛文龙，本部院若不能恢复全辽以还朝廷，愿试尚方以偿尔命！"又宣言各官曰："毛文龙这十二罪，你们说该杀不该杀？若本部院屈杀了他，你们上来就杀我，反以身从之。"众官俱相视失色，叩头哀告。文龙神颓魄丧，不能复言，但云："文龙自知死罪，只求老爷开恩。"袁公云："你不知国法久了，若不杀你，这一块土非皇上所有。"向西叩头，请尚方剑令水营都司赵可教、何麟图监斩，令旗牌官张国柄执尚方剑，斩文龙首级于帐前。即分付将头付他亲人，备好棺木安葬。

围外兵丁汹汹，见我兵益整，势不能犯。督师又唤东江各官来见，云："本部院今日只斩文龙一人，以安海外兵民。这是杀人安人，尔各将照旧供职，各复原姓，为国报效。罪不及尔，不必忧疑。"又吩咐将东江兵二万八千分为四协：杀其父，用其子毛承禄管一协；用旗鼓徐敷奏管一协；还有二协，东江众官请游击刘兴祚、副将陈继盛二员管之。又吩咐东江官兵，久被毛镇剥削，将带来银十万赏各岛官兵，每员赏银三两，唤赏功官同东江旗鼓冯有时将见在官兵一千八百员名共赏银一千四百两，以彰信赏必罚之意。其余四协，照例给与。又谕冯旗鼓，速差人往旅顺宣抚。又谕将毛帅印缴来，东江事务权着陈继盛代管，俟那一协建功，即将此

东江始末

印题授与他。

谕毕,离岛登舟。发牌一面,安抚各岛军民。票行登州游击尹继何速备坚船二十只候用。又行文毛承祚,先令安抚后,有所欠商银,着即办偿还。又使小帖云户部委官陈越札授守备督运各岛粮饷。又发稿写四协札付。又差官陈岛中冤狱并掳来各商船只,俱即查报,有商人王从义等数十名。讫至夜静,有徽州朱相公拂缨上船,叙坐至二更方散。

初六日,命具祭礼,督师亲诣文龙棺前拜云:"昨日斩你,是朝廷的法;今日祭你,是本部院的情。"遂下泪。各将官俱下泪感叹。

初七日,登山试演。初八日,差中军至皮岛取尚方剑并同符验。初九日早,往旅顺,官军迎接,布置毕。初十日晚,开船。十一日,抵宁远。是日顺风大作。十二日早,过江进城毕。

赐姓始末

[明]黄宗羲

赐姓始末

朱成功者，郑芝龙之子也，母为夷女。初名森。弘光时入南京太学，闻钱谦益名，执贽为弟子。谦益字之曰大木，丰采掩映，奕奕耀人。

隆武帝立，年才二十一。入朝，上奇之，赐今姓名。俾统禁旅，以驸马体行事，封忠孝伯。

初，芝龙之为盗也，所居为泉州之东石，其地滨海，有李习者往来日本，以商舶为事，芝龙以父事之。习授芝龙万金，寄妻子。会习死，芝龙干没之，遂召募无赖为盗于海中。久之而所得不赀。崇祯中，受巡抚沈犹龙招抚。芝龙娶日本长琦王族女，凡为日本赘婿者例不得归，惟芝龙挈其妻还东石第宅。纵横数里，遂为八闽富人。

犹龙母生日，进珊瑚树高丈许，饰以珠龙金盎，观者艳之。芝龙从者制生犀黄金为甲，每出则百人如一人焉。时南安有荀憨，惠安有刘香者，皆称富强。憨先亡者，恃强不就抚，朝命芝龙讨之，战于五虎门外之定海所。芝龙力不敌香，弟芝虎勇甚，望见香乘大舰指挥兵士，芝虎直前，跃舰而上，香手格芝虎，兵器堕之，遂徒手而搏，相持，入海俱死。芝龙既并其众，威震全闽。江右邹维琏嗣为巡抚，欲抑之，而势弥焰。

弘光帝立，封南安伯。及劝进唐藩御极，改元隆武，晋封平国公。北兵入福州，芝龙退屯安海，楼船尚五六百艘。乃为洪承畴所诱，必欲降附。诸将多不从，成功痛哭而谏，芝龙不从，单骑北去。芝龙既降，其家以为可免暴掠，遂不设备。北兵至安海，大肆淫掠，成功母亦被淫，自缢死。成功大恨，用夷法剖其母腹，出肠涤秽，重纳之以敛。

丙戌十二月朔，成功会文武群臣于烈屿，设高皇帝神位，定盟恢复。丁亥，仍称隆武三年，移于南澳，勤王者远近至，军声颇震。五月，于厦门中左所设演武场。七月，合定国公郑鸿逵军围泉州于桃花山，不克。十月，从大学士路振飞、曾樱议，颁隆武四年戊子大统历，用文渊阁印印之。

戊子闰三月，同安、安溪以下皆下，以吏部主事叶翼云署同安事。五月，围南安县，不克而返。八月，同安破，叶翼云及镇将丘进、金裕皆死之。知永历帝驻跸广西之肇庆，遣光禄寺卿陈士京入朝。己丑，士京还自行在，封成功为延平王，始称永历三年。

六月，漳浦守将纳款。庚寅，成功南下。辛卯二月，泉州侦厦门单薄，袭破之。曾樱自缢，诸绅咸避于浯峙。成功自南反，泉州袭者始退。十二月，攻漳浦，知县某出降。壬辰正月，海澄守将赫文兴举城降，围长泰县，北督陈锦来援，败之。二月，复平和、诏安、南靖三县，进围漳浦县府。七月七日，陈锦为其内史李进忠等五人所刺，以其首来降。八月，刑部侍郎王虞石至自五指山，言隆武在彼为僧，继而遣使至厦门，一时故臣皆不能决。九月，北师金帅援漳岛师失利。

癸巳二月，五指山复遣使来存问诸臣，使言隆武帝今离五指驻平远县，将起兵，故臣乃具公疏，请敕验视，卒不可得。五月，金师以万骑攻海澄，遇伏，大败。六月，岛师南下，会潮州守将郝尚文反正，以定海李孟蓘署太守事，其属县潮阳、惠来相抗，成功赴剿。甲午四月，清朝割漳、泉、惠、潮四郡地，令岛师剃发，不受，潮州复陷。十一月，发水陆师应西宁王李定国于粤东。十二月朔，复漳州府，漳属十县降者九，独龙岩不下。十二月，泉属七县降者六。

乙未正月，破仙游，攻半月。四月，援粤之师失利，统军者黄梧降级。五月，祭旗，大演陆师，戈甲耀日，集缙绅观之。六月，祭海，大演水师。九月，南征。破揭阳、澄海、普宁三县，命峻揭城，毁澄、普。十一月，舟山巴臣兴举城降，发师已三月，阻风，至是已抵城下。十六日，北师再遣议和。

丙申正月十一日，始颁永历十年大统历，以前年有戎事也。台州北将马信弃其城，纳降于舟山。二月，降将马信、冯用、张洪德俱抵厦门谒成功。五月十日，粤师失利归，斩其将苏茂。闰五月，改厦门为思明州。六月二十四日，黄梧以海澄叛，知县王士元从之。协将康雄不从，断其手，得缒城出。七月五日，以忠勇侯陈某为守思明州，成功帅师北伐，夺闽安镇，斩北将胡希孔，生擒百七十余人。二十三日，战于南台，夺桥。又明日，战于桥北，再胜。二十八日，战于教场，夺马二十五匹，擒延平参将张礼。八月四日，复连江。二十六日，舟山陷，总制陈雪之、英义伯阮骏俱赴海死。丁酉十二月，岛上火药局灾。

戊戌正月，行在以玺书通问。二月，松江徐孚远汛海由交趾入安隆，交趾要其行礼，不听，不得过，遂反厦门。后厦门破，孚远遁迹，为北帅吴六奇所藏，完发以死。海外生一子，扶榇故里。未葬，子死。

成功会师浙海，以少司马张煌言为监军，北伐抵羊山。羊山故有龙祠，海舶过者致祭必以生羊，即放于山上，久而孳乳日蕃，见人了不畏避，军士竞逐之。天朗波平，怪风猝至，海舶自相冲击，义阳王某死焉，于是返旆。己亥五月，全师北指。张煌言以所部义师从为前驱，入江，煌言抵瓜州城下。明日，成功至，北师出御，满汉死者千余。乘胜克其城。成功南渡攻镇江，煌言溯长江，未至仪征五十里，吏民迎降。六月二十八日，煌言抵观音门，成功已下镇江，水师毕至，军声大震。七月，哨卒七人掠江浦，取之。五日，芜湖以降书，成功谓煌言："芜城上游门户，倘留都不能旦夕下，则江楚之援

赐姓始末

兵日至，控扼要害，非公不可。"七日，煌言至芜湖，传檄郡邑，江之南北相率来归。郡则太平、宁国、池州、徽州；县则当涂、芜湖、繁昌、宣城、宁国、南宁、南陵、太平、旌德、贵池、铜陵、东流、建德、石埭、青阳、泾县、巢县、含山、舒城、庐江、高淳、溧阳、建平；州则广德、无为、和阳。凡得有四郡三州二十四县，而下流之常、镇属县亦皆待时而为降计。其时为有大帅单骑而反，饭于村店，店惟一老妪，大帅遑遽问曰："今日之事如何？"老妪不知其为大帅，因曰："闻杀北人尽矣。"大帅不敢饭而去，留都亦欲议降。降，未定，而谍知岛师疏放，樵苏四出，营垒为空，士民释冰而嬉，用轻骑袭破前屯。成功仓促移帐，质明，军灶未就，北师倾城出战，兵无斗志，岛师大败。成功遂乘流出海，并撤镇江之师。

煌言趋铜陵，与楚师遇，兵溃，变姓名从建德、祁门山中出天台以入海。成功之败而归也，以厦门单弱，方谋所向。中途遇红夷船，其通事乃南安人也，谓成功曰："公何不取台湾？公家之故土也。有台湾则不患无饷矣。"台湾者，海中荒岛也。崇祯间，熊文灿抚闽，值大旱，文灿向芝龙谋之，芝龙曰："公第听某所为。"文灿曰："诺。"乃招饥民数万人，人给银三两，三人给牛一头，用海舶载至台湾，令其茇舍开垦荒土，厥田惟上上，秋成所获倍于中土，其人以衣食之余，纳租郑氏。后为红夷所夺，筑城数处，曰台湾，曰鸡笼，曰淡水。此外又有土城数十处。台湾之城，乱石叠高数丈，厚丈余，用火煅之，化为石灰，融结一块。其门户澎湖，澎湖水淡，地势低下，海舶至此必易舟而入，故险而易守。成功进攻台湾，至澎湖适遇水涨，竟以海舶渡之，直抵城下。城中红夷不过千余人，其余皆郑氏所迁之民也。以火炮城，城坚不受炮，湾民导之曰："城外高山有水，自下而上，统于城濠，贯城而过。城中无井泉，所饮惟此一水，若塞其水源，三日而告变矣。"从之，红夷乞降。遂以大舶迁国，成功王其地。辛丑，以疾卒。子锦嗣。

甲寅，福藩耿精忠反，称裕民元年，朱锦入据漳、泉二府，犹称永历二十八年。戊午，精忠降。甲申，锦仍归台湾。癸亥，锦卒，子克塽嗣，年十二，不克统领其众，众溃，降于清。史臣曰："成功不出台湾，徒经营自为立国之计。"张司马作诗诮之曰："中原方逐鹿，何暇问虹梁。"又曰："只恐幼安肥遁老，杖藜皂帽亦徒然。"即当世之尊乎成功者，不过比之田横、徐市之间而已。某以为不然，自缅甸蒙尘之后，中原之统绝矣。而成功以一旅存故国衣冠于海外，称其正朔。在昔有之，周厉王失国，宣王未立，召公、周公二相行政号曰共和。共和十四年，上不系于厉王，下不系于宣王，后之君子未尝谓周之统绝也。以此例之成功，不可谓徒然矣。独怪吾君之子匿于其家，而不能奉之以申大义于天下。某闻海外尚多人物，当必有说以处此。